JN297081

外貨換算会計の研究

井 上 定 子 著

千 倉 書 房

はしがき

　本書は，20世紀初頭から現在に至る米国を中心として展開された外貨換算会計に関する学説と制度（会計基準）を対象とした研究であり，会計の認識・測定構造と換算概念の観点から考察を行っている。本書は3編から構成されており，まず分析視角を明らかにした上で，外貨換算会計，とりわけ外貨表示財務諸表の換算に関する学説と制度を取り上げ，それらを区分して，その背後に想定されている動機的思考を検討している。

　現在，国際会計を考える上で外貨換算会計は重要な領域であるとされながらも，積極的に議論が展開されているとはいえない。ところが，国際会計基準審議会（IASB）や米国の財務会計基準審議会（FASB）で採用されている現在の外貨換算方法（具体的には，機能通貨アプローチ）については，十分に理論性をもって説明されているとはいえないのが現状である。というのは，この機能通貨アプローチは，FASBにおいて提案された当時（1981年）から多くの問題点が指摘されており，それにもかかわらず30年経った現在でもあいかわらず採用されている換算方法（アプローチ）だからである。しかも，これはIASBにおいて2003年に採用されたことから，近い将来その適用範囲は広がり世界標準化していくことは想像に難くない。ではなぜ，このように，多くの問題点を抱えた換算方法が，30年以上もの間，FASBにおいて採用され続けているのか，さらに，なぜIASBを通じて世界標準化されようとしているのか，という疑問がわくのは自然である。

　また，従来多くの先行研究が，外貨表示財務諸表の換算方法として数種の方法を取り上げ，その特徴について議論を行ってきた。しかしながら，そこでは，それぞれの換算方法について単に従来の方法から発展的に改良され，修正されたものとして説明されてきたにすぎず，これらの方法の史的変遷について一貫して説明する理論的根拠は示されてこなかったように思われる。しかも，先行

研究における議論の多くは，外貨換算会計領域に限定したものであったように思われる。

そこで，本書は，一貫してこのような史的変遷を説明する理論的根拠を示すために，会計の基礎概念である認識・測定構造（会計思考）に着目するとともに，換算の基礎概念である換算概念（換算思考）に着目している。そして，主に米国において提案されてきた4つの換算方法（流動・非流動法，貨幣・非貨幣法，テンポラル法，カレント・レート法）と，2つの換算方法を選択適用する状況アプローチ（機能通貨アプローチ）を分析対象として，その背後にいかなる動機的思考（会計思考と換算思考）が想定されていたのかについて検討を行っている。この分析を通じて，現在外貨換算会計が直面している問題（現状）を捉えるとともに，今後外貨換算会計がどのように展開していくのかについて展望を試みる。

このように，本書は，外貨換算会計の処理について詳細に概説するものでも，また，外貨換算会計に関する学説及び制度の史的変遷を単に概説するものでもない。本書の接近方法は，外貨換算会計の史的変遷過程を会計理論と換算概念による仮説に基づいて分析を行い，外貨換算会計に関する現状把握と将来における展望を行うことに主眼を置く歴史的アプローチ（Collingwood [1946], Copi [1961]）である。なお，本書の問題意識及び構成の詳細については，序章に譲ることにしたい。

本書は，神戸商科大学大学院課程博士論文『外貨換算会計の史的展開に関する研究』に加筆修正したものであるが，本書をまとめるにあたり，多くの先生方から，多大なるご指導ご鞭撻を賜ってきた。この場をお借りしてお礼を申し上げたい。

まず，高須教夫教授（兵庫県立大学）から賜ったご高恩は計り知れない。大学院時代から，先生には，会計学研究のおもしろさと難しさについてだけでなく，研究者としての姿勢についても丁寧に教えていただいた。そして，先生のご指導なくしては本書を完成することはできなかった。本書がこのご高恩に報

いるにはあまりに拙く，反省するばかりであるが，厚く御礼を申し上げるとともに，今後の精進を誓いたい。また，筆者を会計学研究に導いてくださったのは，野村健太郎教授（愛知工業大学）と八木裕之教授（横浜国立大学）である。以来，今日まで公私にわたりご指導いただくとともに，激励いただいている。

さらに，研究会，学会，セミナー等において，多くの先生方から発表ならびに議論の機会を与えていただくとともに，多くの貴重なコメント等を賜った。なかでも，同じ研究領域をもつ白木俊彦教授（南山大学），柴 健次教授（関西大学），井戸一元教授（名古屋外国語大学）からは，大学院時代より折に触れご指導いただくとともに，激励いただいてきた。また，京都大学で開催されている制度派会計学ワークショップでは，藤井秀樹教授（京都大学）をはじめ，松本敏史教授（同志社大学），徳賀芳弘教授（京都大学），その他，多くの先生方よりご指導ご鞭撻を賜っている。

これらの先生方には，心より御礼を申し上げるとともに，今後もご指導ご鞭撻をお願いしたい次第である。なお，この他にも，実に多くの先生方，諸先輩，同僚，研究仲間の方々からご指導ご助言をいただいた。そのため，これまでお世話になった方々のお名前をすべてあげることは，紙幅の関係上断念せざるを得ないことをお許しいただきたい。

筆者の研究と教育の場である流通科学大学商学部の諸先生方には，日頃より学問研究に対する刺激を与えていただいている。本書の出版にあたって，田村祐一郎教授にはご尽力いただいた。また，齊野純子教授（甲南大学）からは貴重なコメントをいただいた。なお，本書の出版については，流通科学大学研究成果出版助成（2009年度）を受けた。記して謝意を表わしたい。

末筆ながら，出版事情の厳しいなか，市場性の乏しい本書の出版を快くお引受いただいた千倉書房の千倉成示社長ならびに関口 聡編集部長には心からお礼を申し上げる。

　　2010年3月

　　　　　　　　　　　　　　　　　　　　　　　　井 上 定 子

目　次

はしがき
序　章 …………………………………………………………………1
　1　本書の問題意識 ……………………………………………………1
　2　本書の構成 …………………………………………………………5

第Ⅰ編　外貨換算会計の分析視角

第1章　会計思考と換算思考 ……………………………………11
　　　　　──分析手段の提示──
　1　はじめに ……………………………………………………………11
　2　米国会計学の理論的基礎の変遷 …………………………………12
　3　2つの会計思考 ……………………………………………………15
　4　4つの換算思考 ……………………………………………………22
　5　おわりに ……………………………………………………………30

第2章　会計思考と換算思考の関係性 …………………………35
　　　　　──分析手段の具体化──
　1　はじめに ……………………………………………………………35
　2　測定単位変換プロセスに基づく換算思考と会計思考 ……35
　3　為替リスク測定を目的とする換算思考と会計思考 ………40
　4　為替エクスポージャーと会計思考 ………………………………48
　5　会計思考と換算思考の関係性 ……………………………………53
　6　おわりに ……………………………………………………………56

第3章　外貨換算会計の史的変遷……………………………59
　　　　——分析対象の提示——
　　1　はじめに………………………………………………59
　　2　流動・非流動法………………………………………60
　　3　貨幣・非貨幣法………………………………………64
　　4　テンポラル法…………………………………………66
　　5　状況アプローチ………………………………………70
　　6　おわりに………………………………………………73

第II編　換算方法にかかわる学説の検討
——背後にある思考の検討——

　第4章　流動・非流動法に関するAshdown学説の検討……81
　　1　はじめに………………………………………………81
　　2　流動・非流動の区分の意義…………………………81
　　3　Ashdown［1922］の背後にある会計思考と換算思考…92
　　4　おわりに………………………………………………97

　第5章　貨幣・非貨幣法に関するHepworth学説の検討…101
　　1　はじめに………………………………………………101
　　2　貨幣・非貨幣の区分の意義…………………………102
　　3　Hepworth［1956］の背後にある会計思考と換算思考…107
　　4　おわりに………………………………………………113

　第6章　テンポラル法に関するLorensen学説の検討……117
　　1　はじめに………………………………………………117
　　2　資産の定義と測定属性の多様性……………………117
　　3　Lorensen［1972］におけるテンポラル法提案の経緯…122

4　テンポラル原則の意義……………………………125
　　5　Lorensen［1972］の背後にある会計思考と換算思考 …133
　　6　おわりに ……………………………………………138

第7章　状況アプローチに関するParkinson学説の検討…141
　　1　はじめに ……………………………………………141
　　2　Parkinson［1972］における状況アプローチ提案の経緯：
　　　　一般的結論 …………………………………………142
　　3　従属的在外子会社の外貨表示財務諸表の換算 ……144
　　4　独立的在外子会社の外貨表示財務諸表の換算 ……150
　　5　Parkinson［1972］の背後にある換算思考と会計思考…156
　　6　おわりに ……………………………………………160

第Ⅲ編　外貨換算会計基準における換算方法採用の経緯
　　　——背後にある思考の検討——

第8章　ARB第43号における流動・非流動法採用の検討…167
　　1　はじめに ……………………………………………167
　　2　AIA公報における流動・非流動法承認の経緯と
　　　　その背後にある思考………………………………168
　　3　ARBにおける流動・非流動法承認の経緯と
　　　　その背後にある思考………………………………174
　　4　おわりに ……………………………………………182

第9章　APB意見書第6号における
　　　　貨幣・非貨幣法採用の検討 ………………………185
　　1　はじめに ……………………………………………185

目次

- 2　NAA［1960］により提案された貨幣・非貨幣法の検討 …186
- 3　APB意見書第6号の検討 …195
- 4　おわりに …198

第10章　SFAS第8号におけるテンポラル法採用の検討 …201
- 1　はじめに …201
- 2　SFAS第8号における換算目的の採用経緯 …201
- 3　テンポラル法採用の背後にある思考 …209
- 4　おわりに …214

第11章　SFAS第52号における機能通貨アプローチ採用の検討 …217
- 1　はじめに …217
- 2　機能通貨アプローチの特徴 …218
- 3　SFAS第52号における「換算」目的の採用経緯 …220
- 4　SFAS第52号における「換算」目的の背後にある思考 …224
- 5　SFAS第52号の理論的整合性 …229
- 6　おわりに …233

第12章　SFAS第52号における換算差額の性質 …235
―― SFAS第130号の公表を受けて ――
- 1　はじめに …235
- 2　SFAS第52号における換算差額の性質 …235
- 3　会計思考の移行が換算差額に及ぼす影響 …238
- 4　おわりに …245

第13章　現在価値法の採用と外貨換算会計 ……………247
　1　はじめに ……………………………………………247
　2　SFAS 第52号に対する反対意見の背後にある思考 ………248
　3　SFAS 第52号の問題点：会計思考からの指摘 …………254
　4　現在価値法の採用と外貨換算会計 …………………258
　5　おわりに ……………………………………………266

結　　章 ………………………………………………………269
　1　総　　括 ……………………………………………269
　2　結　　論 ……………………………………………278

参考文献 ………………………………………………………287
索　　引 ………………………………………………………299

序　　章

　本書は，外貨換算会計の史的変遷を取り上げ，会計の認識・測定構造と換算概念の観点から分析し，その特徴について明らかにすることを課題とする。かかる作業を通じて，外貨換算会計が現在直面している問題を解明するとともに，その将来における展開について検討していきたい。

　本章では，まず，本書の問題意識と課題を提示する。続いて，本書の構成について概説する。

1　本書の問題意識

1.1　本書で取り扱う外貨換算会計問題

　外貨換算会計には，企業が海外の取引先と外貨建で取引を行う場合に，かかる取引を記録するために必要となる外貨建取引の換算問題と，海外において事業活動を行う在外子会社（支店など）[1]の現地通貨で記録された財務諸表を，自国通貨（本国通貨）で表示された親会社（本店）及び国内子会社（支店）の財務諸表と連結（本支店合併）するにあたって必要となる外貨表示財務諸表の換算問題という2つの問題が含まれている[2]。

　本書では，外貨表示財務諸表の換算に主に焦点をあてるとともに，米国を中心として議論を進めることにする。というのも，①外貨表示財務諸表の換算問題については，未だに統一的な見解がみられず多くの論点を抱えていること，そして，②当該換算については米国を中心として新たな換算方法及び換算差額の会計処理が提案されてきたこと，ならびに③米国の外貨換算会計基準がその他の会計基準設定機関における外貨換算会計基準に影響を及ぼしてきたという経緯からである。

2　序　章

以下,外貨表示財務諸表の換算問題を考える上で,筆者が従来疑問を感じてきた点について言及することを通じて,本書の問題意識を提示したい。

1.2　現状の把握

現行の米国における外貨換算会計基準は,1981年12月に財務会計基準審議会(Financial Accounting Standards Board: FASB)により公表された財務会計基準書(Statement of Financial Accounting Standards: SFAS)第52号『外貨換算』(FASB [1981])である[3]。ここにおいて提案・採用された換算方法(機能通貨アプローチ)は,国際会計基準審議会(International Accounting Standards Board: IASB)により2003年12月に改訂された国際会計基準(International Accounting Standard: IAS)第21号『外国為替レート変動の影響』(IASB [2003])においても採用されている。

ところが,SFAS 第52号は4対3の僅少差で可決されたという経緯からも明らかなように,その後多くの問題点が指摘されている。それにもかかわらず,その公表から約30年が経過した現在においても,あいかわらず米国の外貨換算会計基準として採用されている。しかも,そこにおいて採用されている換算方法(機能通貨アプローチ)は,多くの問題を抱えたまま2003年改訂のIAS 第21号においても採用されているのである。さらに,国際会計基準の収斂問題を視野に入れると,近い将来,このように多くの問題を抱える換算方法が,世界標準の換算方法として適用されていくことになるのである。

しかしながら,現在,SFAS 第52号について多くの問題点が指摘されていながらも,あいかわらずそれが外貨換算会計基準として採用されているという現状を,理論的に十分説得力をもって説明している先行研究は存在していないといってよい。

ここに,今日,外貨換算会計を取り上げることの重要性と,この点を明らかにすることの重要性を認めることができるのである。

1.3 4つの換算方法に関する説明

周知のとおり，外貨表示財務諸表に関する主たる換算方法としては，①流動・非流動法，②貨幣・非貨幣法，③テンポラル法（属性法），④カレント・レート法（決算日レート法）の4つがあげられる。そして，この4つの換算方法は「①流動・非流動法→②貨幣・非貨幣法→③テンポラル法→④カレント・レート法」の順に，米国の外貨換算会計基準において採用されてきたことから，この変遷過程について先行研究では，既存の外貨換算会計基準（換算方法）を批判する形で新たな外貨換算会計基準（換算方法）が採用されたとして説明されてきたのである。

言い換えるならば，各換算方法はそれ以前の換算方法を改良する形で発展してきたことになる。この解釈に立てば，②貨幣・非貨幣法は①流動・非流動法よりも，③テンポラル法は②貨幣・非貨幣法よりも，さらには④カレント・レート法はテンポラル法よりも改良された優れた換算方法ということができる。

ここにおいて重要となるのは，どのような観点から優れているといえるのか，そして，その観点は一貫した論理をもつものであるのか，ということである。ところが，これらの点について十分な説得力をもって体系的に説明した先行研究はみられない。

また，現行の外貨換算会計基準（SFAS第52号及び2003年改訂のIAS第21号）において採用されている機能通貨アプローチは，④カレント・レート法だけでなく，場合によっては③テンポラル法を併用するものである。そのため，上記の説明からでは，④カレント・レート法よりも劣る③テンポラル法を併用であっても採用することについて説明することが困難となる。

このように，現状を説明する先行研究が皆無に等しいのと同様に，これまでの米国における外貨換算会計基準（換算方法）の変遷過程についても，基本的な思考からその変遷過程を一貫して説明する論理は示されてこなかったのである。そこで，本書では，米国を中心として外貨換算会計を史的に跡づけるとともに，その変遷過程を十分な説得力をもって一貫して説明する論理を提示し，

それと関連づけて議論を展開することにしたい。

1.4 換算概念の曖昧さ

『会計学辞典』によれば，外貨換算とは，外国通貨の単位で示された金額を自国通貨の単位（日本であれば円単位）の金額に換算することである（白鳥[2001] pp. 83, 1425-1426―傍点筆者挿入）。

しかしながら，この換算という用語の意味については，「再測定」，「再評価」，「再表示」など論者及び会計基準設定機関によって様々であり，現在においてもまだ統一的な見解は示されてはいないのである（第1章参照）。この概念を明確にすることは，外貨換算の本質を論じる際に重要であることはいうまでもない。それにもかかわらず，換算概念については曖昧なまま，外貨換算会計（具体的には換算方法や換算差額）が論じられてきていることが多いように思われる。

また，多くの先行研究では，外貨換算会計という個別領域に限定して議論が展開されている。しかしながら，その基礎にある会計理論にかかわる問題――とりわけ，認識・測定構造――との関連において換算問題を取り扱う必要があると考えられる。というのも，会計理論は個別領域における会計問題に対して影響を及ぼすことになるからである。言い換えると，会計理論は，ある特定の会計方法の生成を促す要因の1つであるとともに，ある会計方法の会計基準化を促す要因の1つでもあるからである。

そこで，本書では，外貨換算会計の鍵概念である換算の意義（換算目的）と会計理論（認識・測定構造）に着目して，議論を展開することにしたい。

以上の問題意識から，本書では，米国を中心に外貨換算会計を史的に跡づけ，それを換算概念（換算目的）と会計理論（認識・測定構造）の観点から，その特徴を明らかにすることを研究課題としている。そして，その議論を踏まえて，外貨換算会計が現在直面している問題の解明と，その将来における展開について，体系的かつ理論的に検討していくことにする。

そのために，外貨表示財務諸表の換算方法を初めて規定した会計基準である米国会計士協会（American Institute of Accountants：AIA）により1939年12月に公表された会計研究公報（Accounting Research Bulletin：ARB）第4号『在外事業と外国為替』（AIA [1939]）にまで遡って，その史的変遷について跡づけるとともに，各外貨換算会計基準において採用された各種換算方法の提案にかかわる学説についても検討することにする。

2　本書の構成

2.1　第Ⅰ編：外貨換算会計の分析視角

第Ⅰ編（第1章から第3章）では，本書における外貨換算会計の分析視角について論じる。

第1章では，本書において用いる外貨換算会計の分析手段の提示を行う。そこでは本書の問題意識に基づき，会計の理論的基礎となる認識・測定構造に着目して2つの会計思考を提示するとともに，換算概念（換算目的）に着目して4つの換算思考（換算を行うにあたって基礎を置く思考）を提示する。

次に，第2章では，第1章で提示した分析手段である2つの会計思考と4つの換算思考の関係性について明らかにするとともに，そのことから具体的に外貨換算会計の史的変遷を分析するための手段となる8つの説明仮説を設定する。

そして，第3章では，本書において分析対象とする米国を中心とする外貨換算会計の史的変遷について提示する。具体的には，その外貨換算会計の史的変遷過程を，提案された換算方法をメルクマールとして4つの期間に分類し，各期間におけるその時代的背景について考察するとともに，各換算方法の特徴，その換算方法を提案している学説及びそれを採用している外貨換算会計基準について概観する。

本書の分析対象である米国を中心とする外貨換算会計の史的変遷について，簡単に要約したものが，図表序-1である（第3章参照）。

図表序-1　分析対象とする外貨換算会計の史的変遷

換算方法	流動・非流動法	貨幣・非貨幣法	テンポラル法	状況アプローチ (機能通貨アプローチ)
換算方法に かかわる学説	Ashdown[1922]	Hepworth[1956]	Lorensen[1972]	Parkinson[1972]
外貨換算 会計基準	ARB 第4号[1939] ARB 第43号[1953]	APB 意見書第6号 [1965]	SFAS 第8号 [1975]	SFAS 第52号 [1981]

換算方法にかかわる学説の行には「第Ⅱ編の検討対象」、外貨換算会計基準の行には「第Ⅲ編の検討対象」と付記されている。

2.2　第Ⅱ編：換算方法にかかわる学説の検討

　第Ⅱ編（第4章から第7章）では，図表序-1において示したように，換算方法にかかわる学説を検討対象として，その背後にある会計思考及び換算思考について明らかにする。

　第4章では，流動・非流動法を提案したC. S. Ashdownの学説を取り上げて検討する。次に，第5章では，貨幣・非貨幣法を提案したS. R. Hepworthの学説を取り上げる。第6章では，テンポラル法を提案したL. Lorensenの学説を取り上げて検討する。さらに，第7章では，機能通貨アプローチが状況アプローチの一形態であることから，かかる状況アプローチを提案したR. M. Parkinsonの学説を取り上げ，その背後にある会計思考及び換算思考について検討する。

2.3　第Ⅲ編：外貨換算会計基準の検討

　第Ⅲ編（第8章から第13章）では，図表序-1において示したように，それぞれの換算方法が外貨換算会計基準において承認されていく（制度化の）経緯と，その背後にある会計思考及び換算思考について検討する。そしてそれを受けて，外貨換算会計が現在直面している問題の解明及びその将来における展開につい

2 本書の構成　7

て検討することにする。

　そこでまず，第8章では，Ashdown［1922］によって提案された流動・非流動法が，ARB第4号をはじめとして，それを修正した形で取り込んでいるAIAにより1953年6月に公表されたARB第43号『会計研究公報の再述及び改訂』（AIA［1953］）の第12章「在外事業と外国為替」において採用されていった経緯に着目して検討する。

　次に，第9章では，Hepworth［1956］によって提案された流動・非流動法が，米国公認会計士協会（American Institute of Certified Public Accountants：AICPA）により1965年10月に公表された会計原則審議会意見書（Opinion of the Accounting Principles Board：APB意見書）第6号『会計研究公報の現状』（AICPA［1965］）において採用されていった経緯について検討する。

　また，第10章では，Lorensen［1972］によって提案されたテンポラル法が，FASBにより1975年10月に公表されたSFAS第8号『外貨建取引及び外貨表示財務諸表の換算に関する会計処理』（FASB［1975］）において採用されていった経緯について検討する。

　さらに，第11章では，Parkinson［1972］によって提案された状況アプローチを機能通貨概念という独自の概念を用いることにより機能通貨アプローチを提案しているSFAS第52号の背後にある会計思考及び換算思考について検討する。そして，第12章ではSFAS第52号における換算差額の性質に関する解釈に着目して検討するとともに，FASBにより1997年6月に公表されたSFAS第130号『包括利益の報告』（FASB［1997］）において包括利益が純利益とその他の包括利益に2区分表示されることが要請されたことを受けて，SFAS第52号におけるその解釈にいかなる変化が生じたのかについて検討する。

　最後に，第13章では，SFAS第52号に対する問題点を理論的に解明するとともに，FASBにより2000年2月に公表された財務会計概念書（Statement of Financial Accounting Concepts：SFAC）第7号『会計測定におけるキャッシュ・フロー情報及び現在価値の利用』（FASB［2000］）において現在価値法が

採用されたことを受けて，かかる問題点を解消するために，いかなる換算方法が最適な方法であるのかということについて検討する。

(1) 外貨表示財務諸表の換算では，対象となる組織体としては在外子会社や支店以外に，関連会社やジョイント・ベンチャーも含めて議論されることが一般的である。本書では，この区別をとくに行わず総称的に在外子会社という用語を用いる。
(2) 日本の外貨換算会計基準において外貨表示財務諸表の換算は，作成する財務諸表が本支店合併財務諸表（在外支店の場合は個別財務諸表に関する規定）である場合と，連結財務諸表（在外子会社の場合）である場合とに区分して規定されている。そのため，日本における外貨換算会計の問題は，3つに分類され議論されることが多い。
(3) SFAS 第52号は，その公表以降現在に至るまで大きな改訂もなく採用されている外貨換算会計基準であるが，それに関係する会計基準がFASBにより公表されてきたことを受けて，パラグラフの修正 (pars. 13, 15-16, 22-24, 26, 30-31, 34, 46, 48, 101, 162)，追加 (par. 14A)，削除 (pars. 17-19) など，一部変更が行われている (FASB [1981] status)。

第Ⅰ編

外貨換算会計の分析視角

第1章　会計思考と換算思考
―分析手段の提示―

1　はじめに

　Collingwood [1946] では，科学的歴史家の対象は過去の人間の行為を発見することを目的とした探求あるいは調査であり，そして過去の行為を発見することはそれ自体のためではなく，それらが今日賢明な選択をなすための展望を与えるからであるとして，歴史的アプローチの意義を説いている (pp. 1-2)。
　また，会計に関する歴史的アプローチの意義について，Littleton and Zimmerman [1962] では，「会計行為の背後にある思考を検討するための基礎として，何よりもまず歴史的展望のもとに考察された会計理論の性格及び有用性を考慮することが便利である。伝承された方法のすべての背後には，動機的思考があったに違いない。もしそれが突き止められるのであれば，このような会計行為の動機的思考は，なぜ会計が幾世紀にわたり有用であったのか，また，なぜ会計が潜在的にある有用性を示し得るのか，ということを解明するのに役立つだろう」(p. 3) と述べられている。
　この歴史的アプローチを展開するにあたり，Copi [1961] によれば仮説が必要であるとされる (p. 46)。しかし，歴史的探求は，仮説を立てその仮説の検証を行うのではなく，その仮説を用いて推論を行うのである (Collingwood [1946] p. 252)。そこで，本章では，外貨換算にかかわる会計行為（例えば，換算方法や換算差額[1]の処理）の背後にある動機的思考を検討するための基礎として，まず歴史的展望のもとに会計理論の性格について考察する[2]。続いて，Copi [1961] が指摘するところの歴史的探求に必要な仮説を作り出すために，会計理論の性格，つまりその認識・測定構造に着目した会計思考と，外貨換算

会計の鍵概念である換算思考を提示する。

2　米国会計学の理論的基礎の変遷

　黒澤［1956］によれば，米国における会計学の歴史的発展を概観するにあたり，次の4つの時期に分類できる（p. 239）。第1期は，第1次世界大戦前までの時期で，英国会計学が米国に移植されてから数人の先駆的な会計学者たちにより米国会計学の基礎が築かれはじめた時代である。第2期は，第1次世界大戦前後から数年にわたる時期で，伝統的会計学の一層の発展とそれに対する批判が現われた米国会計学の新しい展開を意味する時代である。第3期は，第2期に引き続き1923年以後10年にわたる時期で，会計学における新しい領域として管理会計論の発展をみた時代である。第4期は，1933年頃からはじまる時期で，会計原則の樹立の問題を中心として会計の社会的責任の観念を強調する会計思想が普及し，米国会計学の発展に新時期を画するに至った時代である。しかし，それぞれの時期は，相互にいろいろな色彩がいりまじりオーバー・ラッピングしながら歴史的な流れを形づくっている（黒澤［1956］pp. 239-240）。

　第1期と第2期は，主として会計士会計学が現われた時期である。第1期は，簿記技術論的な初期的状態からはじめて貸借対照表論としての会計学の萌芽がみられる時代である。しかも，会計士による株式会社の会計監査制度の発達により促されたとされる貸借対照表問題の中心は，財産の評価に関する問題であり，その問題の解決にあたっては法的には債権者及び株主保護の見地から要求がなされ，経営経済的には企業維持の観点から必要とされた。こうした貸借対照表問題の解決のために貸借対照表論としての会計学が形づくられたのである（黒澤［1956］p. 241）。

　そのことから，第2期においては，貸借対照表論は貸借対照表監査制度の基礎を提供するものとして発展したが，単に会計士会計学の領域にとどまることなく別個の研究領域を生み出していった。第3期においては，会計士会計学に対する一種のアンチ・テーゼとして管理会計論が出現した。そもそも，貸借対

照表監査とは,監査の対象を決算貸借対照表に限定する期末監査の方法であり信用目的の監査であった。貸借対照表監査の普及により,貸借対照表の様式の標準化及びその作成基準の設定を必要とするようになり,第2期から第3期にかけて,米国会計学の理論的基礎は貸借対照表問題を中心とする会計士会計学として発展をみたのである(黒澤 [1956] pp. 242-243)。

その後,1929年の大恐慌を契機に,投資大衆の保護を主眼とする会計監査の必要性が唱道され,1933年のはじめにニューヨーク証券取引所は,すべての上場会社に対して独立の会計士により監査を受けた財務諸表を提出することを要求した。このような財務監査では,貸借対照表よりもむしろ損益計算書に重点を置いた企業の収益力の検証という点が重視された。よって,第4期は,貸借対照表から損益計算書への重点移行の時代ということができる。この変化の一端は,1929年以降の深刻な不況から米国産業界を再起せしめ,投資大衆の保護・資本蓄積の健全化を図るために欠くことのできない制度として,会計士監査の必要性が認識されたことによるものであった(黒澤 [1956] pp. 243-244)。

このような貸借対照表から損益計算書への重点移行は,会計理論の上では静態論から動態論への発展として反映された。そのため,第4期において会計原則の統一運動と会計原則をめぐる諸論争の経過を通じて,米国会計学の動態論的傾向が確立したのである(黒澤 [1956] p. 244)。そしてこの時期,米国会計学会(American Accounting Association: AAA)は,会計原則を1936年,1941年,1948年と次々に公表していった[3]。また,このAAAの活動と並行して,AIAも,会計原則の形成にかかわっていった(中島訳編 [1964] p. 70)。AAAにより1936年6月に公表された会計原則試案においては,その体系,用語などについて整理が十分にはなされていなかった(中島訳編 [1964] p. 68)が,1941年6月に公表された会計原則においては,Paton and Littleton [1940] から多大な影響を受けており,それをもって損益計算書への重点移行(動態論)が完了したとみられる(Brown [1971] p. 40)。

しかしながら,AAAにより1957年10月に『会社財務諸表会計及び報告諸基準—1957年改訂版』(以下,『1957年改訂会計原則』)(AAA [1957])が公表され

たことを契機として，損益計算書に重点を置いた動態論的傾向は，静態論的傾向に傾斜していくことになる。つまり，『1957年改訂会計原則』において，資産概念が新たに「特定の会計的実体のなかで企業の諸目的に充用される経済的資源，すなわち，予定された事業活動に利用可能または有益な用役潜在性 (service potentials) の集合体」(AAA [1957] p. 538) と定義されたことを契機として，1960年代におけるコングロマリット合併運動を軸とした極端な会計操作の蔓延に対する社会的批判を背景に，「伝統的な」損益計算書を中心とする利益概念からの脱却が開始され，ついに，AICPAにより1970年10月に公表された会計原則審議会ステートメント (APBS) 第4号『営利企業財務諸表の土台をなす基礎的概念と会計原則』(AICPA [1970]) において，基本的には貸借対照表を中心とする利益概念の範疇に属する利益概念に転換されたのである (津守 [2002] p. 173)[(4)]。

この貸借対照表を中心とする利益概念は，FASBにより1976年12月に公表された討議資料『財務会計及び財務報告のための概念フレームワークに関する諸問題の分析：財務諸表の構成要素及びその測定』(以下,『1976年討議資料』) (FASB [1976]) において資産・負債アプローチとして取り上げられるに至っている。『1976年討議資料』では，津守 [2002] がいうところの従来型の損益計算書を中心とする利益概念を有する収益・費用アプローチから，貸借対照表を中心とする利益概念を有する資産・負債アプローチへの移行が企図されている。

以上のことから，論者により用語の統一性はみられないものの，米国会計学の理論的基礎は，静態論から動態論あるいは収益・費用アプローチを経て，資産・負債アプローチへという変遷過程を辿っていると捉えることができる。そのことからこの変遷過程を，「静態論→動態論→静態論（新静態論）」，あるいは「財産法→損益法→財産法（新財産法）」として説明することができるのである。

3 2つの会計思考

3.1 分析手段としての収益・費用アプローチと資産・負債アプローチの検討

　前述した米国会計学の理論的基礎の変遷過程について同一の用語体系を用いて取り扱う必要があるが，黒澤［1956］において用いられている「静態論」と「動態論」という用語，あるいは，FASBの『1976年討議資料』における「収益・費用アプローチ」と「資産・負債アプローチ」という用語は，かかる変遷過程のすべてについて使用することが困難である。そこで本書では，認識・測定構造に着目しその背後にある会計思考に着目することにより，米国会計学の理論的基礎の変遷過程を捉えることにする。

　これに先立ち，『1976年討議資料』における「収益・費用アプローチ」と「資産・負債アプローチ」の認識・測定構造の特徴について考察することにしたい。というのも，「静態論」と「動態論」という用語は広く使用されているにもかかわらず，とくに「静態論」についてはその内容が明確ではないことから，その認識・測定構造に関する特徴を見出すことが困難であると考えられるからである。これに対して，「収益・費用アプローチ」と「資産・負債アプローチ」は，『1976年討議資料』において詳細に議論されているのである。

　『1976年討議資料』では，収益・費用アプローチと資産・負債アプローチはともに財務諸表の連携を前提とする利益測定アプローチと捉えられている（FASB［1976］par. 33）[5]。そして，収益・費用アプローチにおいては，アウトプットを獲得しそれを利益を得て販売することを目的としてインプットを活用する企業の活動成果の測定値を利益とみなし，利益を一定期間の収益と費用の差額と定義する。すなわち，収益及び費用（企業の利益稼得活動におけるアウトプット及びインプットの財務的表現）を鍵概念として，それらの測定ならびに一定期間における努力と成果を関連づけるために収益と費用認識の期間調整を行

うことが，ここにおける基本的な測定プロセスとなる（FASB [1976] par. 39）。またそのことから，資産及び負債の測定は，利益測定プロセスの必要性から規定されることになる（FASB [1976] par. 42）。

一方，資産・負債アプローチにおいては，一定期間における営利企業の正味資源の増加測定値を利益とみなし，利益を資産と負債の増減額として定義する。そのため，利益の積極的要素（収益）は当該期間における資産の増加と負債の減少として，利益の消極的要素（費用）は当該期間における資産の減少と負債の増加として，定義される。つまり，資産と負債（企業の経済的資源及び将来他の実体に資源を引き渡す企業の義務の財務的表現）を鍵概念として，それらの属性値及びかかる属性値の変動を測定することが，ここにおける基本的な測定プロセスとなる。その結果，資産・負債以外の財務諸表構成要素は，資産・負債の変動に基づいて測定されることになる（FASB [1976] par. 34）[6]。

このように，資産・負債アプローチは資産・負債を定義しその変動を収益・費用の発生として計上する計算思考を，収益・費用アプローチは収益・費用を定義しその認識測定の結果として資産・負債の増減を計上する計算思考を表わすものといえる。しかも，収益・費用の認識測定と資産・負債の増減との関係という観点からみれば，資産・負債アプローチにおける資産・負債の定義とその増減の認識測定は，収益・費用の定義とその認識測定に収斂することになる（松本 [1997] p. 57）。つまりこの観点に着目すれば，両アプローチの相違は，期間損益計算における収益・費用の定義の仕方の違いとして理解することができるのである。

3.2 財貨思考と貨幣思考

会計においては，企業の経済活動を取引として把握し，その記録・分類・集計を通して期間の成果を明らかにすることになる。もともと，経済活動は継続的過程であるが，取引は継続的過程のなかでの不連続な点である。しかしながら，このような取引は時間的に十分近接して発生するため，取引の記録は企業活動の合理的な像を提供するという仮定がそこにおいては採用されることにな

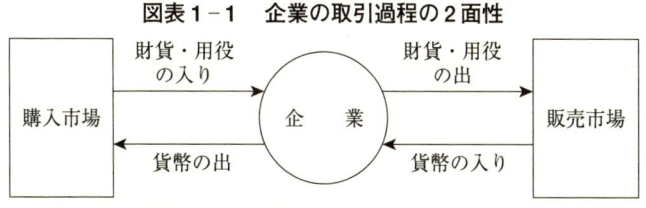

図表1-1 企業の取引過程の2面性

```
              財貨・用役              財貨・用役
               の入り                  の出
  ┌─────┐  ────→   ┌─────┐  ────→   ┌─────┐
  │購入市場│           │ 企 業 │           │販売市場│
  └─────┘  ←────   └─────┘  ←────   └─────┘
               貨幣の出                貨幣の入り
```

出所:武田[1995] p.126, 図1参照。

る。

　取引概念は，経済活動自体が有償行為である以上，財貨・用役と貨幣との対流関係において規定される。つまり，それは，財貨・用役の入りに対して貨幣の出（購買過程）があり，財貨・用役の出に対して貨幣の入り（販売過程）があるという相対する2つの価値の流れとして現われることになる。このような2面的価値変動関係を図で表わすと図表1-1のようになる。

　図表1-1に示したこの対流関係は複式簿記を通じてともに記録されていくが，その後は，貨幣流列か財貨・用役流列のいずれかを中心として記録・計算されていくことになる。すなわち，企業の経済活動として財貨・用役流列に焦点をあて，それを会計の認識対象とみることも，貨幣流列に焦点をあてそれを認識対象とみることも可能となるのである。そこで，以下においては貨幣流列を中心に考える立場を貨幣思考と呼び，財貨・用役流列を中心に考える立場を財貨思考と呼ぶことにする[7]。

3.3　財貨思考と貨幣思考に基づく利益測定モデル

　続いて，収益・費用アプローチと資産・負債アプローチの背後にある利益測定モデルを，貨幣思考と財貨思考の観点から捉えることにする。これにあたり，同様の観点より数式を用いて詳細に分析している高須[1997a]他の論考に依拠することにしたい[8]。

　両アプローチにおいては，取引が資産・負債（あるいは費用・収益）の変動に基づいて認識され，しかもそれらの変動が資産・負債の属性測定値の変動額として測定されることから，個々の取引は，数量 Q と価格 P の積として表現

される[9]。よって，このことを一般的な形式で表わすと，$Q_i P_{ti}$（第 i 取引）と表わすことができる（なお，ここでP_{ti}は，当該取引が行われた時点t_iにおけるその測定属性を表わすものとする）[10]。その結果，利益は収益・費用アプローチに基づく場合であっても資産・負債アプローチに基づく場合であっても，この個別取引の合計額（$Q_1 P_{t1} + Q_2 P_{t2} + \cdots + Q_n P_{tn}$）として表わされることになる。しかし，このように上記の利益数値が線型統合として定式化されているため，ここではその各項が加法性（すなわち同質性）を有することが必要となる[11]。

このように，各項の同質性を獲得するための方法としては，基本的に次の2つの方法が考えられる。第1の方法は，資産・負債アプローチが基礎を置く利益測定モデルであり，各項（各個別取引）の有する時点性の相違に着目し，それを同じ特定時点にあわせることにより加法性を獲得するというものである。ここでは各項は取引時点t_iにおける測定値に規定されているため，それを特定時点（例えば，決算時点）における測定値へと変換されることになる。その場合の測定属性としては，特定時点における何らかの時価が選択されることになる（高須［1997a］p. 47）[12]。その結果，ここでは数量の変動に基づく取引だけではなく属性測定値の変動に基づく取引も，取引として認識される。

つまりここにおいては，まず認識対象として個別財貨の数量的変動が認識され，その後に利益計算の観点からそれを共通尺度たる貨幣に変換する[13]という認識・測定構造を有することになる。よって，第1の方法（資産・負債アプローチが基礎を置く利益測定モデル）は，財貨思考に基づく利益測定モデルを想定していると考えることができる。

一方，第2の方法は，収益・費用アプローチが基礎を置く利益測定モデルであり，各項の有する時点性の相違を無視し各項を現金収支額として解釈し直すことにより加法性を獲得するという方法である。つまりそこでは，個別取引の有する時点性の相違は無視され，実際に発生した取引がその発生時点において認識・測定されることになる。その結果，ここでは現金収支の変動のみが取引として認識・測定されることになる（高須［1996b］pp. 39-41）。

ここにおいて取引の認識と測定とは切り離すことができないため，第1の方

図表1-2　2つの認識・測定構造

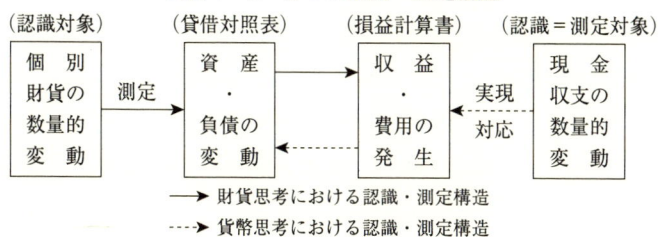

```
(認識対象)        (貸借対照表)      (損益計算書)     (認識＝測定対象)
┌─────┐          ┌─────┐         ┌─────┐          ┌─────┐
│個 別│          │資 産│         │収 益│          │現 金│
│財貨の│  測定    │ ・  │         │ ・  │  実現    │収支の│
│数量的│ ────→   │負債の│  ┄┄→  │費用の│  対応    │数量的│
│変 動│          │変 動│  ←┄┄  │発 生│ ←────   │変 動│
└─────┘          └─────┘         └─────┘          └─────┘
```

　──→　財貨思考における認識・測定構造
　┄┄→　貨幣思考における認識・測定構造

出所：高須［2003］p.131, 第9-1図を参考に筆者加筆。

法（財貨思考）の場合のような測定属性の選択問題は生じない。しかも，取引の時点的制約性が存在しないことから，利益計算において見越・繰延という過去の現金収支あるいは将来の現金収支を操作することが可能となる。そのために，収益・費用の認識基準として実現・対応ルールの設定が要請されることになるのである（高須［1997b］p.46）[14]。

　このように第2の方法は，認識対象として現金収支の数量的変動が認識されると同時に，それにより測定が行われるという認識・測定構造を有している。よって第2の方法（収益・費用アプローチが基礎を置く利益測定モデル）は，貨幣思考に基づく利益測定モデルを想定していると考えられる。

　そこで，第1の方法（財貨思考）と第2の方法（貨幣思考）における認識・測定構造について図式化したものが図表1-2である。

3.4　会計思考と測定属性

　本項では，取引の認識と測定とが切り離して行われる構造をもつ財貨思考において，取引の認識基準（資産・負債の定義）及び測定基準（測定属性）として，いかなる定義及び測定属性を選択することが可能となるのかについて考察することにする。

　この場合に問題となるのは，この認識・測定構造における認識対象として物財と貨幣が並列して取り扱われているという点である。言い換えると，財貨思考においては，認識された財貨を測定属性を用いて共通尺度である貨幣に変換

することにより得られる計算貨幣と，支払手段となり得る実物貨幣とが並存するということである。この点に鑑みれば，すべてを計算貨幣として解釈することも，すべてを実物貨幣として解釈することも可能となる（高須［1997b］p. 45）。

そこで，最初にすべてを計算貨幣であると解釈する立場から当該認識・測定構造を検討する。まず，この場合において課される制約条件をあげるならば，第1の制約条件として，実物貨幣（現金）は計算貨幣に変換しても同一金額となるということ，第2の制約条件として，計算貨幣で表わされている物財も最終的には実物貨幣により解消されるため，このような解消過程が連続的に把握されること[15]という2つをあげることができる（高須［1997b］p. 45）。

次に，測定属性の選択について考察するならば，『1976年討議資料』が参考となる。そこでは，種々のクラスの資産・負債を測定し表示するために公表時（1976年）までに実際に利用されてきた測定属性だけではなく，提案されてきたものを含めて5つの属性をあげており，それらの測定属性の相違を3つの観点から分類を行うとともに，詳細にその説明を行っている。その5つの測定属性とは，歴史的原価（取得原価），現在原価（取替原価），通常の清算における現在払出価値（現在市場価値），正常な営業過程における期待払出価値（正味実現可能価値），期待キャッシュ・フローの現在価値の5つであり，その3つの観点とは，①時間（過去・現在・将来），②取引の種類（受入価値・払出価値），③事象の性質（実際・期待・仮定）である。この5つの測定属性と3つの観点について要約したものが，図表1-3である（FASB［1976］pars. 388-392）。

ところが，財貨思考に基づく利益測定モデルにおいては，共通尺度たる貨幣への変換にあたり時点の同一性が求められることになる。そのため，時間分類において過去の異なる時点に対応して歴史的原価はもちろんのこと，将来の異なる時点に対応する正味実現可能価値も，ここにおいては選択され得ないことになる。これに対して，現在原価（取替原価），通常の清算における現在払出価値（現在市場価値），期待キャッシュ・フローの現在価値の3つは，時点の同一性を満たすことになるとともに，また第1の制約条件も満たしているといえ

図表1-3 5つの測定属性の性質

	時間	取引の種類	事象の性質
歴史的原価（取得原価）	過去	受入価値	実際
現在原価（取替原価）	現在	受入価値	仮定
現在市場価値	現在	払出価値	仮定
正味実現可能価値	将来	払出価値	期待
期待キャッシュ・フローの現在価値	将来	払出価値	期待

る（高須［1997b］p. 45）。

しかしながら前述したように，受入価値という性質をもつ現在原価により表わされた物財は，最終的には実物貨幣において解消されることになるため，この過程において特異点が生じることになる。つまり，仮定現金支出額から実際現金収入額へという非連続な転換が行われるため，第2の制約条件を満たさないことになる。一方，現在市場価値ならびに期待キャッシュ・フローの現在価値は，ともに「取引の種類」において払出価値という性質をもつことから，このような非連続性は生じないことになる（高須［1997b］pp. 45-46）。

以上のことから，ここにおいて選択可能な測定属性として，現在市場価値と期待キャッシュ・フローの現在価値の2つを理論上あげることができる。しかしながら現在市場価値においては，売却あるいは清算がその前提に仮定されていることから，継続企業概念（ゴーイング・コンサーン）との関連において問題が残ることになる。よって実際に選択可能となる測定属性は期待キャッシュ・フローの現在価値のみであるということができる。なお，財貨思考においては，理論上は認識と測定が切り離されていることから，測定基準が認識基準を規定することはないのであるが，測定基準を満たすものしか認識し得ないことから，認識基準もその影響を受けざるを得ないのである。したがって，資産と負債の認識基準として将来キャッシュ・フローをもたらすという性質をもつこと，すなわち用益潜在性が要請されることになる（高須［1997b］p. 46）。

次に，すべての財貨を実物貨幣として解釈する立場から，当該認識・測定構

造を検討することにする。この立場に立つと，財貨をすべて実物貨幣として解釈することから，その前提としてすべての物財が実際現金収支額によって表わされることが要求されるとともに，その実物貨幣で表わされている物財も最終的には実物貨幣によって解消されることから，かかる過程を特異点なく連続的に把握できるという第3の制約条件が課されることになる（高須［2001］p. 7）。

このことから，『1976年討議資料』においてあげられている5つの測定属性のうち，歴史的原価と正味実現可能価値の2つが上記の前提を満たすことができる。しかし歴史的原価は，その認識・測定過程において実際現金支出額から実際現金収入額へという非連続な転換が行われるため，第3の制約条件を満たさないことになるのに対して，正味実現可能価値は，期待現金収入額から実際現金収入額へという連続的な転換が行われるため，第3の制約条件を満たすことになる。よって，ここにおいて選択可能な測定属性として正味実現可能価値を理論上あげることができるのである（高須［2001］p. 7）。

4　4つの換算思考

4.1　換算概念の多様性と多義性

換算（translate）という用語は，多様な意味において使用されている。"translate" という用語の使用を提案した Chinlund［1936］は，当時，"translate" ではなく，"converted" や "stated" という用語が，在外子会社の外貨表示財務諸表を換算する際に用いられていたと指摘している（p. 118）。しかし，"converted" は，既に多くの意味において用いられていること，そして，現金同等物への変換という意味をもたず，実際の現金への変換を意味することから，曖昧な用語であるとする（Chinlund［1936］pp. 118-119）。また，"stated" は，資産に生じるあらゆる変動を認識しない狭義の用語であり，為替レート変動に対応した為替レート（例えば，毎決算日における為替レート，あるいは平均レート）を適用する場合にはそれと合致しないとする（Chinlund［1936］pp. 119-

120)。よって、換算とは「諸事実を変更するという意味はもたず、異なる言語により換算対象を表示する (presenting) だけのことである（傍点筆者挿入）」(Chinlund [1936] p. 120) とする。すなわち、ここにおいて換算は、表示の過程であると解されているのである。

また、外貨換算会計上、最も理論的に換算方法（テンポラル法）を導出したと評価されることの多い Lorensen [1972] では、財務会計の性質を測定プロセスと捉えることから、換算は測定単位の変換プロセス (measurement conversion process) と定義している (p. 11)。彼によれば「換算は、在外子会社の財務諸表上の測定単位を外国通貨（現地通貨）単位から、米ドル（本国通貨）単位へと変更することであり、…それは、単に単位を変更するだけであり、測定された属性を変更するものではない」(Lorensen [1972] p. 11)。すなわち、換算は測定の過程として捉えられているのである。

さらに、換算概念が多義的に捉えられていることを示す事例として、外貨換算会計基準に関する FASB の公刊物における換算概念をめぐる議論をあげることができる。現行の米国基準である1981年12月に FASB により公表された SFAS 第52号では、換算とは、「他の通貨で建てられる、または、測定されている金額を企業の報告通貨（一般的に、本国通貨であることが多い―筆者挿入）に表示替えをする手続である（傍点筆者挿入）」(FASB [1981] par. 162) と定義されている。そして、「ある実体の帳簿がその機能通貨で記載されていない場合には、機能通貨による再測定が要請される。その再測定は、報告通貨への換算以前に行われなければならない。その機能通貨が本国通貨である場合には、本国通貨へと再測定され、換算される必要はない」(FASB [1981] par. 10) とする。このように、SFAS 第52号では、換算は再表示を意味し、再測定とは明確に区別がなされている[16]。

しかも SFAS 第52号では、換算目的を「(a)為替レート変動が企業のキャッシュ・フロー及び持分に与えると予期される経済的効果と一般的に適合した情報を提供すること、(b)米国で一般に認められた会計原則 (generally accepted accounting principles: GAAP) に従い、機能通貨によって測定された個々の連

結実体の経営成績及びその相互関連性を連結財務諸表上に反映すること」(FASB [1981] par. 4) と定義している。すなわち，目的(a)では為替レート変動の影響を認識するプロセスとして換算が捉えられており，その一方で目的(b)では換算対象の表示通貨を変更するプロセスとして換算が捉えられている。SFAS 第52号では，このように換算対象の表示通貨を変更するという意味においてだけではなく，為替レート変動の影響を認識するという意味においても，換算という用語を「再表示」として使用しているのである。

これに対して，旧基準である1975年10月に FASB により公表された SFAS 第8号では，換算とは「ある通貨で測定されている金額を2通貨間の為替レートを用いて，他の通貨で表示する手続 (process of expressing) である」(FASB [1975] par. 243) と定義されている。SFAS 第8号によれば「換算手続は，単に外国通貨で表示された，あるいは当初外国通貨で測定された金額を，米ドルで再測定する手段である」(FASB [1975] par. 94) であり，ここでは換算と再測定とが同意義に捉えられているのである。しかも，換算目的は「外国通貨により測定されているか，または外貨建である資産，負債，収益及び費用を，(a)米ドルにより，(b)米国 GAAP に準拠して測定あるいは表示することである。…すなわち，換算とは，会計原則を変更することなく測定単位を変更することである」(FASB [1975] par. 6) と定義されている。このことから，SFAS 第8号では，換算対象の測定単位を変更するという意味において，換算という用語を「再測定」として使用していることがわかる。よって，SFAS 第52号と異なり，SFAS 第8号においては，為替レート変動の影響を認識するという意味において換算は捉えられていないのである[17]。

このように，換算を「再表示」として意義づける見解には，表示通貨を変更するという意味のみを想定している場合と，為替レート変動の影響を認識するという意味をも想定している場合とがみられる。また，換算を「再測定」として意義づける見解にも，測定単位の変更を行うという意味を想定している場合と，為替レート変動の影響を認識するという意味を想定している場合とがみられることがわかる[18]。

以上のことから,「再表示」と「再測定」という用語については,その背後に想定されているプロセスは多様性を有しているといえる。そのため,この用語を用いて,換算について議論を行うことは問題をもたらすと考えられる。また,SFAS 第52号やSFAS 第8号においても明らかなように,換算概念は換算目的と密接に関連している。すなわち,換算目的と関連して再表示あるいは再測定という用語の示す意味内容が異なることから,本書ではこのような換算概念の有する多様性ならびに多義性を配慮して,以下においては換算目的に着目して検討を行うことにする。

4.2　換算目的：本国主義と現地主義

換算を理論として取り上げ,過去の多くの学説を網羅的に検討するとともに,換算目的について明確に取り扱っているものとして,FASBが1974年2月に公表した討議資料『外貨換算会計に関する問題の分析』(以下,『1974年討議資料』)(FASB [1974])をあげることができる。

『1974年討議資料』では,「親会社の財務諸表に含められるにあたって,在外子会社の外貨表示財務諸表にとり適切な測定単位は,いかなるものであるのか」(FASB [1974] p. 23)という問題設定のもとに,換算目的が議論されている。そして,その適切な測定単位を①親会社の属する国の通貨(本国通貨)であるという考え方を「本国主義 (parent company perspective)」として,それを②在外子会社の属する国の通貨(現地通貨)であるという考え方を「現地主義 (local perspective)」として説明している[19]。つまり,『1974年討議資料』においては,換算目的に関する議論は本国主義と現地主義の問題として取り扱われているのである (FASB [1974] p. 23)。

4.2.1　本国通貨を測定単位とする場合(本国主義)

『1974年討議資料』では,本国主義に立脚した文献として本書で取り扱うHepworth [1956] (第5章) と Lorensen [1972] (第6章) をあげている。Hepworth [1956] の特徴としては,次の3点があげられている (FASB [1974] pp. 23-24)。それは，①換算目的として，「親会社の財務諸表の表示通貨と同一の貨幣単位で在外子会社の財政状態及び経営成績の表示」(Hepworth [1956] p. 1) を行うべきであるという，非常に基本的な目的が強調されている点，②為替レート変動により，外国通貨の対米ドル価値に生じる為替差損益と，在外子会社の事業活動上に生じる為替差損益とは異なるとする点，③親会社の行う事業活動には，在外事業活動をも含めるようにその拡張が図られるべきであるとする点，の3つである。

また，Lorensen [1972] の特徴としては，①換算目的が，測定単位の変換プロセスであるという換算の定義から導き出されている点，②在外子会社の外貨表示財務諸表を米国GAAPに準拠させることが強調されている点，の2点があげられている (FASB [1974] pp. 24-25)。

以上のことを受けて『1974年討議資料』では，本国主義とは単一測定単位（本国通貨）が連結財務諸表において全事業活動に対して使用されることと，為替リスクが親会社の本国通貨の見地から測定されることを意味すると述べられている (FASB [1974] p. 25)。

4.2.2 現地通貨を測定単位とする場合（現地主義）

『1974年討議資料』では，現地主義に立脚する文献として，数カ国の基準設定団体[20]による公表物と，本書の第7章で取り扱うParkinson [1972] があげられている。そして，現地主義の特徴として次の3点が指摘されている (FASB [1974] pp. 25-26)。つまり，①在外事業活動が独立した事業単位であり，そこでの取引が現地通貨で行われているという事実に立脚している点[21]，②カレント・レート法が選好される点（その理由として，その簡便性及びそれが本国主義に基礎を置いていない点があげられている），③在外事業活動上為替リスクにさらされているのは，個々の項目ではなく，当該事業全体であるという点，の3つである。

以上のことを受けて『1974年討議資料』では，現地主義とは複数の測定単位（少なくとも本国通貨と現地通貨の2種類）が連結財務諸表において使用されるこ

とと，為替リスクが在外子会社の現地通貨の見地から測定されることを意味すると述べられている（FASB［1974］p. 29）。このことから，『1974年討議資料』では，本国主義と現地主義は(1)測定単位の観点だけではなく，(2)為替リスクの測定の観点においても相違がみられると指摘されていることは明らかである。

4.3 測定単位の観点と換算目的

本国主義とは，在外子会社の外貨表示財務諸表を連結する際に，当該子会社にとり適切な測定単位を本国通貨とする考え方である（FASB［1974］p. 23）。つまり，在外子会社の行う事業活動は親会社の事業活動の延長上にあると解釈され，そのことから在外子会社の事業活動は親会社があたかも本国通貨により行ったかのように換算されることになるのである（FASB［1974］pp. 24-25）。

よって，本国主義の場合には，連結集団が行うすべての事業活動に対して唯一本国通貨がその測定単位として使用されることになる。ここにおいて換算は，在外子会社の外貨表示財務諸表を現地通貨から本国通貨へとその測定単位を変更することであり，しかもその場合に，それは現地通貨によって測定された属性を変更することなく行われるのである（FASB［1974］pp. 24-25）。その意味で本国主義において換算は，本国通貨を測定単位とする変換プロセスと捉えられ，測定属性を維持することを目的に置いていると解釈することができるのである。

それに対して，現地主義とは，在外子会社の外貨表示財務諸表を連結する際に，当該子会社にとり適切な測定単位を現地通貨とする考え方である（FASB［1974］p. 23）。現地主義は，本国主義の場合と異なり，あたかも親会社が事業活動を行ったかのように換算されるのではなく，在外子会社が親会社と異なる経済環境において事業活動を行っているという事実を重視し，在外子会社の置かれている経済環境を換算に反映させる必要性から展開されたものである（FASB［1974］p. 25）。

そのため，現地主義では，このような在外子会社の経営成績及び財政状態を適切に測定する単位は現地通貨であり，それを最も適切に反映している財務諸

表は外貨表示財務諸表であるとする（FASB [1974] p. 25）。よって，ここにおいて換算は，在外子会社の外貨表示財務諸表上の相互関連性（例えば，財務比率）を歪めることなく行われる必要がある。その意味で現地主義において換算は，現地通貨を測定単位とする変換プロセスと捉えられ，外貨表示財務諸表上の相互関連性を維持することを目的に置いていると解釈することができる。

4.4 為替リスクの測定に関する観点と換算目的

前述したように，本国主義と現地主義の相違は，測定単位の観点だけではなく為替リスクの測定に関してもみられる。

『1974年討議資料』では，本国主義による為替リスクの測定について，Hepworth [1956] を引用することから次のように説明する。固定あるいは約定した外国通貨による金額で表わされている，例えば，現金，受取債権，支払債務などの貨幣性項目に対する為替リスクと，外国通貨（現地通貨）により事業活動を行った際に生じる為替リスクとは異なり，本国主義では前者の為替リスクを対象とすることが述べられている（FASB [1974] p. 24）。このように，ここでは本国主義の特徴として，在外子会社の外貨表示財務諸表項目のうち，為替レート変動の影響を受ける項目として貨幣性項目が想定されており，かかる影響を受けない項目としてそれ以外の項目（非貨幣性項目）が想定されているのである。

それに対して現地主義の場合，為替リスクは現地通貨の見地から測定されることを意味する（FASB [1974] p. 29）として，Parkinson [1972] を引用することから次のように説明する。在外子会社の事業活動は，海外環境において在外子会社全体として行われているとともに，その事業活動から生じる将来キャッシュ・フローは現地通貨建であることから，為替レート変動の影響を受ける部分は，在外子会社の財務諸表項目の各項目ではなくすべての項目（純資産項目は除く）であるとする（FASB [1974] p. 26）。

以上要するに，本国主義の場合，換算対象となる在外子会社の外貨表示財務諸表項目は，為替レート変動の影響を受ける項目（貨幣性項目）と受けない項

目(非貨幣性項目)とに区別されるのに対して,現地主義の場合,そのような区別は存在せず,全項目(純資産項目を除く)が為替レート変動の影響を受けることが想定されているのである。したがって,『1974年討議資料』では,測定単位の観点から生じる本国主義と現地主義の相違は,為替リスクの測定に影響を及ぼし,結果としてそれが為替エクスポージャー(為替リスクの影響を受ける部分)の相違として現われることになるというのである。換言すると,この為替リスクの測定という目的を換算に課すことにより,為替レート変動の影響を本国主義では部分的に受けるのに対して,現地主義では全面的にその影響を受けることになり,そのため両者の相違は為替エクスポージャーの範囲の相違として現われることになる(第2章参照)。

4.5　4つの換算思考

　本節を通じて明らかにしてきたように,換算の意義は,測定単位の観点によるものと為替リスク測定の観点によるものとに大きく分かれる。しかも,換算目的は,本国主義によるのか現地主義によるのかにより影響を受けることになる。

　測定単位の観点からみると,本国主義の場合,換算は本国通貨を測定単位とする変換プロセスとして考えられ,換算対象項目の測定属性を維持することを目的に行われることになる(測定属性の維持を目的とする換算思考)。これに対して,現地主義の場合,換算は現地通貨を測定単位とする変換プロセスとして捉えられ,換算対象となる財務諸表全体における相互関連性(例えば,財務比率)を維持することを目的に行われることになる(換算対象の諸事実の維持を目的とする換算思考)。

　為替リスク測定の観点からみると,換算は為替レート変動の影響を認識するプロセスとして捉えられ,為替リスクを測定することを目的に行われることになる(為替リスクの測定を目的とする換算思考)。しかしながら,その場合に為替エクスポージャーの(為替リスクにさらされる)範囲は,本国主義あるいは現地主義のいずれの立場を前提とするのかによって異なることになる。つまり,本

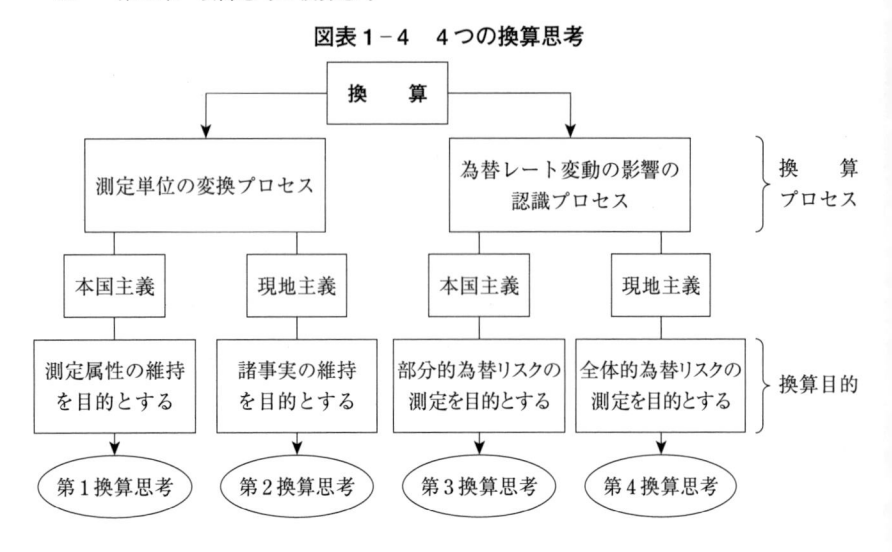

図表1-4　4つの換算思考

```
                          換　算
              ┌────────────┴────────────┐
        測定単位の変換プロセス        為替レート変動の影響の     ┐
                                        認識プロセス          │ 換算
        ┌─────┴─────┐         ┌─────┴─────┐           │ プロセス
      本国主義      現地主義       本国主義      現地主義        ┘
        │           │            │           │
    測定属性の維持  諸事実の維持   部分的為替リスクの  全体的為替リスクの   ┐
    を目的とする   を目的とする    測定を目的とする   測定を目的とする    │ 換算目的
        │           │            │           │            ┘
    (第1換算思考) (第2換算思考)  (第3換算思考) (第4換算思考)
```

国主義の場合，為替レート変動の影響は部分的に受けると考えられているのに対して，現地主義の場合その影響を全体的に受けると考えられているのである。そこで，換算プロセスと換算目的の関係について整理し，4つの換算思考を図示したものが図表1-4である。

5　おわりに

　本章では，外貨換算にかかわる会計手続の背後にある動機的思考を検討するための基礎として，Copi〔1961〕が指摘するところの歴史的探求に必要な仮説を作り出すための諸要素を提示した。

　そのためにまず，歴史的展望のもとに会計理論の変遷について考察した。その結果，米国における会計学の理論的基礎としてその認識・測定構造に着目することにより，財貨思考と貨幣思考という2つの会計思考を抽出するとともに，かかる会計思考の観点からみてみると，財貨思考から貨幣思考へ，そしてまた財貨思考へという変遷過程を経ていることが明らかになった。

　次に，分析対象となる外貨換算会計の鍵概念である換算概念について考察し

た。その結果,先行研究において用いられている「再表示」及び「再測定」という用語は多様性を有するとともに多義的であり,しかも,その多様性及び多義性をもたらした要因として,そこにおいて想定されている換算目的が異なっていることを明らかにした。そして,そのことから,換算目的について検討を行うことによって,換算思考を提示する必要性を認識した。

そこで,ここでは換算を理論として取り上げ,過去の多くの学説を網羅的に検討している『1974年討議資料』に依拠する形で,換算目的(本国主義と現地主義)について考察し,それに基づいて4つの換算思考を提示した(図表1‐4参照)。このように,本章では,歴史的探求に必要な仮説を作り出すための要素として,2つの会計思考と4つの換算思考を提示した。これらの関係性については,次章において検討を行うことにする。

(1) 本書では,換算差額とは換算により生じた財務諸表に計上される差額を意味する用語として用いる。なお,必要に応じて,損益計算書の差額として計上される換算差額については為替差損益という用語を,また貸借対照表の差額として計上される換算差額については換算調整勘定という用語を用いる。
(2) なお,会計理論の有用性とは,例えば,会計のより望ましい目的は利害調整であるのか,意思決定に有用な情報を提供することにあるのかという問題であり,かかる問題は理論的に一意的に決定し得ないものであること,またその決定には信念という価値判断が伴うことが多いことから,本書では取り扱わない。
(3) AAAは,1936年から1948年にかけて次の3つの会計原則(試案)を公表している。
　①1936年公表の『会計報告諸表会計原則試案』(AAA [1936])。
　②1941年公表の『会社財務諸表会計原則』(AAA [1941])。
　③1948年公表の『会社財務諸表会計諸概念及び諸基準』(AAA [1948])。
(4) 津守 [2002] では,「損益計算書中心主義的利益概念」と「貸借対照表中心主義的利益概念」という用語を用いている。
(5) 『1976年討議資料』では,複式記入発生主義会計は連携を定式化したものであると述べられている (FASB [1976] par. 82) ことから,両アプローチは,複式簿記システムに基づいて取引の認識を行う計算構造を有していると考えられる (高須 [1997b] p. 42)。
(6) ただし,純資産(持分)の増減すべてが,利益となるわけではない。例えば,資本拠出,資本引出,過年度損益修正は,一定期間における純資産の増減をもたらすが,当該期間の利益に含まれない (FASB [1976] par. 36)。
(7) 岩田 [1956] は,本書でいうところの貨幣思考を貨幣動態と呼び,財貨思考を財貨動態と呼び,2つの動態論が存在することを指摘している (pp. 131-134)。
(8) 井上 [1995b] は収益・費用アプローチと資産・負債アプローチの想定する利益測定

モデルを貨幣動態と財貨動態の観点から捉えている (pp. 18-27)。また，高須 [1997b] は，その利益測定モデルを数式によって表わすことから両アプローチの特徴を明示している (pp. 39-51)。その他，両アプローチの特徴を数式によって分析している文献に藤井 [1997] がある。しかし，藤井 [1997] は，資産・負債アプローチを「財産法」として捉えていると考えられる点で，井上 [1995b] と高須 [1997b] とは異なるといえる。
(9) 井尻 [1968] は「会計測定の最も重要なそして最も基本的な性質は，それが数量を価格で加重合計 (weighted sum) したもの，すなわち数量の線型統合 (linear aggregation) だということである」と述べた上で，会計における評価の構造を数式モデルにより説明するとともにその妥当性を述べている (pp. 159-161)。
(10) $Q_i P_{ti}$ については，正である場合は収益及び正味資産増加をもたらす取引を表わし，負である場合は費用及び正味資産減少をもたらす取引を表わす。
(11) 会計測定において線型統合を用いるのは，全体の価額がその部分の価額の合計に等しくあってほしいという加法性の要求に起因している(井尻 [1968] p. 161, 脚注)。
(12) なお，財貨思考（資産・負債アプローチ）では，その測定属性として歴史的原価をその選択肢として捉えることも可能である。しかしながら，FASBが最重要課題として概念フレームワーク・プロジェクトに取り組み，その取組みにあたり『1976年討議資料』を公表し，従来の会計実務（収益・費用アプローチ）と対比する形で資産・負債アプローチを取り上げたという経緯，ならびに，その後資産・負債アプローチに依拠した形で7つの概念書 (SFAC) が公表され，なかでも2000年2月に公表された測定属性に関するSFAC第7号では，公正価値として現在価値及び将来キャッシュ・フローが取り扱われているという事実に着目する限りにおいては，ここでは，公正価値として何らかの時価が想定されていると捉えることができる。また，同様の指摘は，本章3.4からもすることができる。
(13) 高須 [1997b] では，この貨幣へ変換する過程を「評価過程」と呼んでいる (p. 43)。
(14) 実現とは，最も厳密には，非現金的資源及び権利を貨幣に転換するプロセスを意味し，また，会計及び財務報告では，資産を販売して現金または現金請求権を得ることを意味する (FASB [1984] par. 80, footnote 50, FASB [1985] par. 143)。
(15) 高須 [1997a] によれば，利益測定における収益及び費用の認識基準が明確でないことが，FASBの『1976年討議資料』において指摘された収益・費用アプローチの批判点の1つであり，それを解消するために資産・負債アプローチが提案されたとする。その場合に，第2の制約条件が資産・負債アプローチにおける測定属性の選択問題に制約を課すことになるとする (pp. 42-43)。
(16) しかしながら，SFAS第52号に先立ち公表された1980年の公開草案においては，「機能通貨への再測定は，換算プロセス以前に行われるか，あるいはその一部として行われることが要請される」(FASB [1980a] par. 17) とされ，換算と再測定の区分はSFAS第52号のように明確ではない。
(17) このことは，SFAS第8号が為替レート変動の影響を認識することを換算目的として要請しなかったことからも，明らかである (FASB [1975] pars. 96-111)。この点については，第10章において詳細に検討する。
(18) 例えば，白木 [1995] は，測定と評価という概念の関連性から，評価を一定時点における価値の測定と捉えるとすれば，為替レート変動の影響を認識するという意味におい

て換算は測定であると述べている (pp. 18-19)。
(19) さらに,『1974年討議資料』では,本国通貨と現地通貨を併用する場合(つまり,状況アプローチ)についても議論が展開されている (FASB [1974] pp. 26-29)。
(20) 『1974年討議資料』では,現地主義に立脚した文献として,オーストラリア勅許会計士協会の会計基準委員会とオーストラリア会計士協会の会計基準委員会による公開草案,スコットランド勅許会計士協会の勧告書,そしてイングランド・ウェールズ勅許会計士協会 (Institute of Chartered Accountants in England and Wales : ICAEW) の会計原則勧告書 (Recommendations of Accounting Principles)(以下,ICAEW勧告書)第25号をあげている (FASB [1974] pp. 25-26)。
(21) 現地主義について,独立的に事業活動を行う企業を連結範囲に含めることは,支配の概念との関連において問題があるとの指摘が従来数多くなされてきた (FASB [1975] par. 144, 榊原 [1995] pp. 52-60)。しかしながら,筆者は,行動の独立性と支配とは別であると考えるとともに,連結範囲に含まれることを前提として在外子会社の独立性を捉えている。よって,本書では現地主義の想定する独立的在外子会社は連結対象と考え,議論を展開する。この点については,本書第3章注 (10) における竹田 [1975] と亀井 [1996] の見解も,あわせて参照されたい。

第2章　会計思考と換算思考の関係性
―― 分析手段の具体化 ――

1　はじめに

　第1章においては，外貨換算にかかわる会計行為の背後にある動機的思考を検討する基礎として，つまり，歴史的探求に必要な仮説を作り出すための要素として2つの会計思考と4つの換算思考を提示した。

　しかしながら，会計理論の基礎を認識・測定構造に着目して展開した会計思考は，外貨換算会計に対する分析手段としては抽象的すぎるため，外貨換算会計を取り扱うにあたり，この会計思考をより具体的な分析手段とする必要がある。そこで本章においては，まず換算思考と会計思考の関係性を明らかにし，その後に外貨換算会計の問題を取り扱うのに適切な分析手段，すなわち，歴史的探求に必要な仮説を提示することにする。

2　測定単位変換プロセスに基づく換算思考と会計思考

　第1章（図表1-4参照）で示した換算思考が会計思考といかなる関係性をもつのかということを検討するにあたり，本節では，まず，換算プロセスを測定単位の変換プロセスと捉えた場合の（第1・第2）換算思考と，会計思考との関係性を検討することにする。

2.1　測定単位の変換プロセスと会計思考

　換算を測定単位の変換プロセスと捉えた場合において重要な点は，適切な測定単位として，本国通貨を選択する（本国主義の）場合には，測定属性の維持

を目的とする第1換算思考と結びつき，現地通貨を選択する（現地主義の）場合には，換算対象の諸事実の維持を目的とする第2換算思考と結びつくということである。

第1章において述べたように，会計測定において個々の取引は，数量 Q と価格 P の積として表現されることから，このことを一般的な形式で表わすと，$Q_i P_{ti}$（第 i 取引）と表わすことができる。そしてそのことから，利益はこの個別取引の合計額（$Q_1 P_{t1}+Q_2 P_{t2}+\cdots+Q_n P_{tn}$）と表わされる，つまり，利益数値が線型統合として定式化されるため，その各項が加法性（すなわち同質性）を有することが必要となる。しかも，その場合に，各項の同質性を獲得する方法として基本的に2つの方法が考えられた。

第1の方法は，各項（各個別取引）の有する時点性の相違に着目し，それを同一の特定時点にあわせることにより加法性を獲得するというものである。すなわち，これは，財貨思考に基づく認識・測定構造をその背後にもつ方法であった。第2の方法は，各項の有する時点性の相違を無視し，各項を現金収支額として解釈し直すことにより加法性を獲得するというものである。すなわち，これは貨幣思考に基づく認識・測定構造をその背後にもつ方法であった。

そのことから，換算プロセスは，この任意の取引 $Q_i P_{ti}$ に換算レート R_i を乗ずるプロセスとして表わすことができる。また，換算後の個別取引を $Q_i P_{ti} R_i$（第 i 取引）とすると，換算後の利益はその合計額（$Q_1 P_{t1} R_1+Q_2 P_{t2} R_2+\cdots+Q_n P_{tn} R_n$）として表わされることになり，これらの各項が加法性（すなわち同質性）を有するための方法として，上記の第1と第2の方法を以下において展開することにする。

2.2 財貨思考の場合

加法性を有するための第1の方法では，認識対象として個別財貨の数量的変動が認識され，その後に利益計算の観点から，個別財貨は特定時点において共通尺度たる計算貨幣に変換される。そのためここでは，換算後の個別取引 $Q_i P_{ti} R_i$ は，$Q_i \times P_{ti} \times R_i$ というように分解されることになる。つまり，認識対

象として個別財貨 Q_i の数量的変動が認識され，その後に特定時点（例えば，t_c）における測定値 P_{tc} を乗ずることにより共通尺度である第1の計算貨幣に変換され，さらにその後，特定時点 t における為替レート R_t を乗ずることにより共通尺度である第2の計算貨幣に変換されること（$Q_i \times P_{tc} \times R_t$）になる。

そのことから，現地通貨を測定単位とする変換プロセスとして換算を捉えて，換算対象の諸事実の維持を目的とする第2換算思考（現地主義）の場合には，測定単位として第1の計算貨幣である現地通貨が想定されるため，換算後の個別取引は，$(Q_i \times P_{tc}) \times R_t$ に分解して捉えることができる。また，ここにおいては，換算対象となる在外子会社の外貨表示財務諸表の全項目は，同一の為替レート R_t，一般的には決算日レート（current rate：CR）R_{tc} により換算されることになる。

これに対して，本国通貨を測定単位とする変換プロセスとして換算を捉えて，換算対象の測定属性の維持を目的とする第1換算思考（本国主義）の場合には，測定単位として第2の計算貨幣である本国通貨が想定されるため，換算後の個別取引は，$Q_i \times P_{tc} \times R_{tc}$ として捉えられる。というのも，ここにおいてそれは，常に P_{tc} と R_{tc} の時点性の一致が要求されるからである。そのため，換算は，外貨表示財務諸表の各項目の測定属性を維持するように行われることになる。

以上のことから，財貨思考においては，測定単位として本国通貨あるいは現地通貨のいずれを想定することも可能であること，つまり，本国通貨を測定単位とする変換プロセスと換算を捉えて，換算対象の測定属性の維持を目的とする第1換算思考，あるいは現地通貨を測定単位とする変換プロセスと換算を捉えて，換算対象の諸事実の維持を目的とする第2換算思考のいずれも想定できるのである。しかも，どちらの換算思考に立脚しようとも，換算結果に相違は生じないのである。しかしながら，本国主義の場合には，維持される測定単位は本国通貨1つであるのに対して，現地主義の場合には，維持される測定単位は複数ある各在外子会社の現地通貨となる。

さらにここにおいては，属性測定値の変動分 ΔP_{ti} が取引として認識される

のと同様に、為替レートの変動分 ΔR_t も取引として認識されるため、為替レートの変動を要因として決算時に算出される換算差額は、本国通貨表示財務諸表における資産・負債の属性測定値の差額として測定されることになる。したがって、財貨思考のもとでは、第1・第2換算思考に基づき算出される換算差額はともに、算出される特定時点（決算日）において換算後財務諸表の利益に含められる（損益としての性質をもつ）ことになる。

2.3　貨幣思考の場合

　加法性を有するための第2の方法では、認識対象として現金収支の数量的変動が認識されると同時に、それにより測定が行われる。ここで問題となるのは、この現金収支が、現地通貨建である（現地主義である）のか、それとも本国通貨建である（本国主義である）のかということである。つまり、現地主義の立場に立てば、換算後の個別取引 $Q_i P_{ti} R_i$ は、$Q_i P_{ti} \times R_i$ に分解されるが、本国主義の立場に立てば、個別取引 $Q_i P_{ti} R_i$ は分解されない。

　すなわち、現地主義の場合には、認識対象として現地通貨建の現金収支 $Q_i P_{ti}$ の数量的変動が認識されると同時にそれにより測定が行われるとともに、為替レートの変動に基づく取引も認識されることになる。そのことから、ここにおいては、現地通貨を測定単位とする変換プロセスとして換算を捉えて、在外子会社の外貨表示財務諸表における相互関連性を維持することが要請されるため、R_i として同一の為替レート、一般的には CR（R_{tc}）が採用されることになるのである。

　これに対して、本国主義の場合には、認識対象として本国通貨建の現金収支 $Q_i P_{ti} R_i$ の数量的変動が認識されると同時にそれにより測定が行われる。よって、ここでは、常に P_{ti} により R_i の時点性が規定されることになる。つまり、本国主義の場合には、換算対象となる測定属性は、本国通貨建の現金収支に規定されることになり、かかる属性が、現金支出にかかわる場合には取得日レート（historical rate：HR）で換算され、現金収入にかかわる場合には、CR あるいは将来時点の為替レートで換算されるのである。

このように，貨幣思考においても，第1換算思考（本国主義）と第2換算思考（現地主義）の双方を想定することができるのである。しかも，第1換算思考あるいは第2換算思考のいずれに立脚して換算を捉えるかにより，異なる換算結果がもたらされることになる。このように，貨幣思考のもと，第1換算思考では，本国通貨建の現金収支 $Q_i P_{ti} R_i$ の数量的変動を認識対象としていることから，為替レートの変動にかかわる変動分 ΔR_t もその認識対象に含められる。それに対して，第2換算思考では，現地通貨建の現金収支 $Q_i P_{ti}$ の数量的変動を認識対象として認識と測定が行われるとは別に，為替レートの変動に基づく取引が認識されることから，為替レートの変動にかかわる変動分 ΔR_t はその認識対象に含められず，別の取引とされるのである。

したがって，貨幣思考のもとでは，第1換算思考に基づき算出される換算差額は，各取引時点において本国通貨建現金収支に含められ決算時において収益・費用を通じて換算後財務諸表において損益として計上されることになる。これに対して，第2換算思考に基づき算出される換算差額は，本国通貨建現金収支を構成するとは捉えられないことから，換算後財務諸表上，損益として認識されず，純資産直入されることになる。

2.4 小　括

以上の考察から，財貨思考にあっては，本国通貨を測定単位とする変換プロセスと換算を捉えて，測定属性の維持を目的とする第1換算思考（本国主義）を想定しても，現地通貨を測定単位の変換プロセスと換算を捉えて，換算対象の諸事実の維持を目的とする第2換算思考（現地主義）を想定しても，換算結果において両者に相違は生じないことがわかる。これに対して，貨幣思考にあっては，想定される換算思考（第1換算思考あるいは第2換算思考）により，異なる換算結果が生じることになる。

そこで，換算を測定単位の変換プロセスと捉えた場合の，第1・第2換算思考と会計思考（貨幣思考と財貨思考）との関係を要約したものが，図表2-1である。しかしながら，どちらの会計思考に立とうとも，本国主義の場合，維持

図表2-1 第1・第2換算思考と会計思考の関係性

	第1換算思考（本国主義）	第2換算思考（現地主義）
貨幣思考	$Q_i P_{ti} R_i$ 本国通貨建現金支出：$P_{ti} \Rightarrow R_{ti}$（HR） 本国通貨建現金収入：$P_{ti} \Rightarrow R_{tc}$（CR） 換算差額の性質：損益 Ⅰ	$Q_i P_{ti} \times R_{tc}$ 現地通貨建現金支出：$P_{ti} \Rightarrow R_{tc}$（CR） 現地通貨建現金収入：$P_{ti} \Rightarrow R_{tc}$（CR） 換算差額の性質：純資産直入 Ⅱ
財貨思考	$Q_i \times P_{tc} \times R_{tc}$ P_{tc}に現地通貨建時価：$P_{tc} \Rightarrow R_{tc}$（CR） 換算差額の性質：損益 Ⅲ	$(Q_i \times P_{tc}) \times R_{tc}$ P_{tc}に現地通貨建時価：$P_{tc} \Rightarrow R_{tc}$（CR） 換算差額の性質：損益 Ⅳ

＊ローマ数字の番号は，図表2-6との関連性を明らかにするために付している。

される測定単位は本国通貨1つであるが，現地主義の場合，維持される測定単位は複数ある現地通貨となる[1]。

3 為替リスク測定を目的とする換算思考と会計思考

続いて，換算を為替レート変動の影響を認識するプロセスとして捉える（第3・第4）換算思考と会計思考の関係性について検討する。これに先立ち，為替レート変動の影響を受ける部分，つまり為替リスクにさらされている部分（為替ポジションとも呼ばれる）を意味する為替エクスポージャー（原[1982] p. 98）という概念について，取り上げることにする。

3.1 為替エクスポージャーの分類

米国の国際財務論のテキストである Eiteman et al. [2001] によれば，為替エクスポージャーは，①取引エクスポージャー，②会計エクスポージャー，③経済エクスポージャー，の3つに分類される[2]。そこで，彼等の分類に従い，この3つの為替エクスポージャーの関係を図示すると，図表2-2のように表

図表2-2 取引・会計・経済エクスポージャーの概念的比較

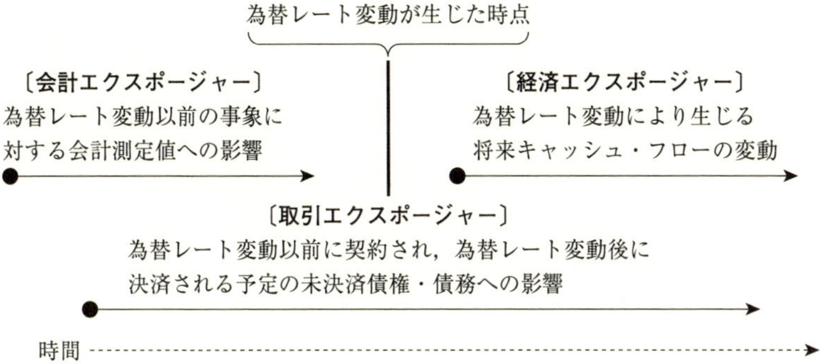

為替レート変動が生じた時点

〔会計エクスポージャー〕
為替レート変動以前の事象に対する会計測定値への影響

〔経済エクスポージャー〕
為替レート変動により生じる将来キャッシュ・フローの変動

〔取引エクスポージャー〕
為替レート変動以前に契約され，為替レート変動後に決済される予定の未決済債権・債務への影響

時間

出所：Eiteman *et al.* [2001] p. 153, exhibit 6. 1.

わせる。

すなわち，取引エクスポージャーとは，外貨建取引を決済することから生じる損益を反映したものであり，それは為替レートが変動する以前に生じ，為替レート変動後まで支払期日が到来しない未決済の財務的権利・義務の価値の変動にかかわるものである。会計エクスポージャーとは，換算エクスポージャーとも呼ばれ，在外子会社の外貨表示財務諸表を連結するために本国通貨に換算するという必要性から生じるものであり，それは，企業の記録済みの外貨表示財務諸表に対する為替レート変動の影響にかかわるものである。そして，経済エクスポージャーとは，事業エクスポージャーとも呼ばれ，為替レート変動に伴う企業の将来事業キャッシュ・フロー変動に起因した当該企業の現在価値の変動にかかわるものである（Eiteman *et al.* [2001] pp. 152-153）。

3.2　3つの為替エクスポージャーの関係

3.2.1　会計エクスポージャーと取引エクスポージャー

各エクスポージャー間の相互関係を明らかにするにあたり，まず会計エクスポージャーと取引エクスポージャーの関係について考察する。前述したように，会計エクスポージャーは，在外子会社の外貨表示財務諸表を連結するために本国通貨に換算する際に生じるものである。そして，かかる換算方法の主なもの

として，①流動・非流動法，②貨幣・非貨幣法，③テンポラル法，④カレント・レート法の4つをあげられる[3]。

流動・非流動法は，流動性項目にはCRを，非流動性項目にはHRを用いて換算することを要請する方法である。貨幣・非貨幣法は，貨幣性項目にはCRを，非貨幣性項目にはHRを用いて換算することを要請する方法である。テンポラル法は，換算対象の財務諸表項目のもつ測定属性に応じて，CRとHRを使い分ける方法であり，現行の会計実務を前提にする場合には，貨幣・非貨幣法と類似の結果をもたらす方法といえる。そして，カレント・レート法は，財務諸表項目（純資産項目を除く）のすべてにCRを用いて換算する方法である。

いずれの換算方法においても，HRで換算される項目はその項目が取得された時点の為替レートで換算されることになるため，その項目は取得後に生じる為替レート変動の影響を受けないことになる。一方，CRで換算される項目は，決算日時点の為替レートで換算されるため，為替レート変動の影響を受けることになる（井上 [1996] pp. 60-62）。よって，CRで換算される項目は，為替リスクにさらされることになり，会計エクスポージャー（為替リスクの構成要素）となるのである。これらの4つの換算方法に従った場合の会計エクスポージャーを示したものが，図表2-3である。

図表2-3に示したように，換算方法により各財務諸表項目に対して用いられる為替レートが異なるため，在外子会社の為替リスクにさらされる部分は異なっている。このように，会計エクスポージャーは選択される換算方法により影響を受けることになる。

これに対して，取引エクスポージャーは，為替レートが変動する以前に生じ，その変動後まで支払期日が到来しない未決済の財務的権利・義務の価値の変動にかかわるものであった。つまり，取引エクスポージャーは，貨幣性項目における為替リスクを想定しているものといえる。しかも，その外貨建の決済額は，為替レート変動以前に確定しているのである。

さらに，図表2-3からも明らかなように，取引エクスポージャーの対象と

3 為替リスク測定を目的とする換算思考と会計思考　43

図表2-3　換算方法と会計エクスポージャーの関係

①流動・非流動法

短期貨幣性資産	短期貨幣性負債
長期貨幣性資産	
棚卸資産　市場価値　　　　　原価	長期貨幣性負債
固定資産	純資産

②貨幣・非貨幣法

短期貨幣性資産	短期貨幣性負債
長期貨幣性資産	
棚卸資産　市場価値　　　　　原価	長期貨幣性負債
固定資産	純資産

③テンポラル法

短期貨幣性資産	短期貨幣性負債
長期貨幣性資産	
棚卸資産　市場価値　　　　　原価	長期貨幣性負債
固定資産	純資産

④カレント・レート法

短期貨幣性資産	短期貨幣性負債
長期貨幣性資産	
棚卸資産　市場価値　　　　　原価	長期貨幣性負債
固定資産	純資産

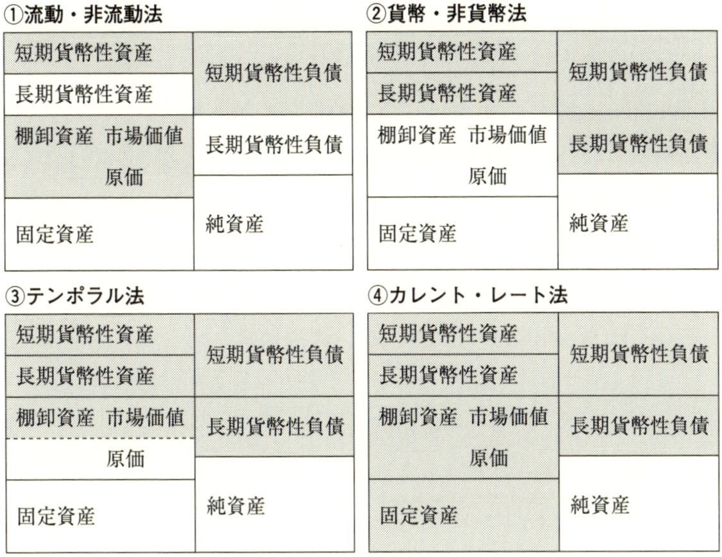

注：なお，網掛けの部分は，会計エクスポージャーを表わしている。

なる貨幣性項目は，概ね会計エクスポージャーに含まれていることがわかる。もちろん，流動・非流動法における長期貨幣性項目については，この限りではない。そのため，貨幣性項目をCRで換算することを要請する換算方法が選択される場合に限られるとはいえ，取引エクスポージャーは，会計エクスポージャーに包含されることになる。

また，図表2-2において示したように，取引エクスポージャーの対象となる貨幣性項目の外貨建決済額は，会計エクスポージャーの対象となる為替レート変動以前の過去の事象とのかかわりのもとに決定されている。このことからも，取引エクスポージャーは，貨幣性項目という点を通じて会計エクスポージャーと密接な関係性を有しているといえる。

3.2.2　経済エクスポージャーと取引エクスポージャー

続いて，経済エクスポージャーと取引エクスポージャーの関係について考察

する。これにあたり，為替レート変動の効果に関するフレームワークを提示することから経済エクスポージャーの規定を行ったD. P. Walker [1978] を取り上げる。

D. P. Walker [1978] によれば，現地通貨建の将来キャッシュ・フローを本国通貨に換算する場合，それは価格を自動的に変更させるだけではなく，量をも変更させることなる (p. 31)。つまり，為替レート変動が及ぼす影響には，通貨価値にかかわる部分（価格効果）と現地における諸活動から生じるキャッシュ・フローにかかわる部分（量的効果）の2つの効果がある。

なかでも，D. P. Walker [1978] では，現地通貨に関する為替レート変動が，将来キャッシュ・フローの量をどのように変更させるのかについて，とりわけ，それが下落した場合について分析が行われている。しかもその分析は，為替レート変動が及ぼす効果を，在外事業活動により生じる現地通貨建の将来キャッシュ・インフロー（販売収益）とアウトフロー（実質的インプットコスト及び財務的コスト）という観点だけではなく，企業内部あるいは企業外部のいずれに起因するのかという観点からも行われている (D. P. Walker [1978] pp. 31-40)。

キャッシュ・インフロー（販売収益）については，現地通貨の価値が下落することにより，2種類の効果があることが指摘されている。その1つは，市場規模効果と呼ばれ，現地通貨の価値変動が当該在外子会社の製品を販売する市場の規模を変える効果をいう。もう1つは，市場シェア効果と呼ばれ，現地通貨の価値変動が当該子会社のもつ当該市場のシェアを変える効果をいう。なお，これらの効果は，当該子会社が行う在外事業活動の内容に左右されることになり，ここでは輸出型・輸入型・国内生産国内販売型の3つのタイプについて考察されている[4]。

次に，キャッシュ・アウトフローについては，実質的インプット（労働力，原材料及び工場）コストと財務的（運転資本と借入）コストの2種類に区分されている。そして，現地通貨価値の下落により，現地通貨建実質インプットコストは増加するが，上述した効果については，在外子会社がインプットとして輸入財，外部調達財または内部調達財のいずれを用いるのかにより相違があると

3 為替リスク測定を目的とする換算思考と会計思考　45

図表2-4　為替レート変動の量的効果

	キャッシュ・インフロー	キャッシュ・アウトフロー
内的要因	市場規模効果 市場シェア効果	実質的インプットコスト 財務的コスト
外的要因	供給の価格弾力性（競争相手の反応） 需要の価格弾力性（消費者の反応） 政策の効果	

指摘されている[5]。

　最後に，競争相手の反応（供給の価格弾力性）や消費者の反応（需要の価格弾力性），そして，デフレーション及びインフレーションに対する政策の効果という外的要因についても，経済エクスポージャーの対象として見積る必要があることを指摘している（D. P. Walker [1978] pp. 38-39）。

　以上，彼が指摘する為替レート変動の量的効果について整理すると，図表2-4のように表わすことができる。

　そして，D. P. Walker [1978] によれば，このような量的効果と価格効果の2つを反映するものとして，在外子会社の正味現在価値が捉えられ，(1)式のように表わされている（p. 30）。

$$NPV_0 = \sum_{t=0}^{n} \frac{(CIF_t - COF_t)}{(1+d)^t} ER_t \quad \cdots\cdots(1)$$

　NPV：正味現在価値（本国通貨表示）
　CIF：キャッシュ・インフロー（現地通貨表示）
　COF：キャッシュ・アウトフロー（法人所得税等を含む・現地通貨表示）
　ER：為替レート（現地通貨1単位あたりの本国通貨価値）
　d：割引率（在外子会社へ投資する親会社により要請される利益率）
　t：期間
　n：キャッシュ・フローが期待される最後の期間

　その結果，経済エクスポージャーは，為替レート変動により在外子会社の正味現在価値が変動する可能性として定義されている（D. P. Walker [1978] p. 30）。つまり，(1)式に基づいて，経済エクスポージャーにより生じる為替リス

クは，(2)式として表わすことができることになる。

$$EE_t = \left(\sum_{t=0}^{n}\frac{(CIF'_t - COF'_t)}{(1+d)^t} - \sum_{t=0}^{n}\frac{(CIF_t - COF_t)}{(1+d)^t}\right) \times (ER'_t - ER_t)$$
$$+ \left(\sum_{t=0}^{n}\frac{(CIF_t - COF_t)}{(1+d)^t} \times (ER'_t - ER_t)\right) \quad\cdots\cdots\cdots\cdots(2)$$

EE：経済エクスポージャーにかかわる為替リスク（本国通貨表示）

しかも，D. P. Walker [1978] によれば，この経済エクスポージャーにかかわる為替リスクは，為替レート変動による価格効果と量的効果の2つの効果を含むとされている。そこで次に，経済エクスポージャーにかかわる為替リスクを表わす(2)式について，これらの効果がどのように考慮されているのかということを，分離原則を用いて分析することにする。

分離原則とは，為替レート変動が国際投資に様々な経路で影響を与える為替リスクを，通貨リスクと現地市場リスクとに分離して分析するものである（DeRosa [1991] pp. 86-87）。なお，ここでいう通貨リスクとは，投資対象を現地通貨から本国通貨に換算するときに投資対象が受けるであろう潜在的リスクを意味する。また，現地市場リスクとは，為替レート変動がそれ以外のすべての経路（例えば，ストライキ・原材料費・世界的需要・技術革新・政策など）を通じて，投資対象に与えるであろう潜在的リスクを意味する（DeRosa [1991] p. 86）。

その意味で，分離原則を用いれば，経済エクスポージャーは，通貨リスクに関する為替エクスポージャーと現地市場リスクに関する為替エクスポージャーの2つに分離できるのである。しかもその場合に，通貨リスクと現地市場リスクは，D. P. Walker [1978] における価格効果と量的効果にそれぞれ相当すると考えることができる（井上 [2000] pp. 68-70）。そこで，分離原則に従い(2)式を展開すると，以下のようになる。

$$EE_t = (FV'_t - FV_t)(ER'_t - ER_t) + \{FV_t \times (ER'_t - ER_t)\}$$
$$= \left\{\frac{FV'_t}{FV_t} \times \left(\frac{ER'_t}{ER_t} - 1\right)\right\} \times (FV_t \times ER_t) \quad\cdots\cdots\cdots\cdots(3)$$

FV：正味現在価値（現地通貨表示）

上式における右辺の第1項の括弧内の FV'_t/FV_t は，現地市場における在外子会社の事業活動による部分，D. P. Walker [1978] の呼ぶところの量的効果，すなわち現地市場リスクにかかわる部分であるといえる。また，同一括弧内の ER'_t/ER_t は，為替レート変動により生じる通貨価値による部分，D.P. Walker [1978] の呼ぶところの価格効果，すなわち通貨リスクにかかわる部分であるといえる。

このような特徴をもつ経済エクスポージャーに対して，取引エクスポージャーは，貨幣性項目における為替リスクを想定しているとともに，その外貨建の決済額は，為替レートが変動する以前に確定しているのである。つまり，取引エクスポージャーは為替レート変動後においても確定した外貨建決済額に変化が生じない，すなわち，現地市場リスクにかかわる影響を受けないという点においては，経済エクスポージャーと異なっている。

また，取引エクスポージャーは，貨幣性項目に関するものであるのに対して，経済エクスポージャーは，在外子会社の財務諸表項目の全資産・負債項目を対象とする点においても異なっているといえる。しかし，これらの相違点は認められるものの，取引エクスポージャーと経済エクスポージャーとは，将来のキャッシュ・フローの変動に依存している点では同様であり，経済エクスポージャーは取引エクスポージャーを含む広義のものとして捉えることができる。

3.2.3 経済エクスポージャーと会計エクスポージャー

換算を為替レート変動の影響を認識するプロセスと捉えた場合，想定される為替リスクには多様なものが存在する。すなわち，為替リスクが生じる源泉ともいえる為替エクスポージャーには，主として取引エクスポージャー，会計エクスポージャー，経済エクスポージャーの3つがある。

取引エクスポージャーは，その性質から，会計エクスポージャーと経済エクスポージャーの両者に含めて捉えることができるものであった。しかしながら，会計エクスポージャーと経済エクスポージャーは，反映する為替リスクとその決定要因において異なることになる。

つまり、両エクスポージャーには、次のような相違点がある[6]。第1に、経済エクスポージャーが為替レート変動により影響を受ける在外事業活動から生じるキャッシュ・フローに焦点をあてている、つまり、通貨リスクと現地市場リスクをともに想定しているのに対して、会計エクスポージャーは為替レート変動により影響を受ける通貨価値、すなわち通貨リスクにのみ焦点をあてているという点である。

第2に、経済エクスポージャーが経営者の意思決定ならびに経営者の管理不可能な事象など将来の予測に依拠して決定されるのに対して、会計エクスポージャーは、当時のGAAPで容認されている評価方法（あるいは測定属性）や、適用される換算方法によって決定されるという点である。

このように、会計エクスポージャーは、為替レート変動による価格効果、すなわち通貨リスクを反映するとともに、当時のGAAPと換算方法に規定されることになるが、経済エクスポージャーは、通貨リスクと現地市場リスクをともに反映し、在外事業活動の将来の予測に依拠して決定されることになる。

4　為替エクスポージャーと会計思考

4.1　会計エクスポージャーと会計思考

前述したように、会計エクスポージャーは、為替レート変動による価格効果、すなわち通貨リスクを反映するとともに、当時のGAAPにおいて容認されている評価方法（測定属性）と換算方法により規定されることになる。

具体的には、図表2-3において明らかなように、会計エクスポージャーは、現地通貨で表示された財務諸表項目のうちCRで換算される部分として決定されることになる。つまり、各換算方法において、HRで換算するかあるいはCRで換算するかを決定する要因が、その背後にある会計思考及び換算思考にあると考えられることから、会計エクスポージャーはその影響を受けることになるといえるのである。

すなわち，第1換算思考においては，貨幣思考のもとでは換算対象となる項目が過去の時点性をもつ場合にはHRを，現在の時点性をもつ場合にはCRを用いて換算が行われることになるのに対して，財貨思考のもとでは，換算対象となるすべての項目がCRで換算が行われることになる。一方，第2換算思考においては，換算対象となるすべての項目が，同一の為替レートで換算されることになる。しかも，その為替レートの時点性は，貨幣思考のもとでも財貨思考のもとでもCRに規定されることになる。よって，この場合には，全項目（純資産項目を除く）が為替リスクにさらされることになるのである。

以上要するに，会計エクスポージャーは，その背後にある換算思考及び会計思考の影響を受けるとともに，換算が行われた結果として決定されることになるのである。この点に着目する限り，換算を為替リスクの認識プロセスと捉え，その為替リスクとして会計エクスポージャーの測定を目的とした場合，会計エクスポージャーが，第1・第2換算思考と会計思考の影響を受けて決定される，つまり，図表2-1に基づき規定されることになる。言い換えると，第1換算思考（第2換算思考）により換算が行われた結果と同じ結果を求めることが，第3換算思考（第4換算思考）の想定する換算目的となるのである。その意味において，第1換算思考と第3換算思考に基づく換算方法は同じ方法となり，第2換算思考と第4換算思考に基づく換算方法は同じ方法となる。

4.2　経済エクスポージャーと会計思考

前述したD. P. Walker［1978］による経済エクスポージャーの定義は，明らかに，Canning［1929］における「直接評価（direct valuation）」という資産の測定を指向している。そのことから，財貨思考のもとで測定属性として期待キャッシュ・フローの現在価値が選択された場合には，経済エクスポージャーは財務諸表上に反映されることになる。したがって，その場合には，会計エクスポージャーは，経済エクスポージャーと同様に通貨リスクと現在市場リスクを反映することになり，両エクスポージャーは一致することになる。

それに対して，貨幣思考のもとでは，その測定属性は現金収支に規定される

ことから，ここにおいては，経済エクスポージャーのうち現地市場リスクは会計測定において取り込まれず，その結果，財務諸表上に反映されないことになる。したがって，この場合には，会計エクスポージャーと経済エクスポージャーは一致しないことになる。

このことから，換算を為替リスクの認識プロセスと捉え，その為替リスクとして経済エクスポージャーを想定する場合には，財貨思考に基づく認識・測定構造の採用が必要となる。しかも，前述したように，経済エクスポージャーは会計エクスポージャーとは異なり，換算の結果として決定されるものではなく，通貨リスクと現地市場リスクとをともに反映し，在外事業活動の将来の予測に依拠して決定されるものである。この点に着目する限り，第3・第4換算思考は，第1・第2換算思考とは独立して換算方法を規定することができるといえるのである。

さらに，経済エクスポージャーは，その測定に関してこのような特徴をもつことから，その背後にいずれの会計思考が想定されていたとしても，それとは関係なく独立して算定することが可能となるのである。しかしながら，経済エクスポージャーを財務諸表上に反映させるためには，会計エクスポージャーと一致させることが必要となるため，その意味において会計思考の影響を受けることになる。つまり，会計思考として貨幣思考を想定した場合には，経済エクスポージャーのうち現地市場リスクを財務諸表項目に取り込むことができず，その場合には通貨リスクのみを財務諸表上に反映させることになる。一方，会計思考として財貨思考を想定し，測定属性として期待キャッシュ・フローの現在価値が採用される場合には，経済エクスポージャーのうち現地市場リスクと通貨リスクの両者を財務諸表上に反映させることが可能となる。

したがって，為替リスクとして経済エクスポージャーを測定することを目的とした場合に，換算レートを決定するにあたって考慮すべき点は，経済エクスポージャーの構成要素である通貨リスクと現地市場リスクに，在外子会社の外貨表示財務諸表項目がさらされているかどうかという点にある。そして，その意味からすれば，非貨幣性項目については通貨リスクと現地市場リスクにさら

図表 2-5　3つの為替エクスポージャーの関係性

為替エクスポージャー	貨幣思考		財貨思考	
	第3換算思考 本国主義	第4換算思考 現地主義	第3換算思考 本国主義	第4換算思考 現地主義
取引エクスポージャー	貨幣性項目 通貨リスク	貨幣性項目 通貨リスク	貨幣性項目 通貨リスク	貨幣性項目 通貨リスク
会計エクスポージャー	貨幣性項目（CR） 通貨リスク	全項目*（CR） 通貨リスク	貨幣性項目（CR） 通貨リスク 非貨幣性項目（CR） 通貨リスク 現地市場リスク	全項目*（CR） 通貨リスク 現地市場リスク
経済エクスポージャー	貨幣性項目 通貨リスク 非貨幣性項目 通貨リスク 現地市場リスク	全項目* 通貨リスク 現地市場リスク	貨幣性項目 通貨リスク 非貨幣性項目 通貨リスク 現地市場リスク	全項目* 通貨リスク 現地市場リスク

*純資産項目を除く。また，全項目に含まれる貨幣性項目については通貨リスクのみ反映されている。

されているといえるのに対して，貨幣性項目については外貨建決算額に変化は生じないため現地市場リスクにさらされることはなく，通貨リスクにのみさらされているといえるのである。

　図表 2-5 は，為替リスクの測定を目的とする第 3・第 4 換算思考に基づいて換算方法を決定する場合，かかる換算思考（本国主義・現地主義）とそこにおいて想定される為替エクスポージャーの種類，ならびに会計思考（貨幣思考・財貨思考）との関係性を示したものである。

4.3　会計エクスポージャーと換算差額の性質

　上述したように，会計エクスポージャーは，その背後にある換算思考及び会計思考の影響を受け，しかも換算の結果として決定される。そのため，第 3・第 4 換算思考において為替リスクとして会計エクスポージャーの測定を想定する場合には，第 1・第 2 換算思考と会計思考の影響を受けることになる。また，経済エクスポージャーはその測定に関して期待キャッシュ・フローの現在価値をとるという特徴をもつことから，その背後にいずれの会計思考が想定されて

いたとしても，それとは関係なく独立して算定することが可能となる。しかし，経済エクスポージャーを財務諸表上に反映させるためには，会計エクスポージャーと一致させることが必要となるため，その意味において会計思考の影響を受けることになる。この点に着目する限り，第3・第4換算思考において為替リスクとして経済エクスポージャーの測定を想定する場合も，第1・第2換算思考と会計思考の影響を受けることになる。

したがって，第3・第4換算思考において為替リスクとして会計エクスポージャー，あるいは経済エクスポージャーのいずれを想定したとしても，ここにおいて算出される換算差額は，第2節で検討した結果（図表2-1参照）の影響を受けることになる。そこで，図表2-1と比較するために，図表2-5における会計エクスポージャーの部分のみを取り上げて1つの表に要約したものが図表2-6である。

ここで留意すべき点の1つは，第3・第4換算思考の想定する為替リスクを財務諸表に計上することを前提に置く限りにおいて，そこでは会計エクスポージャーを想定せざるを得ないという点である。もう1つは，図表2-1と図表2-6との比較から明らかなように，会計エクスポージャーは，会計思考と第1・第2換算思考の影響を受けて変容し，場合によっては取引エクスポージャーまたは経済エクスポージャーを表わすという点である。

つまり，貨幣思考において損益としての性質をもつ換算差額は，概ね取引エクスポージャーを表わすことになるのに対して，そこにおいて純資産直入される性質をもつ換算差額には，取引エクスポージャーとそれ以外のリスクが反映されているのである。そしてまた，財貨思考において損益としての性質をもつ換算差額は，経済エクスポージャーを表わすことになる。しかしながら，現地主義の場合においては，換算差額に反映される為替（経済）エクスポージャーは当該在外子会社のすべての財務諸表項目（純資産項目を除く）を対象とすることから，取引エクスポージャーだけを独立して識別することができないのに対して，本国主義の場合においては，そのなかに取引エクスポージャーを独立して識別することが可能となる[7]。

図表2-6　第3・第4換算思考と会計思考の関係性

	第3換算思考（本国主義）	第4換算思考（現地主義）
貨幣思考	貨幣性項目（CR）⇒通貨リスク：○ 非貨幣性項目（HR）：通貨リスク：× 　　　　　　　　現地市場リスク：× 換算差額の性質：損益 Ⅰ′	全項目＊（CR）⇒通貨リスク：○ 　　　　　　　　現地市場リスク：× 換算差額の性質：純資産直入 Ⅱ′
財貨思考	貨幣性項目（CR）⇒通貨リスク：○ 非貨幣性項目（CR）：通貨リスク：○ 　　　　　　　　現地市場リスク：○ 換算差額の性質：損益 Ⅲ′	全項目＊（CR）⇒通貨リスク：○ 　　　　　　　　現地市場リスク：○ 換算差額の性質：損益 Ⅳ′

＊純資産項目を除く。また，全項目に含まれる貨幣性項目については通貨リスクのみ反映されている。
＊＊ローマ数字の番号は，図表2-1との関連性を明らかにするために付している。

5　会計思考と換算思考の関係性

　換算思考には，換算を測定単位の変換プロセスと捉えて，その最適な測定単位を本国通貨とする第1換算思考と，それを現地通貨とする第2換算思考，そして，為替レート変動の影響を認識するプロセスと換算を捉えて，部分的為替リスクの測定を目的とする第3換算思考と，全体的為替リスクの測定を目的とする第4換算思考の4つが存在するが，想定される会計思考により換算思考相互間の関係性は異なることになる。

　そこで，本節では，これらの4つの換算思考の関係を，貨幣思考の場合と財貨思考の場合とに分けて整理を行うとともに，本書における分析手段として，歴史的探求に必要な説明仮説を明示することにする。

5.1　貨幣思考と換算思考

　まず，貨幣思考のもと，4つの換算思考の関係性についてみてみることにする。第1・第2換算思考は，測定単位として本国通貨を維持するのか，現地通

54　第2章　会計思考と換算思考の関係性

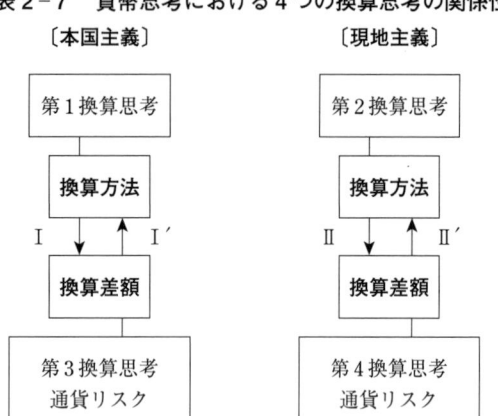

図表2-7　貨幣思考における4つの換算思考の関係性

〔本国主義〕　　　　　　　　〔現地主義〕

```
┌─────────┐              ┌─────────┐
│ 第1換算思考 │              │ 第2換算思考 │
└─────────┘              └─────────┘
     │                        │
┌─────────┐              ┌─────────┐
│  換算方法  │              │  換算方法  │
└─────────┘              └─────────┘
   Ⅰ │ Ⅰ′              Ⅱ │ Ⅱ′
┌─────────┐              ┌─────────┐
│  換算差額  │              │  換算差額  │
└─────────┘              └─────────┘
     │                        │
┌─────────┐              ┌─────────┐
│ 第3換算思考 │              │ 第4換算思考 │
│ 通貨リスク │              │ 通貨リスク │
└─────────┘              └─────────┘
```

＊なお，ローマ数字の番号は説明仮説の番号を表わし，図表2-1・2-6との関連性を明らかにするために付している。

貨を維持するのかという，本国主義と現地主義を鍵概念として大別され，そこでは，それらの概念に応じた換算方法が規定されるとともに，その結果として異なる換算結果がもたらされることになる（図表2-1のⅠ・Ⅱ参照）。

　第3・第4換算思考は，そこで想定する為替リスクが財務諸表に計上されることを前提にする限りにおいて，本国主義と現地主義を鍵概念として大別され，範囲は異なるもののともに通貨リスクのみを反映する会計エクスポージャーを想定することになる（図表2-6参照）。つまり，第3・第4換算思考は，為替リスクとして会計エクスポージャーを想定することから，第1・第2換算思考に基づいて導き出された換算方法により影響を受けることになる。よって，ここでは第3換算思考は第1換算思考に従った換算方法を，第4換算思考は第2換算思考に従った換算方法を規定することになる（図表2-6のⅠ′・Ⅱ′参照）。なお，為替リスクとして経済エクスポージャーを想定する場合，第3・第4換算思考は第1・第2換算思考から独立して換算方法を規定できるのであるが，この場合，経済エクスポージャーのうち通貨リスクしか財務諸表上に反映されないことになる（図表2-5参照）。

繰り返しになるが，第3・第4換算思考の想定する為替リスクを財務諸表に計上する限りにおいて，ここでは会計エクスポージャーを想定せざるを得ないのである。そのため，換算差額についても，貨幣思考のもと，第3換算思考に基づく換算差額は，第1換算思考に基づく換算差額（取引エクスポージャー）を表わすことから，損益として認識される。一方，第4換算思考に基づく換算差額は，第2換算思考に基づく換算差額（取引エクスポージャーとそれ以外の通貨リスク）を表わすことから，純資産直入項目として認識されるのである。

以上に示した貨幣思考における4つの換算思考の関係性について図式化したものが，図表2-7である。

5.2 財貨思考と換算思考

続いて，財貨思考のもと，4つの換算思考の関係性についてみると，第1・第2換算思考については，いずれの換算思考を想定しても，同じ換算方法が規定されるとともに，その結果として同じ換算結果がもたらされることになる（図表2-1のⅢ・Ⅳ参照）。

第3・第4換算思考は，そこにおける為替リスクを財務諸表に計上する限り，為替リスクとして通貨リスクと現地市場リスクをともに反映する会計エクスポージャーを想定しなければならない（図表2-6参照）。そのため，第3・第4換算思考は，貨幣思考の場合と同様に，第1・第2換算思考に従った換算方法を規定することになる（図表2-6のⅢ'・Ⅳ'参照）。なお，為替リスクとして経済エクスポージャーを想定する場合，第3・第4換算思考は独立的に換算方法を規定できるのであるが，この場合，通貨リスクと現地市場リスクをともに取り込んだものが財務諸表に計上される，つまり会計エクスポージャーと一致することになる（図表2-5参照）。

要するに，第3・第4換算思考の想定する為替エクスポージャーが会計エクスポージャーであっても，経済エクスポージャーであっても，そこでは同じ換算方法を規定するとともに，同様の換算結果をもたらすことになる。そのため，財貨思考のもと，第3（第4）換算思考に基づく換算差額は，第1（第2）換

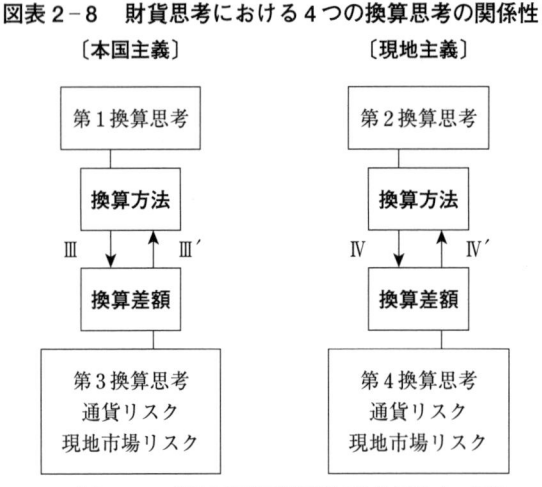

図表 2-8　財貨思考における 4 つの換算思考の関係性

〔本国主義〕　　　　　　　〔現地主義〕

```
    第1換算思考              第2換算思考
        ↓                        ↓
    ┌────────┐              ┌────────┐
    │ 換算方法 │              │ 換算方法 │
    └────────┘              └────────┘
      Ⅲ ↓ Ⅲ′                 Ⅳ ↓ Ⅳ′
    ┌────────┐              ┌────────┐
    │ 換算差額 │              │ 換算差額 │
    └────────┘              └────────┘
        ↓                        ↓
    第3換算思考              第4換算思考
    通貨リスク               通貨リスク
    現地市場リスク            現地市場リスク
```

＊なお，ローマ数字の番号は説明仮説の番号を表わし，図表 2-1・2-6 との関連性を明らかにするために付している。

算思考に従った換算方法の結果として生じる換算差額（経済エクスポージャー）を表わし，損益として認識されることになる。ただし，第 2・第 4 換算思考（現地主義）の場合，換算差額に反映される為替（経済）エクスポージャーは当該在外子会社のすべての財務諸表項目（純資産項目を除く）を対象とすることから，取引エクスポージャーだけを独立して識別することはできないのに対して，第 1・第 3 換算思考（本国主義）の場合は，そのなかに取引エクスポージャー（貨幣思考のもとで算出される換算差額）を独立して認識できるのである。

以上に示した財貨思考における 4 つの換算思考の関係性を図式化したものが，図表 2-8 である。

6　おわりに

本章では，第 1 章において提示した歴史的探求に必要な仮説を作り出すための要素である会計思考と換算思考について，その関係性を検討した。

まず，貨幣思考のもとでは，第1・第2換算思考は，本国主義と現地主義という異なる概念に応じて，異なる換算方法を規定するとともに異なる換算結果をもたすことを明らかにした。また，第3・第4換算思考は，それらが想定する為替リスクを財務諸表に計上する限り，通貨リスクしか反映できないこと，ならびに会計エクスポージャーを想定しなければならないことから，第1・第2換算思考に影響を受けて換算方法を規定するとともに換算差額を認識することを明らかにした（図表2-7参照）。あわせて，ここでは，経済エクスポージャーと会計エクスポージャーとは一致していないことも明らかとなった。

次に，財貨思考のもとでは，第1・第2換算思考は，測定単位として本国通貨と現地通貨という異なる通貨が想定されてはいるものの，同じ換算方法が規定されるとともに同じ換算結果がもたらされることが明らかとなった。また，第3・第4換算思考においては，為替エクスポージャーとして通貨リスクと現地市場リスクの両者が想定されており，会計エクスポージャーと経済エクスポージャーは一致することになる。そのため，第3（第4）換算思考は，第1（第2）換算思考に影響を受けて換算方法を規定するとともに換算差額の認識を行うのであるが，ここにおける換算差額はともに経済エクスポージャーを意味することになるのである（図表2-8参照）。

以上の検討結果から，本書で用いる説明仮説を整理すると，図表2-9のように表わせる。次章以降本書では，図表2-9において示した8つの説明仮説に基づいて，米国を中心とする外貨換算会計の史的変遷について検討していくことにする。

図表2-9　8つの説明仮説

換算目的	本国主義	現地主義	本国主義	現地主義
	第1換算思考	第2換算思考	第3換算思考	第4換算思考
貨幣思考	Ⅰ	Ⅱ	Ⅰ′	Ⅱ′
財貨思考	Ⅲ	Ⅳ	Ⅲ′	Ⅳ′

＊ローマ数字の番号は，説明仮説を表している（図表2-7・2-8参照）。

(1) なお，図表2-1において，貨幣思考による場合の損益と，財貨思考による場合の損益とは異なる意味をもつ点に留意する必要がある。現行のSFAS第130号（FASB [1997]）では，包括利益は純利益とその他の包括利益に2区分表示される。この点については第12章にて検討する。
(2) その他，タックス・エクスポージャー（利子率エクスポージャー）があげられている（Eiteman et al. [2001] pp. 153, 272-288）。
(3) この4つの換算方法以外にも多様な方法が存在するが，それはこの4つの方法の組合せ（例えば，状況アプローチ）として存在するものと考えられる。よって，ここでは代表的な換算方法として，この4つを取り上げている。
(4) 輸出型の場合には，現地通貨価値の下落は，当該市場の規模にはほとんど影響を与えないが，プラスの市場シェア効果をもたらす。輸入型の場合には，現地通貨価値の下落は，当該市場規模と市場シェアの双方にマイナスの効果をもたらす。国内生産国内販売型の場合には，現地通貨価値の下落は，国内市場の規模にマイナスの効果をもたらすが，それを相殺するようなプラスの市場シェア効果をもたらさない（D.P.Walker [1978] pp. 31-36）。
(5) インプットとして輸入財を用いる場合には，現地通貨価値の下落はそのコストを上昇させる。国内市場から調達したインプットを用いる場合には，そのコストは上昇傾向をもつ。内部調達をしたインプットを用いる場合には，そのコストはほとんど影響を受けない（D.P.Walker [1978] pp. 36-38）。
(6) 会計エクスポージャーと経済エクスポージャーが一致しないことを指摘した先行研究は多く存在する（Adler [1982] pp. 87-103, Oxelheim and Wihlborg [1997] pp. 39-85, 小野 [1998] pp. 18-23）。
(7) このように，取引エクスポージャーを独立して識別することが可能であれば，当該換算差額のうち取引エクスポージャーにかかわる部分を貨幣思考における損益として識別することができる。

第3章 外貨換算会計の史的変遷
——分析対象の提示——

1 はじめに

　現在，米国において適用されている外貨換算会計基準は，FASBにより1981年12月に公表されたSFAS第52号である。しかしながらSFAS第52号が公表されるまで米国では複数の換算方法が提案され，会計基準として適用されてきた。本章では，米国においていかなる換算方法が提案され適用されてきたのかについて考察を行うとともに，かかる換算方法の変遷過程に影響を与えたとされる環境要因について整理を行うことにする。この考察や整理を通じて，本書の分析対象となる外貨換算方法に関する主要学説及び諸基準を提示することが，本章の目的である。

　ところで，外貨表示財務諸表の換算問題を取り扱った文献として，1891年4月4日に発行されたH. A. Plumbによる論文「英国会社の計算書類における変動する通貨の取扱い」(Plumb [1891]) が有名である。この論文について，「Plumbの通貨変動に関する論文は，私の知る限り，当該テーマに関する最初の文献であり，会計の観点からこの問題を取り扱った最初の文献である」(Leading Articles [1891a] p. 346) とか，「Plumbが今まで人が踏み入れたことのない問題に勇敢にも着手したことに，最大の賛辞を贈る」(Leading Articles [1891b] p. 388) という論評がいくつかみられる。このことから，Plumb [1891]の主張が当時としては新しい考え方であり，そして当時の人々に高く評価されていたことが窺える。

　Plumb [1891]の背景となった19世紀末は，銀生産の増大により金に対する銀の市場価値が下落し，その結果，銀本位制を採用している諸国の為替に減価

が生じたため，金本位制を採用し自国の為替の安定化を図る国が相次いだ。そのため，当時は金銀通貨の共存から多くの外国為替問題が生じた時代であった (Einzig [1962] pp. 186, 198-199, 214)。この状況のもと，とくに Plumb [1891] において問題とされたのは，英国会社が為替相場の不安定な著しい下落傾向のある銀本位制をとっている国々に支店を開設している場合に，それらの現地通貨表示財務諸表の換算をいかに行うべきかということであり，かかる問題に対して現地の変動資産（floating assets）及び変動負債（floating debts）を平価ではなく CR で換算するという方法が提案された (Plumb [1891] p. 262)[1]。ただし，ここにおいては"floating"という用語についての説明がなされていないため，変動資産ないし変動負債が何を意味しているかについては明確ではない。

この点について「F. N. Keen は，Plumb の講演において変動資産という用語が用いられているが，恐らく，現金及び棚卸資産を指しているのであろう」(Plumb [1891] p. 270)[2]と述べ，"floating"と"current"とはほぼ同意義であると解釈されている。この解釈に従えば，Plumb [1891] における変動・非変動法が米国で初めて正式に承認された流動・非流動法の原型であるといえるであろう[3]。言い換えると，1891年に英国で提案された変動・非変動法は，米国にわたり流動・非流動法として米国において認識され正式に承認されるに至ったのである。

以上のことから，本章では，流動・非流動法を始点として，米国における換算方法の史的変遷過程及びその背景について考察することにする[4]。

2 流動・非流動法

2.1 経済環境

米国が農業国から工業国に転化したのは1850年代の10年間であった。当時は国内鉄道建設ブーム期（1850年から1860年の間に鉄道建設は3倍以上になっている）であり，国内市場に米国企業の関心が集まっていた。1860年以降1890年代

に至るまで,若干の恐慌を経ながらも米国経済は,鉄道網の発展と技術革新を背景に拡大していった(亀井 [1996] pp. 27-28)。しかしながら,1890年代の恐慌時において激しい競争にさらされていた企業では競争を回避するために水平的統合が行われた。この統合により,米国市場の支配独占を目論む巨大独占企業が出現することになった(伊丹・加護野 [1989] p. 166)。

その後巨大化した米国企業は,英国の製造業に対し直接投資を行い,英国に多くの米国子会社及び英米合弁会社が設立されるようになった(亀井 [1996] p. 30)。1918年に第1次世界大戦が終結すると,米国企業は,巨大な生産能力を背景として英国以外の諸外国との貿易も行うようになり,輸出や在外支店及び子会社形態による在外事業が増加した(Ashdown [1922] p. 262)。当時の在外事業の多くは,原材料の確保もしくは販売市場の拡大などを目的に行われており,輸出入を基本としたものであったが,徐々に生産拠点を自国外に置くという多国籍化へと発展していった(岩尾編 [1979] pp. 1-17,亀井 [1996] pp. 23-26)。

続いて,国際通貨と為替環境についてみてみると,19世紀後半から第1次世界大戦まで,英国を中心に当時の主要国は,国際通貨制度としての金本位制[5]を維持していた。第1世界大戦が開始されると,その交戦国は戦争遂行のために必要な資材の確保及び資金の集中を助長するために為替管理を行うようになった。とくに,世界最大の資本輸出国であり,債権国であった英国は,戦費調達のために在外資産を売却したことで,英国の資本累積額が減少し,その結果として,当時の国際通貨であった英ポンドの弱体化を招いた。そのため,自由な輸出入と資本移動が制限され,金本位制は維持され得なくなった(亀井 [1996] pp. 33-34)。

国際通貨制度の混乱に一層の拍車をかけたのが1929年の世界恐慌であった。この出来事により世界経済の正常な再生産過程は撹乱され,各国の国際収支は構造的な不均衡に陥った。国際的信用関係が不安にさらされたため,各国は金準備の積増しを行い,自国外への金流出を防ぐため金輸出禁止や金兌換停止を行うという,いわゆるブロック経済の時代が到来した(木下 [1991] pp. 131-

132)。

ブロック経済による世界経済の分断は，諸国間の対立を激化させ，1938年の第2次世界大戦の契機になった。第2次世界大戦後，かかる悲劇を避けるためにブロック経済の再現を阻止し自由貿易体制を導くという試みのもとに，1944年のブレトンウッズ協定により「国際通貨基金（IMF）」が設立された（木下［1991］p. 133）。

2.2 流動・非流動法の提案と制度化

2.2.1 金本位制における換算方法：カレント・レート法

Nobes［1980］によれば，カレント・レート法は最古の換算方法であり，19世紀においても英国の会計士は在外支店に対してその方法を適用していた。当時英国と米国の通貨は他の国に対して強く，為替市場も固定相場制を採用していたため，重要な通貨（英ポンドと米ドル）に対して為替レートの選択問題は生じなかった。そのため，カレント・レート法は信頼性を有する保守的な方法であり，かつ容易に現状を明らかに示す方法であったのである（pp. 422-423）。

しかしながら，前述したように，金本位制の崩壊に伴い生じた平価の切下げにより世界的に為替レートは変動することになり，カレント・レート法に対して問題が生じることになった。Ashdown［1922］によれば，第1次世界大戦までは金本位制を採用する国々において設立された在外子会社及び在外支店について，固定レート（fixed rate）を用いて換算する場合に問題が生じることはなかったが，第1次世界大戦後，為替レートが戦争当事国において大きく変動し，為替レートの安定性が失われた状況のもとで，第1次世界大戦前の平価で換算を行うことは，収益・費用の過大表示をもたらすことになり，本国の経営者が当該会社等を過大評価することにつながるという（pp. 262-264）。

それにもかかわらず，カレント・レート法は現在においてもなお消滅することなく議論され，米国ではSFAS第52号が採用した機能通貨アプローチのなかにおいて用いられているのである（本章第5節参照）。

2.2.2 金本位制の崩壊時期における換算方法：流動・非流動法

19世紀初頭から中葉にかけて米国では，巨大企業の出現を背景に多国籍化が進み，企業の経営活動を開示するために，連結財務諸表の必要性が高まると同時に，海外にある事業体を連結するために外貨換算の必要性も高まっていった。また，為替相場の不安定さは，為替レート変動による為替差損益の処理に関心を向けさせることとなった。

米国において，外貨表示財務諸表の換算について述べた文献に Dickinson [1913] があり，そこでは，流動・非流動法が紹介されていた。その後に，前述した Plumb [1891] の変動・非変動法が Finney [1921] により米国に紹介された。この両者における用語の不一致は，1921年時点では流動・非流動法あるいは変動・非変動法のどちらが一般的な使い方であるか確定できないという事実を表わすものであるが，かかる不一致は，1922年2月の AIA 年次総会における Ashdown の報告以降，流動・非流動法が一般的に使われるようになったことで解決をみた。

Ashdown [1922] では，国際化が進み外貨換算問題が重要視されつつある経済環境と不安定な通貨環境のもとで，固定レートで換算することは誤解を与えるとして，固定資産を HR または取得年度の平均レートで，流動資産・負債項目を CR で換算する流動・非流動法が提案されている (pp. 268-272)。

この報告後，AIA の会計手続特別委員会は，1931年12月に公報第92号『外国為替差損』(AIA [1931]) を公表し，為替差損の取扱いについて言及した。この公報は，当時の米ドルに対する外国通貨の下落傾向を受けて作成されたものであり，そのなかで Ashdown [1922] の流動・非流動法の適用を推奨した (AIA [1931] pp. 2-3)。AIA はさらに，1934年1月に為替差益の取扱いについての私的意見を公報第117号『外国為替差益の会計処理に関する覚書』(AIA [1934]) として公表した。その後，AIA の会計手続委員会は，公報第92号と公報第117号を基礎として，流動・非流動法の適用を要請する公式意見を1939年12月に ARB 第4号 (AIA [1939]) として公表した。また，第2次世界大戦後，多くの外国通貨が米ドルに対して大幅にその平価を切り下げるようになると，

AIA の研究部門は，ARB 第 4 号の補足勧告として1940年 1 月に「外国為替レート」(AIA [1940])，1941年 1 月に「在外事業と外国為替」(AIA [1941])，そして1949年12月に「外国通貨の平価切下げから生ずる会計問題」(AIA [1950])を公表した。さらに，ARB 第 4 号は，その後若干の修正が加えられ，1953年 6 月に公表された ARB 第43号（AIA [1953]）の第12章に組み入れられた。

以上要するに，流動・非流動法は，連結財務諸表により多国籍企業の経済活動を開示する必要性と為替相場の不安定性，とくに米ドルの価値が他の主要国通貨に対して大幅に変動したことを背景に，固定レートによる換算方法では多国籍企業の経済活動を反映した連結財務諸表を作成することができないという見解から提案されたものである。そして，流動・非流動法は，Ashdown [1922] によって提案された後，一連の AIA による公表物において推奨され，最終的に ARB 第43号において承認されることになった。

3　貨幣・非貨幣法

3.1　経済環境

1950年中葉の米国では，反トラスト法の強化の影響を受けて，本来業務と関連する企業買収・合併から，異業種の企業買収・合併による成長（コングロマリット化）へと進んでいき，そしてこの動きは1960年をピークに1970年まで続いた（伊丹・加護野 [1989] p. 116）。しかも当初は，企業が所有する技術能力及び市場能力と関連性のある分野に展開されるという傾向を有していたが，次第に関連性のない新しい分野に展開されるという方向に発展していった（鳥羽 [1970] p. 203）。

また，第 2 次世界大戦後，米国の対外直接投資は盛んになっていったが，1957年の恐慌を境に，対西ヨーロッパ投資が急増し，米国巨大企業は「多国籍企業」形態をとるようになっていった。すなわち，1950年代から1960年代にかけて，米国では，生産拠点を自国外に移転し，そのために主に海外事業部を設

置するなどして，企業の多国籍化が進展し，多くの多国籍企業が出現したのである（亀井［1996］pp. 43-58）。

国際通貨と為替環境については，1944年7月に連合国44カ国の代表によりIMFと「国際復興開発銀行（AIBRD）」の両協定が署名され，1945年12月に35カ国の正式調印により，いわゆるブレトンウッズ体制が確立したことが当時の大きな変化としてあげられる。IMFは，世界貿易の発展を促進するために協定第8条において，加盟国の義務として，①為替制限の禁止，②差別的通貨措置の廃止，③自国通貨保有残高の交換性の付与，の3つを規定した（津田［1977］p. 126）[6]。

IMF体制が発足してしばらくの間は，経済復興及び国際競争力が不十分であることから，1960年末まで第8条規定を満たしている国は米国を含め，11カ国に過ぎなかった。しかし，米国がかかる規定を満たしていたという事実は，米国が国内の経済復興を終え，輸出を進展させ国際収支を改善し，米国通貨の交換制を回復させていたということを示すものである[7]。

戦後のIMF体制によりブロック経済が崩壊すると，米ドルは安定したが，英ポンドは大幅な平価切下げを行わざるを得なくなり，1960年初頭まで米ドルが主要国通貨に対し強い状態が続いた。しかし，英国に対する巨大な援助を行ったことで，米国の国際収支は徐々に赤字に追い込まれ，米ドル危機を生じさせるようになった（木下［1991］pp. 137-138）。

3.2 貨幣・非貨幣法の提案と制度化

多国籍企業が増加するようになると，利害関係者に在外子会社の財務データを理解させることが重要な課題となってくる。そして，この課題を基本目的としてそこから換算方法を提案した論者にHepworthがいる。

彼は，『在外事業活動の報告』（Hepworth［1956］）において，上述した基本目的を提示した上で，換算目的を「親会社の諸勘定が表示されている貨幣単位と同一の貨幣単位で在外子会社の財務状態及び経営成績を表示する」（pp. 1-2）ことと定めている。そして，かかる目的を満たすために単一測定単位で表示を

行うという観点から，Hepworthは貨幣・非貨幣法を提案したのである。しかも，彼は，連結財務諸表の作成を前提[8]として在外子会社の外貨表示財務諸表の換算問題を取り上げ，それから演繹的に換算方法を導き出している。

貨幣・非貨幣法は，その後，1960年に公表された全米会計人協会（National Association of Accountants: NAA）による調査報告書第36号『在外事業活動における管理上の諸問題』（NAA [1960]）において，実務的見地から支持された。NAAは経営者に有用な情報を提供するという立場，とくに，為替レート変動のリスクにさらされている在外事業活動を行っている経営者に対して役立つ情報，つまり，為替レート変動の影響を反映させた情報を提供するという立場から，貨幣・非貨幣法による換算を主張した（NAA [1960] pp. 16-17）。

1965年10月に，AICPAはこれまでの会計研究公報を再検討し，APB意見書第6号（AICPA [1965]）を公表した。そしてそこにおいてARB第43号の第12章は，Hepworth [1956] とNAA [1960] による理論的根拠，及び1968年にA. C. D. Choiにより行われた質問表に基づく実態調査（Choi [1968]）を受けて，長期受取債権及び支払債務をCRで換算することが適切であるというように修正がなされた（AICPA [1965] par. 18）。この改訂により，流動性項目に加えて長期受取債権及び支払債務についてもCRで換算することが正式に承認されることになり，事実上ここに貨幣・非貨幣法が一般的に認められる換算方法として基準化されるに至ったのである。

4　テンポラル法

4.1　経済環境

1960年代初期においては，国内事業から在外事業を分離して，在外事業全体を統制するために国際事業部制をとることが多国籍企業における一般的な組織構造であった[9]。その後，経営資源の活用にあたって子会社ごとに最適化を図るよりも，世界全体で最適化を図る方が利潤の最大化に寄与するという考え方

が普及し，多くの多国籍企業はグローバル化を推進した（安室 [1988] p. 302）。つまり，企業の多国籍化の進展により，世界各国の子会社を共通の戦略に基づいて管理・統制し，そして経営資源を国際的に移動させる必要性が高まってきたといえるのである。

そのことから，多国籍化が一定の段階に達した多くの米国多国籍企業では，在外事業を一手に管理していた国際事業部を発展的に解消し，組織全体をグローバル化する方向へ進んでいった。そして，グローバル組織構造をとる多国籍企業は，世界的視野に立ち戦略・計画を決定し，その戦略・計画を実現することを目的として事業活動を行っていたのである。そのため，このような多国籍企業においては，統制職能の集権化，つまり本社による一元的統制を行う必要性に迫られることになった[10]。

当時の国際通貨と為替環境に目を向けると，1944年に確立したIMF体制は，米ドルの対外的な金交換性を所与としたもので，事実上米ドルを基軸通貨とするものであった。また，IMF体制は，各国の通貨を固定レートで結びつける「平価主義」を基礎に置くものでもあった（木下 [1991] pp. 138-139）。

米国の国際収支は1950年初頭から赤字であったが，とくに西ヨーロッパと日本が復興・成長し，西ヨーロッパ通貨が交換性を回復した1958年以降は，大幅な赤字となった。米国は，資本規制を強化し，米ドル防衛策を講じたが，1960年代後半からのベトナム戦争の拡大により，米国の国際収支の赤字はさらに悪化した。このことから，米ドル不安（米ドルの金交換停止への懸念）が生じ，米ドルから金への交換請求が増大し，金価格は上昇した。1970年には西ヨーロッパ諸国を中心に金交換請求が行われ，同年の米国の国際収支は大幅赤字を記録した（木下 [1991] pp. 138-140）。

米国は1971年8月に，減少し続ける自国の金保有高を守るため，金の交換を停止する，とのニクソン声明を発表した。これにより事実上IMF体制（ブレトンウッズ体制）は崩壊した。その後1971年12月にIMFはスミソニアン合意に基づいて再編成され，各国通貨の平価調整や，米ドルを基軸とした新しい平価の設定，さらには固定相場制の復活が行われたが，米ドルの金交換性は停止さ

れたままであったため，スミソニアン体制は結局1973年3月に崩壊した。スミソニアン体制の崩壊により固定相場制は終焉を迎え，新たに変動相場制へと移行することになった（木下［1991］pp. 143-146）。そのため，スミソニアン体制の崩壊後，米ドルの金交換性を基礎とした米ドル価値の安定は崩れ，米ドルに対する外国通貨の下落傾向は大きく反転することになった（日本評論社［1989］pp. 168-177）。

4.2 テンポラル法の提案と制度化

米国企業の多くは，多国籍企業からグローバル企業へと発展し，本国親会社からの一元的な統制のもとに在外子会社を管理するようになったことから，貨幣・非貨幣法が提案された時代よりも，親会社と子会社の関係はより複雑化した。さらに，連結財務諸表により連結集団の経済活動を開示することに対する要請が高まったことから，連結会計と関連づけて外貨換算会計を位置づけることがより一層重視されるようになった。あわせて，貨幣・非貨幣法については，財務諸表項目に対する換算レートの決定に関して理論性が欠如していること，低価基準を適用することによって再評価された資産項目については換算後理解不能な数値が算出されるなど他の会計原則との整合性が欠如していることが，次第に指摘されるようになった。

このような要請を背景として，Lorensen［1972］において，連結会計に関する基準及びその他の会計原則との整合性が重視され，そこからテンポラル法という換算方法が提案された。すなわち，Lorensenは，1971年のニクソン声明を受けて生じた米ドルの主要国通貨に対する大幅な下落という異常事態を受けて米国企業に発生した多額の為替差損について繰延処理を認めるという，APBにより1971年12月に公表された公開草案『在外事業活動の換算』（AICPA［1971］）を批判するとともに，あらゆる状況に対応できる換算の一般原則を提案することの重要性を主張したのである。そして，その換算の一般原則が「テンポラル原則」であり，この原則に基づく換算方法がテンポラル法である（Lorensen［1972］pp. 17-18）。

4 テンポラル法 69

　1973年のスミソニアン体制崩壊の影響を受けて米ドルの平価引下げ，さらには変動相場制への移行といった経済環境・通貨環境の激変に伴い，米国においては外貨換算会計に関する会計処理及び開示についての包括的な会計基準の設定・公表を行うことが急務となった。そこで，APBの解散を受けて，新たな会計基準設定機関となったFASBは，設立後間もない1973年に「外貨換算の会計処理」に関するプロジェクトに取り組み，かかるプロジェクトに関する論点を分析する討議資料の作成に着手した（FASB [1975] par. 55)。

　その一方で，FASBは為替差損益の算定及びその会計処理について様々な方法が実務上用いられていること，また，企業により換算方法及び為替差損益の会計処理について開示が行われていないことから，1973年10月に公開草案『外貨換算情報の開示』を公表した。その後，1973年12月にFASBはこの公開草案に対する意見表明書簡を考慮し，採用した換算方法とその換算方法が財務諸表に及ぼす影響について開示することを要請するSFAS第1号『外貨換算情報の開示』（FASB [1973]）を公表した。しかし，SFAS第1号は，外貨換算に関する会計処理及び開示についての最終的な会計基準を公表する時間的余裕をFASBに与えるためのものでしかなかった（Guithues [1986] p. 24)。

　FASBは，1974年2月に外貨建取引及び外貨表示財務諸表の換算に関する会計問題を取り上げた『1974年討議資料』（FASB [1974]）を公表した。1974年12月には，1970年以降に公表された外貨換算会計に関する研究書や調査結果ならびに『1974年討議資料』に対する回答として寄せられた90通の意見表明書簡及び公聴会で陳述された15の意見を参考にして，公開草案『外貨建取引及び外貨表示財務諸表の換算に関する会計処理』を公表した（FASB [1975] par. 57)。そして，FASBは，当該公開草案に対して寄せられた190通の意見表明書簡を検討した後，公開草案を修正し，1975年10月にSFAS第8号を公表した（FASB [1975] par. 59)。ここにおいて，Lorensen [1972] のテンポラル法は，SFAS第8号の要請する換算目的を達成する最適な換算方法として正式に承認された（FASB [1975] pars. 104-151)。

5 状況アプローチ

5.1 経済環境

　1970年代から多くの多国籍企業は，本社による一元的統制と調整を伴うグローバル化を推進してきた。しかしながら，1970年代の終わりから1980年の初頭にかけて，数十年にわたって支配的であったグローバル化の動きを相殺するように，国別のニーズにきめ細かく対応する多品種の製品を効率的に生産できる技術が発展してきた。つまり，従来，多国籍企業の組織構造に影響を与えてきたグローバル規模で活動を調整するという基本的要因と，それと相反する国別に差別化し順応するという要因の2つをともに重視するようなトランスナショナル企業型の組織構造を選択する必要性が高まってきたのである（Bartlett [1986] p. 375）。

　その結果，多くの多国籍企業において，様々な国のニーズに対応するように組織力を伸ばす一方で，効率よく収益性の高いグローバル企業として，その活動を調整し，統制する必要性に迫られた。これを達成するためには，従来の分権的連合組織や集権的管理組織では対応することができず，そのことから新たに統合ネットワーク組織構造を採用する必要性が高まった。この統合ネットワーク組織構造において在外子会社は，もはや多国籍企業の製品の配送パイプラインの終点であるとか，中央で決められた戦略の遂行者であるとか，企業の経営方法の現地適応者，修正者とはみなされない。この組織構造においてトップ・マネジメントに要請されることは，世界中に所在する各単位をアイディア，スキル，能力，知識の源泉とみなし，それらを全組織の便益のために利用することである（Bartlett [1986] pp. 380-381）。

　このように，多くの多国籍企業において集権化あるいは分権化という単純なものではなく，その双方を含む多元的な視野に立った柔軟な組織構造が形成されていった。そのため，在外子会社と本国親会社との関係も一層複雑化するこ

とになったのである。

　国際通貨と為替環境についてみると, IMF協定は1976年に大幅に改正され, その後, 各加盟国の批准を経て, 1978年4月に発効された。新たなIMF体制のもと, 為替相場の短期的かつ大幅な変動に対処するために, 為替市場に協調介入することが正式に承認された。米国は, 1970年代後半に不況対策としてマネーサプライの拡大と減税を行ったが, マネーサプライが生産の伸びを遙かに上回っていたため, インフレーションが昂進することになった。また, 米国の主要貿易相手国（西ドイツ, 日本など）は, 意識的にマネーサプライを抑制していたことから, 米ドル価値は大幅に急落した。この米ドル価値の急落に対処するために, 米国政府は, 1978年11月に総合米ドル防衛策を発表し, さらに1979年10月にインフレーションの沈静化を図るべく, 新金融調整方式を新たに導入し, 強力な金融の引締めを行った。このインフレーション沈静化への期待から, 1980年の第3四半期から米ドル相場は反転しはじめ, さらに1981年の経済復興税制法が国内投資と資本蓄積の促進を導いたため米ドルの実質価値は上昇した。この米ドル価値の上昇は1985年の第1四半期まで続き, そして米ドルに対する主要国通貨の価値も, 1980年代から徐々に低落していった（日本評論社 [1989] pp. 175-177）。

5.2 状況アプローチの提案と制度化

　多国籍企業における在外事業活動の多様性を背景に, 在外子会社の置かれている状況に応じて換算方法を選択適用すべきであるという議論が行われるようになってきた。いわゆる状況アプローチの提案である。状況アプローチについて詳細に取り扱った報告書としては, カナダにおけるParkinson [1972] が著名である[11]。

　Parkinsonは, Hepworth [1956] における貨幣・非貨幣法に対する妥当性を確信し検討を行ったが, カレント・レート法の方がより理論的である場合があるという結論を提示している（Parkinson [1972] preface）。彼は, まず在外子会社を事業活動における親会社との依存関係に基づいて区分し, 次に, 在外

子会社の性質による区分を行った上で，それが独立的な場合には，当該子会社の在外事業活動全体が影響を受けるとして当該外貨表示財務諸表に同一の為替レートを乗ずる方法（カレント・レート法）を用いて換算することを提案した。一方，それが従属的な場合には，当該子会社の資産及び負債項目は個々に為替レート変動の影響を受けるため，それに応じた複数の為替レートを用いて換算する方法（貨幣・非貨幣法）を提案している（Parkinson [1972] pp. 117-118）。

カナダにおいて Parkinson [1972] により提案された状況アプローチは，米国においては，SFAS 第 8 号の公表に先立って公表された『1974年討議資料』において検討されていた。その検討の結果，SFAS 第 8 号では状況アプローチは採用されず，テンポラル法が採用された（FASB [1975] pars. 143-145）。

SFAS 第 8 号の公表後も為替市場の混乱は続き，米ドル価値も1971年以降引き続き下落する一方であった。このように米ドル価値が急激に下落したことにより，テンポラル法を適用した場合に生じる換算差額を為替レート変動の生じた期間の損益計算に算入すると純利益の激しい変動がもたらされるため，SFAS 第 8 号に対して企業及び金融界から大きな不満が生じた。FASB は，1978年に既に公表していた12の財務会計基準書に関して一般の意見を求めたが，その際に寄せられた意見の多くは，SFAS 第 8 号に対する批判であった（FASB [1981] par. 151）。それは，SFAS 第 8 号による換算結果が，在外子会社の基礎にある経済的事実を適切に反映していないというものであった。

これらの批判に対処するために，FASB は，1979年 1 月に SFAS 第 8 号を再検討するプロジェクトを追加し，同年 2 月に，専門委員会（task force）が任命された（FASB [1981] par. 157）。その後，多くの会合において討議され，1980年 8 月に公開草案（FASB [1980a]）が公表された。この公開草案は，換算方法としてテンポラル法に代えて，機能通貨アプローチを提案したものであった。この機能通貨アプローチへの移行は，1980年に FASB と英国会計基準委員会（Accounting Standards Committee: ASC），カナダ勅許会計士協会（Canadian Institute of Chartered Accountants）との代表による協議が行われた結果，FASB が ASC の提案するカレント・レート法とその基礎にある純投資

概念を受け入れることに同意したことに起因している（中島 [1982] p. 6）。つまり，機能通貨アプローチを是認することは，テンポラル法のみならず，カレント・レート法をも是認することにつながっているのである。

しかしながら，この1980年公開草案に対してFASBのメンバー7人のうち3人が，機能通貨アプローチを導入することに反対した。また，1980年12月にFASBは，この公開草案に関して公聴会を開き，そこにおいて，新しい機能通貨概念及び高度インフレーション経済下にある在外子会社の外貨表示財務諸表の換算にカレント・レート法を用いた場合の影響について，多くの意見が表明された（FASB [1981] par. 159）。

その後，FASBが全体として重要であると考えた点について修正を加えた上で，1981年6月に改訂公開草案が同一名称のもとに公表された[12]。しかし，その改訂公開草案については，高度インフレーション経済下にある在外子会社の外貨表示財務諸表の換算にカレント・レート法を適用する点で，多くの批判を受けた（FASB [1981] par. 160）。そこで，FASBは，さらに高度インフレーション経済下にある在外子会社の外貨表示財務諸表の換算にテンポラル法を適用するなどの修正を加えて，1981年12月にSFAS第52号を公表した。しかしながら，この公表にあたっても，依然としてFASBのメンバー7人のうち3人はそれに同意しなかった（FASB [1981] par. 161）。

以上要するに，状況アプローチは，1974年にFASBにより一度は検討されたものの，結局は棄却されたにもかかわらず，1980年に公表された公開草案において機能通貨アプローチとして採用され，最終的には1981年に公表されたSFAS第52号において正式に承認されることになったのである。しかも，このことは，同時にカレント・レート法が一般的に認められた換算方法として正式に承認されたことを意味している。

6 おわりに

米国において最初に正式に承認された換算方法は，英国で提案された変動・

非変動法の系譜に属する流動・非流動法であった。流動・非流動法が提案され，採用されるに至った20世紀前葉は，輸出入をはじめとして，海外に販売拠点を設けるような企業の出現を受け，連結財務諸表により企業集団としての事業活動を開示することが要請されるとともに，金本位制の崩壊に伴い大幅な平価切下げが行われた時期であった。そして，このような時代を背景として，流動・非流動法は，為替レートが変動しているにもかかわらず固定レートを用いて換算を行う従来の換算方法では問題があるとして，Ashdown [1922] により提案され，ARB 第43号において採用されることになった。

その後，企業の国際化のさらなる進展により，海外に生産拠点を設けるような企業が出現し，一層連結財務諸表の開示が重要性を増していった。そのため，外貨換算会計において，連結会計基準との整合性を重視した理論の構築に注目が向けられていった。そのことから，このような米国企業をとりまく環境の変化に対応するとともに，流動・非流動法に存在していた欠陥を解消するために，連結会計基準と整合する換算目的を設定し，それから理論的に導き出された換算方法として貨幣・非貨幣法が Hepworth [1956] により提案され，APB意見書第6号において採用されることになった。

しかし，貨幣・非貨幣法については，財務諸表項目に対する換算レートの決定に関して理論性が欠如していること，低価基準を適用することによって再評価された資産項目について換算後理解不能な数値が算出されるなど，他の会計原則との整合性が欠如していることが，次第に指摘されるようになった。そして，それらの欠陥を解消する方法としてテンポラル法が，Lorensen [1972] により提案され，1975年に SFAS 第8号において採用されることになった。

ところが，多くの米国多国籍企業において，在外子会社の現地国での事業活動が重視されるようになり，また生産販売活動をはじめとして資金調達活動も現地国で独立的に行うような在外子会社が出現するようになってきた。しかしながら，在外事業活動を親会社の延長上にある同質的な活動と捉え連結財務諸表上に反映させることに理論的基礎を置くテンポラル法は，独立的な在外事業活動を無視する換算方法であった。しかも，1973年にスミソニアン体制が崩壊

図表 3-1　外貨換算会計基準及び換算方法の史的変遷過程

換算方法	流動・非流動法	貨幣・非貨幣法	テンポラル法	状況アプローチ（機能通貨アプローチ）
換算方法にかかわる学説	Ashdown[1922]	Hepworth[1956]	Lorensen[1972]	Parkinson[1972]
外貨換算会計基準	公報第92号[1931] 公報第117号[1934] ARB第4号[1939] ARB第4号補足勧告[1940] ARB第4号補足勧告[1941] ARB第4号補足勧告[1949] ARB第43号[1953]	NAA調査報告書第36号[1960] APB意見書第6号[1965]	討議資料[1974] SFAS第8号[1975]	公開草案[1980] 改訂公開草案[1981] SFAS第52号[1981]

して固定相場制から変動相場制へと移行し，SFAS第8号公表後に米ドルの価値が急激に下落したことにより，テンポラル法により生じた換算差額を為替レート変動の生じた期間の損益計算に算入すると，純利益の激しい変動がもたらされることになった。以上の点を理由に，とりわけ実務界から，SFAS第8号は批判されることになった。そこでこれらの批判に対処するために，FASBは1981年にテンポラル法とカレント・レート法を選択適用する状況アプローチとして機能通貨アプローチを，SFAS第52号において採用した。

以上のことから，米国における外貨換算会計（換算方法）は「流動・非流動法→貨幣・非貨幣法→テンポラル法→状況アプローチ（機能通貨アプローチ）」という史的変遷過程を経てきたといえる。この変遷過程を図示したものが図表3-1である。そこで，本書では，図表3-1において示した換算方法の史的変遷過程に基づき，第Ⅱ編では，各換算方法の提案にかかわる学説を取り上げ，そこにおける展開に着目して，その背後にある換算思考と会計思考について検討する。そして，第Ⅲ編では，外貨換算会計基準を取り上げ，各換算方法が当

該外貨換算会計基準において承認（制度化）されていく経緯に着目して，その背後にある換算思考と会計思考について検討していくことにする。

（1）Plumb［1891］では①金本位制を採用する国と金本位制を採用する国との換算，②金本位制を採用する国と銀本位制を採用する国との換算，③金本位制を採用する国と紙幣発行を大量に行う国との換算，についてそれぞれ検討が行われている（pp. 259-270）。

（2）Plumb［1891］は，講演を"*The Accountant*"誌に掲載したものであるが，その際にその講演に対する諸見解も掲載しておりKeenの見解もその1つであった。

（3）Plumb［1891］が公表された当時の英国の文献では"floating（変動）"という用語が使用されており，その内容は現金，債権，債務，棚卸資産などを意図していると考えられる。というのも，当時の英国の貸借対照表には，流動・固定の区分がなく，単に勘定項目が羅列しているだけであった（井上［1986］pp. 139-140）からである。また，井戸［1991］では，このPlumb［1891］の換算方法を"floating"概念に基づく変動・非変動法と呼び，それを"current"概念に基づく流動・非流動法の前段階に位置づけて考えている（p. 54）。

（4）Ijiri［1983］では，米国の外貨換算会計の歴史は，第1期：1963年以前，第2期：1963年～1975年，第3期：1975年～1982年，第4期：1983年以降に4区分されている（pp. 181-182）。

（5）本来の意味の金本位制では，金貨流通，自由兌換，自由鋳造と自由鋳潰しが保証されていること，さらに通貨制度としては紙幣または銀行券の発行量をその国の金準備量に比例させることが要求されている（木下［1991］p. 127）。

（6）①為替制限の禁止とは，国際収支上の目的などから外国為替取引を規制及び調整することを禁止すること，②差別的通貨措置の廃止とは，例えば「双務支払協定」（協定国間で取引の決済を特別に取り決め，かつ第三国の通貨を差別する支払方法を定める2国間協定）や「複数為替相場制」（取引の種類や商品の種類により異なる複数の為替相場を適用する制度）などを採用することを禁止すること，③自国通貨保有残高の「交換性」の付与とは，他の加盟国が保有している自国通貨の残高を相手国通貨または金と交換可能とすること，を意味する（津田［1977］p. 126）。

（7）逆に，第8条の義務を免除されている国，つまり第14条国といわれる国は，当時の加盟国の大半を占めていた。第14条国のうち大半の国では，自国内経済を復興できず自国通貨の交換性を回復できないことから各種の為替制限や差別的通貨措置を実施していた（津田［1977］p. 126）。

（8）連結財務諸表は，当初一部の大会社により自発的に公表されていたが，1917年に税務当局が連結納税申告書を要請したこと，またニューヨーク証券取引所が1919年に規則を改正し，連結財務諸表を含む報告書を株主に提供することを要請したことなどの過程を経て普及していき，1930年代初頭までにその公表は一般的な実務となっていった（R. G. Walker［1978］p. 220）。一方，連結会計基準は，1940年2月にSEC（Securities and Exchange Commission）から公表されたレギュレーションS-Xをもってはじめとされる。そして，1954年にAAAからサプリメンタリー・ステイトメント第7号『連結財務

諸表』(AAA [1954]) が，その後1959年に AICPA から ARB 第51号『連結財務諸表』(AICPA [1959]) が公表された。
(9) J. M. Stopford and L. T. Wells は，米国の巨大多国籍製造業企業170社の組織変革を調査した。彼等は，国際事業構造の発展段階モデルとして「自立的子会社→国際事業部→グローバル構造」というモデルを構築し，170社がどの段階に位置するのかを調査した。その結果，60％の企業が在外子会社を獲得するに先だって国際事業部を設立していた。そのことから，1960年代初期には国際事業部制が典型的であったが，1960年代中頃までには世界的視野に立った新しい組織構造，つまりグローバル構造を目指して，この国際事業部を既に廃止してしまったか，あるいは廃止する方向にあったことを指摘している (Stopford and Wells [1972] pp. 18-29)。
(10) 竹田 [1975] によると，国際事業部制よりもグローバル組織の方が子会社に対する統制は強化される。つまり，多国籍企業の管理活動は，分権化という側面を現象的には大きくみせながらも，本質的には本国本社への集権化を推進していくのである (pp. 56-57)。また，亀井 [1996] によれば，一般的に，多国籍企業にとって親会社の子会社統制は，程度の差こそあれ必要不可欠であると考えられている。なぜならば，全社的にみて統合された経済単位として子会社が取り扱われており，しかも，種々の比較優位を考慮して企業内分業がなされている場合には，全社的に統合化された生産やマーケティングに影響を与えるような意思決定を子会社の裁量に委ねることは不可能である (pp. 64-65) からである。
(11) 井戸 [2000] によれば，状況アプローチは，1968年に既に英国 (ICAEW 勧告書第25号) において提案されており，後に SFAS 第52号及び IAS 第21号において採用された状況アプローチとは異なるものであると指摘されている (pp. 79-80)。
(12) その修正点として，高度インフレーション経済下にある在外子会社の外貨表示財務諸表にカレント・レート法を用いて換算するにあたっては，換算前に当該現地国の一般物価水準の変動に応じて外貨表示財務諸表を修正すること，すなわち，「修正－換算 (re-state-translate) 法」，また，機能通貨概念及び機能通貨決定にかかわる指標について一層明確に規定したことなどがあげられる。

第II編

換算方法にかかわる学説の検討
──背後にある思考の検討──

第4章　流動・非流動法に関する Ashdown 学説の検討

1　はじめに

　流動・非流動法とは，在外子会社の流動資産及び負債を CR により換算し，非流動（固定）資産及び負債を HR で換算する方法である。損益計算書項目についてはそれぞれの事業活動期間に適切な平均レートあるいは，全報告期間にわたる加重平均レートにより換算が行われるが，減価償却費についてのみ関連する資産が取得されたときの為替レート（HR）によって換算が行われる。

　第3章で述べたように，この流動・非流動法を米国において提案した著名な文献として，Ashdown [1922] をあげることができる。そこで本章では，本書における問題意識に基づいて，Ashdown [1922] が流動・非流動法を提案した背後に想定されている会計思考と換算思考について検討する。

　かかる検討を行うにあたり，流動・非流動法が流動性項目と非流動性項目という区分に従い換算レートを使い分ける換算方法であることから，流動・非流動の区分が測定属性との関連性においていかなる意味をもつのかについて考察を行うことによって，まず，その背後にある会計思考を抽出する。続いて，外貨表示財務諸表項目に対してある特定の会計思考のもとに規定された測定属性と当該項目に用いる換算レートとの関連性及び換算差額の考え方を検討することから，その背後に想定されている換算思考を明らかにすることにする。

2　流動・非流動の区分の意義

　第3章において既述したように，流動・非流動法は，Ashdown [1922] により提案された後，AIA により1939年12月に公表された ARB 第4号において

正式に承認され，1953年6月に公表されたARB第43号の第12章においても引き続き採用された換算方法である。このように外貨換算会計の観点からかかる期間をみた場合には，この時期は流動・非流動法が採用され続けた期間であるといえる。しかし，この期間は会計理論においては大きな変化があった時期であるといわれている。その変化とは，貸借対照表を重視するものから損益計算書を重視するものへの移行，すなわち財貨思考から貨幣思考への会計思考の移行であり，それは1930年代の初期に起こったと考えられている。

そこで，米国において，財貨思考から貨幣思考へと会計思考の移行が起こったとされるこの期間について，文書的証拠に基づいてかかる移行についての整理を行う。次に，その移行期間において，財務諸表項目に対する測定属性がどのように論じられていたのかについて考察する。言い換えると，ここにおいては，当該期間において議論されていた資産評価問題についての考察を通じて，流動・非流動の区分の意義を明らかにすることにする。

2.1 米国における会計思考の移行

会計学の理論的基礎が貸借対照表を重視するものから損益計算書を重視するものへと移行したことに関する文書的証拠としては，G. O. Mayを委員長とするAICPA株式取引所協力特別委員会からニューヨーク証券取引所に宛てられた1932年9月22日付の「書簡」が有名である。

この「書簡」では，「収益力が企業の評価にあたって決定的に重要な事実であり，それゆえに，損益計算書は，通常，貸借対照表に比較してはるかに重要であろうということは，今日おそらく，聡明な投資家によって十分認識されていることであろう。…概して第1の目的は，その年度の損益計算書に計上される借方あるいは貸方の金額を適切に決定することにあり，かつ一般的に，このことがなされた後，支出あるいは収入の残存価額が期末における貸借対照表に計上されることが推論される。ただし，市場価値が原価よりも低い場合に，棚卸資産を市場価値にまで切り下げることを要求するルールは，主要な例外である」(May [1943] pp. 77-78, 木村訳 [1970] pp. 79-80) と述べられている。

また，AAAにより1936年6月に公表された『会計報告諸表会計原則試案』においても，「会計は，本来，評価の過程ではなくて，過去的原価の当期と将来期間への配分の過程である」(AAA [1936] p. 188) と述べられており，会計学の理論的基礎が貸借対照表を重視するものから損益計算書を重視するものへと移行したこと，すなわち財貨思考から貨幣思考へ会計思考が移行したことが明らかになる。

しかも，このことから，ここにおける貨幣思考の特徴として，①損益計算書を中心に据えていること，②原価概念を重視していること，③原価配分の思考を有していることの3つをあげることができる(青柳 [1986] p. 210)。①は，とりわけ，機能面における特徴を示しており，企業に対する関心が流動性でなく収益力にあることを意味している[1]。一方，②及び③は，計算構造面の特徴を示している。まず，②は取得原価主義に基づく計算構造をもつことを[2]，③は収益費用配分思考を適用した計算構造をもつことを意味しているのである。つまり，ここにおいては，貨幣思考はまず現金収支を捕捉し，次いで実現ルールに基づいて収益を限定し，さらに対応ルールにより費用を確定するという構造を有するものとされている。

このような特徴をもつ貨幣思考への移行時期について，最も実証的かつ詳細に論じている Brown [1971] では，「移行のための基礎は1920年代に敷かれ，1930年代にそれが加速され，1940年までに移行が完了したことは明らかであろう」(p. 40) とされている[3]。Brown [1971] では，かかる移行の事実及び時期について多くの「文書的証拠」から実証が行われており，その証拠の1つとして「会計学の教科書」をあげている[4]。そこで，本節では，Brown [1971] による時代区分を援用し，その期間における主な会計学の教科書において，資産評価問題がどのように展開されていたのかについて考察することにより，その背後にいかなる会計思考が想定されていたのかということを明らかにする。

2.2 固定資産の評価をめぐる会計思考の混在

2.2.1 Hatfield［1909］の検討

米国における会計学の出発点として H. R. Hatfield による1909年の著書『近代会計学』（Hatfield［1909］）をあげることができる（黒澤［1956］p. 246）。

Hatfield［1909］では，「財産＝資本」という資本等式に基づいて計算構造が展開されている。そのことから，損益項目は，資本勘定の従属的勘定として直接的に資本の増減と結びつけて説明されている。また，機能面に関しては，貸借対照表は一定時点における企業の財政状態（financial status）の正確な表示を行うという機能を担い，損益計算書は一定期間に獲得された成果の表示を行うという機能を担っていることを明示している（Hatfield［1909］p. 54）。そしてそれを受けて，貸借対照表の第1の目的として支払能力表示を，第2の目的（下位目的）として配当との関連における利益の表示をあげている（Hatfield［1909］p. 54）。一方，損益計算書の目的は，配当可能な純利益額に注意を払いつつ，一定期間の純利益を表示することであるとしている（Hatfield［1909］pp. 196-197）。

それに続いて Hatfield は，これらの目的に基づいて資産評価問題について考察を行い[5]，そこにおいて資産評価にあたっては継続企業概念を用いて行うことを明示している。すなわち，「適切な価値は資産がこれを所有している企業に対してもつ価値であって，通常の得意先であれ，清算にあたり当該資産に入札しようとするものであれ，その他の人々に対してもつ価値ではない。その価値は，資産が現に存在している会社に対してもつ価値であって，管財人の手中にある会社や，勘定を締め切って撤退しようとしている会社に対してもつ価値ではない」（Hatfield［1909］pp. 80-81，松尾訳［1971］p. 78）と述べられているのである。

つまり，ここでは資産評価基準として，「継続企業」の所有主にとっての資産の現在価値（present value）という一般原則が採用されており，この継続企業概念に基づく資産評価の原則を個別の資産に適用するにあたり，資産を固定

資産（fixed assets）と流動資産（circulating assets）とに分類するのである。そして，固定資産については，現在価値として使用価値（use value）が用いられている。しかし，それが，恒久的ないし長期的に継続して使用することを目的として購入されたものであるため，その評価にあたっては，取得後に市場価値（market value）の低下が生じても，その取得原価で継続することが妥当であるとする。すなわち，市場価値が原価より高くても低くても，かかる資産が長期に継続して使用される限りにおいては，実現されることがないため，現在価値はこの変動を無視して，原価で継続することが適切であるとするのである。ただし，固定資産の使用価値における実際の変動，つまり，減価については考慮する必要があるとしている（Hatfield［1909］pp. 81-83）。

　一方，流動資産については，その使用が相対的に短期であること，あるいは商品のように再販売目的で購入されていることから，市場価値が取得原価を超える場合には，その市場価値が認められるかどうかに疑問は残るものの，現在価値（current value）に対して注意が払われるべきであるという（Hatfield［1909］pp. 81-82）。そのことから，なかでも，販売目的で所有されている商品に対しては，貸借対照表の第1の目的である支払能力表示を重視する立場から，販売費を控除した現在の販売価格（present selling price）による評価が主張されている（Hatfield［1909］pp. 101-102）。

　このように，Hatfield［1909］においては，継続企業概念に基づく評価を評価の一般原則としており，それを具体的に適用するにあたっては各資産の企業にとっての役立ちを媒介として，固定資産には原価（原価マイナス減価）による評価，流動資産には販売費を控除した現在の販売価格による評価を求めている。言い換えると，「継続企業」の所有主にとっての資産の現在価値として，固定資産には原価（原価マイナス減価）を想定し，流動資産には現在の販売価格を想定しているといえるのである。

　ところが，ここで問題となるのは，固定資産の現在価値（使用価値）が，いかなる理由から「原価マイナス減価」により評価されるのかという点である。加藤［1973］は，その理由を貸借対照表の第2の目的に基づいて，配当との関

連のもとにおける利益の表示という点に求めており，そのことから，それは水割株式の発行により大きく水増しされている固定資産について評価損を計上することなく，安定した配当可能利益を確保するためであると述べている (pp. 160-161)。つまり，固定資産を「原価マイナス減価」で評価する根拠は，当時問題となっていた固定資産の水抜を企業の収益力に応じて行うとともに，配当を可能とする利益を算出するという制度的要請にあったということである[6]。

以上のことから，Hatfield [1909] では，資産評価基準の一般原則として，「継続企業」の所有主にとっての資産の現在価値がとられていたが，具体的にはかかる現在価値は，固定資産については（とくに制度的要請を受けて）原価（原価マイナス減価），流動資産については現在の販売価格という，二元的な形態をとるに至ったことが明らかになった[7]。つまり，Hatfield [1909] では，流動・非流動（固定）の区分は，継続企業概念に基づく評価の一般原則から論理的に導き出されたものというよりもむしろ，当時の制度的要請を考慮した結果として導き出されたものといえるのである。

2.2.2　Paton and Stevenson [1918] の検討

Paton and Stevenson [1918] では，「資産＝持分」という貸借対照表等式に基づく計算構造が展開されている。また，損益勘定は，持分勘定の従属的勘定として捉えられている。しかも，収益と費用との関係については，収益は，持分への総追加分を表わし，費用は収益からの控除を表わすと説明されている。そして，機能面に関しては，Hatfield [1909] と同様に貸借対照表は，一定時点における企業の財政状態の正確な表示を行うという機能を担い，損益計算書は，一定期間に獲得された成果の表示を行うという機能を担うことが明示されている (Paton and Stevenson [1918] pp. 10-13)。

それを受けて Paton and Stevenson [1918] では，資産の評価基準として，現在価値 (present value) 基準がとられており，継続企業の観点及び経営管理者の観点より，現在価値として取替原価が相対的に優れているとしている (pp. 451-460)。

しかしながら，この基準を具体的に適用するにあたっては，流動資産と固定資産とに区別し，流動資産についての市場価格（market price）の増加は直接的に重要性をもつ事実であるが，固定資産については，著しい変動が生じない限り，市場価格が使用中の固定資産の価値に明確な形で影響するといえるかどうかは疑わしいとしている（Paton and Stevenson［1918］p. 478）。

つまり，彼等によると，原理的には，市場価格の変動は固定資産と流動資産の価値に等しく影響を及ぼすといえるが，固定資産の建設費用に対する些細な変動については数期間無視することが得策である。しかし，上下いずれの方向であれ重大な市場価格の変動は認識されるべきである。それは，経営管理者の観点からも，貸借対照表において投資の正確な状態を示すためには，市場価格の変動による重要な減少または増加が勘定のなかで認識されなければならないものであるからである（Paton and Stevenson［1918］pp. 478-479）。

そして継続企業の観点から，流動資産は取替原価で評価され，固定資産は，市場価格の変動が重要でない限り原価で評価されることになる。このように，固定資産の評価については，実践的効用の考慮が強くはたらき，評価の便宜性が重んじられているのである（青柳［1986］p. 240）。しかも，固定資産の減価償却は，価値の減少を意味することから，資産評価問題の1つと捉えられており，その減少分は固定資産の評価増加分と相殺することも可能であるとされている。というのも，このような場合には現在価値（原価マイナス減価）が，経営管理上及びその他の目的のために重要な数字であると認められるからである（Paton and Stevenson［1918］p. 457）。

以上のことから，Paton and Stevenson［1918］では，資産の評価基準として，継続企業と経営管理者の観点より，取替原価による評価が提案されているが，それを実際に適用するにあたっては，評価の実践的効用が考慮され，流動資産は取替原価で，固定資産は原価で評価することが想定されていることがわかる。しかし，固定資産の減価償却が資産評価問題の1つとして捉えられていることから，固定資産は「原価マイナス減価」により評価されることが要請されている。つまり，流動・非流動の区分は，継続企業概念や経営管理者の観点

に基づく資産評価基準から論理的に導き出されたものではなく，かかる実践的効用等を考慮した結果として導き出されたものといえる。

2.2.3 流動・非流動の区分の意義

以上の考察から，Hatfield [1909] 及び Paton and Stevenson [1918] ではともに，継続企業概念に基礎を置いた資産評価として現在価値が指向されているが，具体的な評価方法には，相違がみられることがわかる。つまり，継続企業概念に基づく資産評価に関して，Hatfield [1909] では流動資産については販売費を控除した現在の販売価格が，固定資産については使用価値が，これに対して，Paton and Stevenson [1918] では取替原価が測定属性として選択されている。しかしながら，両者とも，それを実際に適用するにあたっては，当時の制度的要請や評価の実践的便宜性などの影響を受けて，流動資産に対しては時価（現在の販売価格あるいは取替原価），固定資産に対しては原価という二元的な評価形態がとられているのである。

このように，流動・非流動の区分は評価方法の相違として顕現しているが，それは，財務諸表項目を現在価値として一元的に捉えた上での二元化である。この点に着目する限り，ここでは財貨思考に基づく認識・測定構造が想定されているといえる。よって，流動・非流動の区分は，財貨思考に基づく認識・測定構造のもとで，当時の実際的な評価形態との関連性から二元化された結果とみることができるのである。

そして，かかる二元化をもたらした要因として，次の点を指摘できる。斎藤 [1984] によれば，1920年代から30年代にかけて米国においては，資産の再評価が広汎に行われており，とりわけ，固定資産の簿価修正はこの時期に「資産再評価運動」ともいうべき1つの頂点を迎えていた (p. 45) という。しかしその一方で，当時配当利益計算という観点から固定資産の評価問題が取り上げられ，かかる評価を原価により行うこと，ならびに減価償却を行うことが要請されたのである。そしてそのことから，流動・非流動という評価方法の二元化が生じたといえるのである。ところが，この原価による評価及び原価配分方法と

しての減価償却は，貨幣思考に固有の特徴として説明されるものでもある。

　この点に着目すると，当時（1909年から1920年）の状況を，固定資産の評価をめぐり会計思考として財貨思考と貨幣思考が混在していた時期であると解することもできる。したがって，流動・非流動の区分は，基本的には財貨思考に基づく認識・測定構造のもとに，制度的要請から固定資産の評価について貨幣思考に固有の認識・測定構造の影響を受けることによって生じた区分であるといえるのである。

2.3　棚卸資産の評価をめぐる会計思考の混在

　1922年に W. A. Paton は，AIA の地方大会の席上で，「棚卸資産の評価」と題する講演を行った。そこでは，Paton and Stevenson [1918] において主張していた取替原価を資産評価に関する唯一の評価基準とする姿勢に変化がみられる。すなわち，事業状況が非常に多様であり複雑であることから，唯一の評価方法や評価原則をすべての場合に適用することができず，その代わりに各状況に応じて，多様な基準，原則，方法が必要となることが述べられている（Paton [1922b] pp. 432-434）。具体的には，原価（actual cost），取替原価（replacement cost），販売価格（selling price）の3つの測定属性をあげ，それを目的に応じて使い分けることを推奨している（Paton [1922b] p. 434）。

　原価による評価は，①単純かつ組織的な方法により求めることができ，客観性をもつという点，②現在の営業能力（commercial value）を公正に表示することができる点，③実際の商品の流れ（先入先出法）に応じた合理的な仮定に基礎を置いている点から支持されている（Paton [1922b] pp. 440-441）。

　これに対して，取替原価による評価は，①特定の状況のもとで同時に存在する同一の財に対して異なる価格を付すことを回避すること（単一価格の法則を守ること）から，最も論理的である点，②長期にわたる営業活動において販売価格に重要な影響を与える唯一の原価である点，③最も簡単な方法である点，④貸借対照表において最もよく財政状態を示す証拠である点から支持されている（Paton [1922b] p. 442）。

さらに，販売価格については，次の2つの場合において棚卸資産の評価に用いられるとする。1つは，容認された一種の原価価値（cost value）という意味において，販売価格が棚卸資産の計算を行うにあたっての出発点として用いられる場合である。もう1つは，労働力あるいは原材料に対して十分な原価計算ができないときに，販売価格が，適用可能かつ最適な出発点として用いられる場合である（Paton [1922b] pp. 447-448）。このように，販売価格は，原価及び取替原価とは異なり，それらの一種とみなされているか，あるいは原価及び取替原価に対する補足的な評価方法として位置づけられている。

以上のことから，当時の多様かつ複雑な事業状況に対処するという実務からの要請を受けて，損益計算書を重視するという目的からは棚卸資産を原価で評価することが支持されている[8]のに対して，貸借対照表を重視するという目的からは棚卸資産を取替原価で評価することが支持されていることがわかる。

したがって，棚卸資産は流動資産に分類されることになるため，もし貸借対照表を重視する目的からそれを取替原価で評価する場合には，流動・非流動の区分は，貸借対照表項目に対する評価に基づいてなされた区分という意味を有することになるが，損益計算書を重視するという目的からそれを原価で評価する場合には，かかる区分は，単なる貸借対照表の表示における区分としての意味しか有さないことになる。

また，評価の基準が評価の目的と関連していることを指摘している論者にR. B. Kester がいる。Kester [1925] によれば，評価の目的には，貸借対照表を重視した場合の評価と損益計算書を重視した場合の評価という2つがあるとされる。貸借対照表を重視した場合の評価とは，企業の流動性に関心を置く短期債権者の立場を重視するものであり，棚卸資産については売価差引見積販売費用すなわち正味実現可能価値による評価を意味し，一方，損益計算書を重視した場合の評価とは，市場の変動は企業の統制範囲外とみて，経営者による統制可能な要素の結果のみを反映する純営業利益を算定するためのものであり，棚卸資産については原価評価を意味するとする（Kester [1925] pp. 124-126）。

青柳 [1986] は，このように Kester [1925] が初版の Kester [1918] と比較

して損益計算書を重視する傾向が強まっていることを捉えて，それを「損益計算書の機能的地位の向上がみられる」(p. 222) と述べている。つまり，Kester [1925] は，財政状態を構成する要素として，①流動性（債務支払能力），②安定性（安全性），③進捗性（収益性）の3つをあげ（Kester [1925] pp. 596-597)，「たとえ一定時点における企業の財政状態が債務支払能力，あるいは安定性に関して貧弱であるとしても，その期の活動が有利な傾向，すなわち収益が費用を十分に上回る利幅を示すならば，将来の状態は優勢であると判断される」(Kester [1925] p. 596) と述べている。

本来，進捗性（収益性）は，損益計算書において示されるものであるが，Kester [1925] では，それを財政状態の構成要素の1つであると述べている。そのことから，彼はその背後に貸借対照表の目的の1つとして利益計算を考慮する立場，すなわち，財貨思考に基づく認識・測定構造を想定していると考えられるのである。

以上のように，1920年代に入ると，棚卸資産の評価をめぐって議論が展開され，構造面というよりもむしろ，機能面において損益計算書を重視する方向への移行傾向がみられる。そして，このように棚卸資産の評価に焦点があてられた背景には，棚卸資産に対する連邦税制の変更が考えられる[9]。つまり，Brown [1971] によれば，「税法などの規則は，当初は，所得決定のために売上原価に棚卸資産原価を配分する方法として，原価と収益の特定的一致[10]に好意的であった。しかし，1918年の規制は，原価を棚卸資産と売上原価に配分する方法として先入先出法を承認した。その理由は，それが特定的一致により得られる結果と近似した値を算定することにあった。その上，…先入先出法は，未実現利益の計上を認めないからである」(p. 66) という。

また，棚卸資産の評価に焦点があてられた背景として，当時（1904年から1927年），配当テストとして純利益テスト（実現利益テスト）がとられていた（津守 [1962] pp. 10-14）ことをあげることもできる[11]。

そしてこのような背景のもとに，棚卸資産に対して原価評価が行われるようになっていき，構造面においては以前と同様に貸借対照表を重視する一方で，

機能面においては損益計算書への重点移行が行われるという機能面と構造面における会計思考の混在という状況が生み出されていったと考えることができる。しかも，そのような状況のもとに流動・非流動の区分の意味を考えてみると，財貨思考という会計思考を強調すれば，棚卸資産は時価で評価されることになり，流動・非流動の区分は貸借対照表項目の評価に基づく区分として意味をもつことになるが，貨幣思考という会計思考を強調すれば，棚卸資産は原価で評価されることになり，流動・非流動の区分は貸借対照表の表示区分としての意味しかもたないことになるのである。

2.4 小 括

以上の考察から明らかなように，米国における財貨思考から貨幣思考への会計思考の移行は，まず固定資産の評価問題から行われ，次に棚卸資産の評価問題という形で，徐々に展開していったとみることができる。しかも，かかる移行は，とりわけ配当可能利益をめぐる制度的要請など様々な外的要因[12]の影響を受けて行われていった。つまり，会計思考の移行は，理論的精緻化過程として行われたというよりも，制度的要請による影響を受けて生じたものと考えることができる。

そのようななかで，資産区分についても制度的要請による影響を受け，そのことから流動・非流動の区分は，徐々に貸借対照表項目の評価に基づく区分としての意味をもたなくなり，貸借対照表の表示区分としての意味をもつようになっていったといえる。

3　Ashdown［1922］の背後にある会計思考と換算思考

3.1　Ashdown［1922］における流動・非流動法の提案

Ashdown［1922］[13]では，第1次世界大戦前までは金本位制を採用している国々において設立された在外子会社[14]について，固定レートを用いて換算す

ることに問題はなかったが，第1次世界大戦後，為替レートが戦争当事国において大きく変動し為替レートの安定性が失われたことから，このような状況のもとで，戦前の平価レートを用いて換算を行うことは，収益・費用の過大表示をもたらすことになり，本国の経営者が当該在外子会社を過大評価することにつながるとする（Ashdown [1922] pp. 262-263）。

そこで，Ashdown [1922] では，外貨換算会計について会計士が注意すべき点として次の3つを指摘している（Ashdown [1922] p. 264）。

① 親会社の会計記録は，在外子会社への投資を適切に表示しなければならない。また，この投資に影響を及ぼすような為替差損益は，親会社の財務諸表に計上される必要がある。
② 在外子会社の会計記録は，その財政状態を現地の観点から正確に表示しなければならない。また，当該在外子会社の損益に影響を及ぼす為替差損益については，当該子会社の財務諸表上に計上される必要がある。
③ 親会社と在外子会社の個別財務諸表は，連結財務諸表の観点より真実な状態を反映するように連結されなければならない。

そして，Ashdown [1922] は，連結財務諸表の作成を目的とする外貨表示財務諸表の換算について，次のように提案する（pp. 268-272）。

① 固定資産は，購入日の為替レート（HR）あるいは，当該期間中の購入に関する平均レートで換算される。しかし，為替相場が当該期間中に極端に変動した場合や，購入量が多い場合には，HR あるいは当該月平均レートを用いる方がより信用性がある。これらの資産は事業活動に使用するのを目的としており，外国において使用されている。結論的にいえば，これらの資産は，為替レート変動の影響を受けない。ただし，為替レートが著しく低下したような場合には，この原則をあまり厳密に適用する必要はなく，特別な場合においては個別的対応を行う必要がある。
② 流動資産・負債はCRで換算される。親会社から購入した商品（棚卸資産）は，在外子会社において米ドル建で表示され，CRで換算される。すなわち，流動資産・負債は，期末に清算が行われたという仮定のもと

に生じるであろう価値で示される。
③ 偶発損失準備金はCRで換算される。固定資産の減価償却累計額は，固定資産の換算に用いる為替レートと同じレートで換算される。
④ 期首の剰余金は，期首の時点の為替レートで換算され，損益項目は期中平均レートで換算される。
⑤ 固定資産の減価償却費については，固定資産がHRで換算されることから，それと同一の為替レートで換算されるべきであるとする。しかし，現地通貨による適正な減価償却費は，在外子会社の帳簿上に計上されているが，連結財務諸表における換算後の減価償却費の額は，理解不能であることを指摘している。

そして，このように各財務諸表項目に異なる為替レートを用いて換算が行われることから，在外子会社の換算後貸借対照表の貸借は一致しないことになる。一般的には，ここにおいて生じる借方差額は，流動資産に対する投資について為替レートの下落を原因として生じた親会社の為替差損（逆に，貸方差額は親会社の為替差益）を表わすことになる。そこで，かかる為替差損に備えて為替準備金（exchange reserve）を親会社の財務諸表上に設定する必要があるとされる。その後，その為替準備金は，連結財務諸表上において，在外子会社の貸借対照表から生じる借方差額（為替差損）と相殺されることになる（Ashdown [1922] p. 270）。ただし，期末時点における為替準備金が，在外子会社の貸借対照表を換算することから生じる借方差額を相殺するのに十分でない場合には，その不足額は，親会社の為替差損として借記され，逆に，その過剰額については為替準備金に貸記されたままとなる（Ashdown [1922] pp. 270-271）。

Ashdown [1922] によれば，このように為替準備金を設定するのは，当時借方差額（為替差損）が続くことが多く，短期間に不安定な変動をする為替レートに対しては保守主義的な会計処理が必要であり，そのため為替差損の金額よりもできる限り多くの金額を為替準備金として設定すること（為替準備金の過大表示）が，実務上適切であったからである（p. 271）。

3.2 背後にある会計思考と換算思考

3.2.1 資産評価の観点

　Ashdown [1922] では，在外子会社の流動項目を CR により換算し，非流動項目を HR で換算すること，減価償却費などを除いた損益項目は（加重）平均レートにより換算すること，減価償却費は固定資産と同一の為替レートで換算すること，つまり流動・非流動法が提案されている。このように，流動・非流動法の特徴は，貸借対照表項目を流動項目と非流動項目に区分し，その区分に応じて用いる為替レートを使い分ける点にある。それではいかなる理由から，Ashdown [1922] は，貸借対照表項目を流動項目と非流動項目に区分し，かつ，流動項目に対して CR を，非流動項目に対して HR を用いて換算する方法を提案したのであろうか。

　まず，非流動項目である固定資産については，①使用を目的として所有されていること，②そのため，為替レート変動の影響を受けないことを理由に，HR で換算することが提案されている。このような固定資産の説明は，Hatfield [1909] 及び Paton and Stevenson [1918] において展開された継続企業概念に基づく資産評価によるところが大きいと推察される。というのは，Hatfield [1909] においては，固定資産が取得原価で継続される理由として，恒久的ないし長期的に継続して使用することを目的として購入されたものであることから，固定資産の継続企業に対する価値は取得時と同一であり，取得後に市場価値の変動があってもそれを無視することが適切であるとされているからである。また，Paton and Stevenson [1918] においても，固定資産について著しい変動が生じない限り，市場価格が使用中の固定資産の価値に明確な形で影響を与えるといえるかどうか疑わしいと考えられることから，固定資産を原価あるいは「原価マイナス減価」で評価するのが適切であると述べているのである (p. 478)。したがって，Ashdown [1922] においては，Hatfield [1909] や Paton and Stevenson [1918] により当時展開されていた資産評価問題をめぐる対応に影響を受け，固定資産は取得原価のまま継続することが適切である

と考え，HR で換算することを提案したものと推論し得るのである。

次に，流動項目については，決算日時点の市場価値により評価されるべきことを理由に CR で換算することが提案されている。Ashdown [1922] では，流動項目について，市場価値で評価する理由を明確には示していないが，固定資産との関連において，流動資産は，その使用が相対的に短期であることあるいは再販売目的で購入されていることから，決算日に清算が行われたという仮定のもとに生じる価値，すなわち，現在市場価値で評価することがそこでは考慮されていると考えることができる。言い換えると，Ashdown [1922] は，Hatfield [1909] と同様に，流動資産の現在価値として現在（決算日）における仮定としての払出価値，すなわち現在市場価値が想定されているといえるのである（図表 1-3 参照）。

以上要するに，Ashdown [1922] は，Hatfield [1909] や Paton and Stevenson [1918] により当時展開されていた資産評価問題をめぐる対応に影響を受けており，そのことからそこにおける流動・非流動（固定）の区分は，継続企業概念に基づく評価の一般原則を適用するにあたって当時の制度的要請を考慮した結果（流動資産は現在市場価値で，固定資産は原価で評価すること）に基づくものとして捉えることができる。しかもここでは，資産評価に用いられている時点的属性と一致する時点の為替レートで換算を行う方法として，流動・非流動法が提案されているのである。

したがって，Ashdown [1922] においては，資産評価に関して，基本的には財貨思考に基づく認識・測定構造を有しているものの，固定資産の評価に関しては貨幣思考に基づく認識・測定構造を有しており，その意味で両会計思考が混在した形でその背後に存在していると考えられる。また，Ashdown [1922] が想定している換算思考については，換算対象の測定属性を維持する形で換算が行われていることから，本国通貨を測定単位とする変換プロセスと換算を捉える第 1 換算思考を想定しているといえる。

3.2.2 換算差額の観点

続いて，Ashdown [1922] における換算差額の捉え方に着目し，その背後に想定されている会計思考及び換算思考について考察する。

ここでは，換算差額を，流動・非流動法によって換算した結果在外子会社の換算後財務諸表において貸借が一致しないことから生じるものとして説明されている。このことは，かかる換算差額が "artificial" として表現されていることからも明らかである（Ashdown [1922] p. 270）。そのため，ここでは為替リスクの測定を目的とした第3・第4換算思考が想定されていないことは明らかである。よって，上述したようにここでの換算は換算対象の測定属性を維持する形で行われることから，その結果生じる換算差額についても同じ第1換算思考に基づいて捉えられているといえる。

また，第2章において述べたように，第1換算思考に基づく換算差額は，背後に想定される会計思考にかかわらず損益性を有することになる（図表2-1参照）。この点に着目すれば，背後に混合した会計思考を想定するAshdown [1922] において，換算差額が流動資産に対する投資について為替レート変動により生じる親会社の為替差損益を意味するとして解釈されているのは，第1換算思考に基づいて換算差額を捉えているからであるといえる。

以上要するに，Ashdown [1922] では，換算差額が流動・非流動法による換算の結果として導出されていること，その換算が換算対象の測定属性を維持する形で行われていること，そして混合した会計思考のもとで換算差額の性質が為替差損益として捉えられていることから，第1換算思考に基づく換算差額を想定しているといえる。しかしながら，会計思考に関しては，資産評価の場合と同様に，換算差額においても貨幣思考と財貨思考の混在がみられるのである。

4　おわりに

本章では，流動・非流動法を提案したAshdown [1922] を取り上げ，その背後に想定されている会計思考と換算思考について検討を行ってきた。そして

かかる検討を行うにあたり，まず，流動・非流動法が流動資産及び負債と非流動資産及び負債の区分に従う換算方法であることから，かかる区分の意義について考察した。その結果，1900年代から1920年代にかけては，資産評価をめぐり，財貨思考と貨幣思考の両会計思考が混在していた時期とみなされることから，そこにおける流動・非流動の区分は，基本的には財貨思考に基づく認識・測定構造のもとに，制度的要請から固定資産の評価について貨幣思考に基づく認識・測定構造の影響を受けた結果として生じたものであることが明らかとなった。しかし，その後，棚卸資産について原価による評価が要請されたことを受けて，流動・非流動の区分は貸借対照表項目の評価に基づく区分としての意味をもはやもたなくなり，貸借対照表の表示区分としての意味しかもたなくなっていった。

次に，このような状況のもとに公表された Ashdown [1922] について，その背後にある会計思考と換算思考について，資産評価と換算差額の2つの観点から検討した。その結果，資産評価の観点からみれば，Ashdown [1922] では，流動・非流動の区分を継続企業概念に基づく評価の一般原則を適用するにあたって当時の制度的要請を考慮した結果として捉えており，しかもそこでは，資産評価に用いられている時点的属性と一致する時点の為替レートで換算することが提案されているのである。また，換算差額については，そのように換算する結果として生じること，そして，それを親会社の為替差損益として捉えることが提案されている。

このことから，Ashdown [1922] においては，基本的には財貨思考に基づく認識・測定構造を有しているものの，固定資産の評価に関しては貨幣思考に基づく認識・測定構造を有しており，その意味で両会計思考が混在した形でその背後に存在していることが明らかとなった。また，換算思考については，換算対象の測定属性を維持する形で換算が行われていること，ならびに，換算差額が換算の結果生じたものであり，混合する会計思考において親会社の為替差損益と捉えられていることから，第1換算思考が想定されていることが明らかとなった。したがって，Ashdown [1922] は，図表2-8に示した「仮説Ⅲ」に

基本的には該当するといえる。

(1) Littleton and Zimmerman [1962] によれば，1910年代までは，銀行の影響力が強く，銀行は借手の信用格付を行うため企業の流動性を示す貸借対照表に深い関心を示した。しかし，第1次世界大戦後の不況により，従来のような在庫品の売上換金を目的とする短期の借款は困難かつ不利な金融方法になった。そのことから，企業は金融方法を長期証券の発行に変え，それに伴い企業の流動性よりも収益性に関心の移行が生じたとする (pp. 95-97)。

(2) 津守 [2002] によれば，取得原価主義は，当時の恣意的評価の排除を保証するとともに，未実現利益を利益概念より排除することを可能にすることによって，財貨思考に基づく利益の不完全性を克服できることから採用されたものである。つまり，恣意的な反保守主義的である会計実務を否定し得る基準としての原価主義，客観性を備えていると同時に保守主義としての役割を担い得る基準としての原価主義，すなわち事実上の低価主義を意味する原価主義が有意義であったことから，取得原価主義が強調されたのである（津守 [2002] pp. 63, 122-123）。

(3) 1930年代に入ると，貨幣思考に固有の構造的特徴が認められる。例えば，Paton [1931] では，資産を「資金の貯蔵 (repositories of funds)」と「原価の集積 (summations of costs)」とに2分類する。そして，前者には貨幣性資産，後者には創立費，土地，建物，前払費用，棚卸資産などが含まれている。また，ここでは，資産を原価の集合であるという考え方，さらには未償却原価 (unamortized cost) という言葉も登場している (Paton [1931] pp. 89-91)。さらに，Paton [1934] では，会計上の重要な機能として，期間収益と期間費用の正しい対応が強調され，発生主義と実現主義に基づく費用と収益の期間配分が説かれている (Paton [1934] p. 123)。

(4) その他の証拠としては，①企業の財務報告書，②"The Journal of Accountancy" の社説，③貸借対照表監査の覚書があげられている (Brown [1971] pp. 37-48)。

(5) Hatfield [1909] では，財産目録の問題に関して，①いかなる項目が財産目録に含められるべきか，②いかなる支出がこの財産の原価に入れられるのか，③その後の再評価において用いられる基準は何か，という3つをあげている。しかし，これらの3つの問題は各々が独立してはおらず，第3番目の問題にすべて帰着するとされる (p. 74)。

(6) この点について，中野 [1992] では，「資産評価の問題を実質的に規定していたのは，資産評価それ自体の論理ではなく，本来的には評価の結果として生じるはずの損益計算，とくに配当可能利益計算の見地であった」(p. 326) とする。

(7) 青柳 [1986] によれば，継続企業の基準は，ドイツのH. V. SimonやH. Rehmによる，価値は主体の判断の問題であるとする主観価値説の影響を受けたものである。この判断には，財がある要求を満足させるのに適するという前提と，欲求充足に必要な財を獲得するには一定の人が一定の他の財（貨幣）を支出するという前提の2つがある。前者はその財を使用することを目的とするのか，それとも他の財と交換することを目的とするのかにおいて二分され，後者も当事者が個々の人（特殊）であるのか，多数の人（一般）であるのかにおいて二分される。そして，これらの分類を組合せることにより，

一般的使用価値，特殊的使用価値，一般的交換価値，特殊的交換価値の4つの価値形態が考えられる。Hatfield [1909] の評価論では，これらを踏まえて，固定資産は特殊的使用価値により評価され，流動資産は特殊的交換価値により評価されている（青柳 [1986] pp. 168-169）。
（8）青柳 [1986] によれば，「確かに，彼（Paton）は，損益計算書の見地からは取得原価の妥当性を強調している」(p. 241) という。また，Paton 自身も，小売業においては，合理的な利益数値を計算するための一要素として期末棚卸資産のもつ重要性が，貸借対照表目的のための現在価値の証拠としての意義を上回るものといえると述べている（Paton [1922b] p. 436）。
（9）同様の指摘が Paton [1922b] においてもみられる。彼によれば，「期末棚卸資産残高は純利益及び財政状態に影響を与えるため，棚卸実務に関して最も綿密な吟味が必要となり，また，合理的かつ正確な原則や手続の採用が要求されるのである。とくに，所得や利益に対して高率の租税が課される時代には，棚卸過程全体が関係者すべてにとって最も重要な関心事であった」(Paton [1922b] p. 432)。
(10) 原価と収益の特定的一致とは，費用と収益の対応を意味するものと解される。
(11) 純利益テストの特徴として，損益計算書に基づく当期の収益と費用の比較による利益計算を第一義的な目的とすること，そして，原則として評価を認めず，原価主義に基づいていること（そのため，実現利益テストとも呼ばれる）をあげることができる（津守 [1962] pp. 10-11）。
(12) Brown [1971] では，その他の外的要因として実体理論と継続企業の公準，物価水準の変動，投資者的観点の出現などがあげられている (pp. 48-57)。
(13) Ashdown [1922] では「変換 (conversion)」を使用している。これは，当時において "conversion" が広義に用いられており，「換算 (translate)」があまり用いられていなかったことによる (Chinlund [1936] pp. 118-121)。Ashdown [1922] における "conversion" は，現在の "translate" とほぼ同意義であることから，本書では換算を訳語として用いることにする。
(14) Ashdown [1922] では，その考察対象に本店と支店が含まれている。

第5章　貨幣・非貨幣法に関する Hepworth 学説の検討

1　はじめに

　貨幣・非貨幣法とは，在外子会社の貨幣性資産及び負債を CR により換算し，非貨幣性資産及び負債を HR により換算を行う方法である。損益計算書項目については，それぞれの事業活動期間に適切な平均レートあるいは，全報告期間にわたる加重平均レートにより換算が行われる。

　第3章において述べたように，この貨幣・非貨幣法は，流動・非流動法の問題点を解消するべく Hepworth [1956] において提案された換算方法である。そして，その後，貨幣・非貨幣法は，NAA の調査報告書第36号（NAA [1960]）において実務的見地からも支持され，そして AICPA の APB 意見書第6号（AICPA [1965]）において承認されていくことになる。

　そこで本章においては，Hepworth [1956] が貨幣・非貨幣法を提案した背後に想定されている会計思考と換算思考について検討することにする。この検討を行うにあたり，貨幣・非貨幣法が貨幣性項目と非貨幣性項目という区分に従い換算レートを使い分ける方法であることから，貨幣・非貨幣の区分が測定属性との関連性においていかなる意味をもつのかについて考察を行うことによって，その背後にある会計思考を抽出する。続いて，外貨表示財務諸表項目に対してある特定の会計思考のもとに規定された測定属性と当該項目に用いる換算レートとの関連性，及び換算差額の考え方を検討することから，その背後に想定されている換算思考を明らかにする。

2 貨幣・非貨幣の区分の意義

貨幣・非貨幣法は，貨幣性項目と非貨幣性項目という区分に従い用いる換算レートを使い分ける換算方法である。そこで本節においては，貨幣・非貨幣の区分が資産評価という観点から，いかなる意味をもつのかについて考察を行う。

なお，この貨幣・非貨幣法が提案され承認されるに至る期間は，会計思考について，大きな変化が生じた期間といわれている。つまり，1930年代の初期に起こったといわれている財貨思考から貨幣思考への会計思考の移行が完結した期間である。しかも，この移行は，1936年を端緒とするAAAにより公表された一連の会計原則及び，AAAのモノグラフとして1940年に公表された『会社会計基準序説』(Paton and Littleton [1940]) を通じて認めることができる。

そこで，まず，Hepworth [1956] により貨幣・非貨幣法が提案され，それが，承認されるまでの期間において論じられた資産概念及び利益概念に着目して，その背後にある会計思考について考察するとともに，貨幣・非貨幣の区分の意義について検討することにする。

2.1 資産概念・利益概念とその背後にある会計思考

2.1.1 Paton and Littleton [1940] の検討

Paton and Littleton [1940] では，資産の定義とその測定属性について，次のように述べている。そこでは，まず，費用とは現在の収益に対応する賦課分であり，次期以降の収益に対応する賦課分（未償却原価）が資産になると説明されている。すなわち，資産の本質は，将来の費用であり，投下過程の支出（取得原価）に規定されることになる。ところが，その一方で，将来の費用として説明することが困難である項目として貨幣性資産（money resources）（例えば，現金，受取債権など）の存在を認めている（Paton and Littleton [1940] pp. 25-26）。

というのも，貨幣性資産は企業の流動資金を示すものであり，また認識され

た収益中回収過程にあるものを含んでいるからである（Paton and Littleton [1940] p. 26）。このように，貨幣性資産について収益要素との関係には言及しているが，とくにその費用性を肯定するような文言は見受けられない（中島訳 [1953] p. 74, 注7）。したがって Paton and Littleton [1940] においては，資産を定義し，資産の本質を費用として一元的に説明しようと試みてはいるものの，現金，受取債権などの資産項目については無理が生じることから，将来費用となる費用性資産（あるいは非貨幣性資産）と貨幣性資産との2区分が行われているといえる。また，ここでは，利益（または純利益）は，費用及び収益の合計の正味差額と捉えられている（Paton and Littleton [1940] p. 12）。

このように，Paton and Littleton [1940] では，資産を原価に基づいて定義するとともに，資産を支出（取得原価）に規定される投下過程にある資産と，収入（回収可能額）に規定される将来の回収過程にある資産とに2区分していること，また，利益を収益と費用の差額として捉えていることから，その背後に貨幣思考が想定されていると思われる。

2.1.2　3つのAAA会計原則の検討
① AAA [1936] の検討

AAAにより1936年6月に公表された『会計報告諸表会計原則試案』（AAA [1936]）では，資産の定義及びその測定属性について，明確な記述はみられないものの，次のような記述を見出すことができる。すなわち，それは「受益的所有権に関して相当の変化が生じた場合には，原価は現金支出額によって測定される」（AAA [1936] par. 2）というものである。

この文言について中島省吾教授は，この試案において「取得原価額の測定に関係するのは，この項のみである。それにしては表現内容も貧弱かつ不明確であり，また用語も不適切であると言わざるを得まい」（中島訳編 [1964] p. 99, 訳注17）と指摘している。

また，ここでは，利益概念について，「ある特定の期間の損益計算書は正当な会計的認識を経たすべての収益と，その期間中に費用として認識されたすべ

ての原価を，その期間の営業活動の結果であるかどうかにかかわらず，すべて示すべきである」（AAA［1936］par. 8）と述べている[1]。

② AAA［1941］の検討

AAAにより1941年6月に公表された『会社財務諸表会計原則』（AAA［1941］）では，資産の定義及びその測定属性について，次のような記述がみられる。

「企業の生産要素及びその他の諸財は，取得の時期においては，現金または現金同等物を基礎とする，発生原価額あるいは投下された資金額によって測定され，それ以後の時期においては，営業活動やその後の他の事象による影響を考慮した上での発生原価残高あるいは投下資金残高により測定される」（AAA［1941］p. 134）。

また，利益概念については，次のような記述がみられる。

「収益は，現金または現金同等物を基礎とする企業の生産物，財あるいは役務の実現し得る価値によって測定される」（AAA［1941］p. 136）。
「利益は，実現された収益を原価原則に従って，消費された原価に対応させることにより測定される」（AAA［1941］p. 136）。

③ AAA［1948］の検討

AAAにより1948年10月に公表された『会社財務諸表会計諸概念及び諸基準』（AAA［1948］）では，資産の定義及びその測定属性について，次のような記述がみられる。

「資産すなわち企業の経済的諸財は，有形・無形の財産上の権利である。有用な財務諸表は，ある企業の資産の起源及び処分を，その資産の取得時に確定され記録された原価によって報告する。…原価の決定を利用可能な客観的証拠に基づいて行うことが必要である。その証拠は，資産が『購入』される場合には，現金支出額に見出される」（AAA［1948］p. 340）。

また，利益概念については，次のような記述がみられる。

「収益は，資産が移転され，役務が行使され，あるいは企業の財がもう一方の当事者により利用され，それと同時に資産の取得あるいは債務の減少を伴う場合に認識される」（AAA［1948］p. 341）。
「費用は，資産原価あるいはその一部で，利益の測定にあたって収益から

控除されるべき額である」(AAA [1948] p. 341)。
「企業の利益は，収益が費用を超える額により測定された正味資産増加分である」(AAA [1948] p. 340)。

このように，AAAにより公表された3つの会計原則において，資産は「原価」との関連において定義され，利益は，収益と費用の差額として定義されているのである。したがって，上記の3つの会計原則においては，貨幣思考がその背後に想定されているといえる。

2.1.3　AIAの会計用語公報の検討

AIAにより1953年8月から1957年7月にかけて公表された『会計用語公報』(AICPA [1961]) では，資産の定義及びその測定属性について，次のような記述がみられる。

「資産という用語は，財産と同義語ではなく，また財産に限定されるものでもない。それはまた，発生した原価または費用のうち一定日における帳簿の締切の際に，適正に繰り越される部分も含んでいる」(AICPA [1961] No. 1 par. 26)。

また，利益概念については，次のような記述がみられる。

「収益は，財貨の販売及び用役の提供から生じるものであり，得意先等に供給した財貨及び用役の対価として，彼らに請求する代金により測定される」(AICPA [1961] No. 2 par. 5)。
「費用は，収益から控除することのできる一切の費消した原価を意味する」(AICPA [1961] No. 4 par. 3)。
「利益は，純額または部分的な純額概念であって，収益または営業収益から売上原価，その他の諸費用，及び損失の全部または一部を控除した金額を意味する」(AICPA [1961] No. 2 par. 8)。

このように，AIAにおいてもAAAの会計原則と同様に，資産は「原価」との関連で定義され，現金収支により測定されることが主張されている。また，利益は，収益・費用の定義を基点として，収益と費用の差額として定義されている。このことから，当時のAIAによる『会計用語公報』においては，貨幣思考がその背後に想定されていたといえる。

2.2 貨幣・非貨幣の区分の意義

　それではなぜ，貨幣性資産と非貨幣性資産とは異なる測定属性をもつことになるのであろうか。これは，期間損益計算に起因すると考えられる。土方 [1998] によれば，期間損益計算に重きを置く会計理論においては，企業の設立から解散に至る期間を一事業年度とする全体計算上，すべての収入は収益と等しく，すべての支出は費用となるため，収支計算と損益計算は一致することになる。しかし，期間計算においては，収入と収益，支出と費用の期間的ズレが生じる。このズレから当該期間に解消し損益計算に算入していく項目（解消項目）と未解消項目とに区分され，そして，解消項目は損益計算書に，未解消項目は貸借対照表に収容されることになる（土方 [1998] pp. 52-76）。

　この考え方に立つと，資産には，①支出・未費用項目（商品・建物など），②支出・未収入項目（預金・貸付金など），③収益・未費用項目（自家製の固定資産・半製品など），④収益・未収入項目（売掛金・未収収益など），⑤支払手段（現金）が含まれることになる。そして，①支出・未費用項目[2]は費用として解消されるのに対して，②支出・未収入項目と④収益・未収入項目ならびに⑤支払手段（現金）は収入として解消される。言い換えると，前者は，将来「費用」として解消されることから，費用性資産として分類されるのに対して，後者は将来「収入」として解消されることから貨幣性資産として分類されることになる（土方 [1998] pp. 82-83）。

　このように，資産は，将来におけるその解消関係から貨幣性資産と非貨幣性資産（費用性資産）とに区分されることになる。しかも，この解消関係の相違は，投下資金の機能する形態の相違として捉えることができる。つまり，ここにおいて，企業活動は貨幣増殖活動，具体的には，貨幣資金の循環過程「投下待機中の貨幣→財貨・用役→回収された貨幣」として現出するのである。このような循環過程が，調達過程及び払出過程にある場合を除けば，主として，貨幣資金の投下過程と貨幣資金の回収過程の2つから成り立っていることから，貨幣・非貨幣の区分は行われる（井上 [1995a] pp. 82-84）。

すなわち，企業活動を貨幣資金の循環とみる場合には，当初の投下待機中の貨幣（資産）と投下後回収された貨幣（資産）はともに貨幣の形態を有していることから貨幣性資産として，また財貨・用役の過程にある資産は貨幣が投下されて未だ回収過程に入っていないことから非貨幣性資産として区分されることになるのである（井上 [1995a] pp. 73-75）。しかもそこでは，非貨幣性資産は投下された資金額（現金支出）で表わされ，貨幣性資産は回収可能額（現金収入）で表わされることになる。

　したがって，貨幣性資産が回収可能額を，非貨幣性資産が取得原価をその測定属性としてもつのは，解消関係の相違，すなわち投下資金の機能する形態の相違に起因すること，そして，かかる相違が企業活動を貨幣資金の循環とみなして期間損益を計算する構造上から生じるものであることがわかる。言い換えると，貨幣・非貨幣の区分は，貨幣思考に基づく認識・測定構造上から生じる相違として，その意味を有しているのである。

　以上のことから，貨幣思考では，企業活動を貨幣資金の循環過程と捉え，資産は貨幣資金の投下過程にある場合（非貨幣性資産）とその回収過程にある場合（貨幣性資産）とに区分されるとともに，その測定属性として前者については取得原価（現金支出）が，後者については回収可能額（現金収入）が採用されることがわかる。

3　Hepworth [1956] の背後にある会計思考と換算思考

　Hepworth [1956] の公表当時，通貨の交換性の制限や為替制限のような政府による規制が行われていたこと，対外投資額の増加に伴う海外活動に関する報告の重要性が増大してきたことを受けて，Hepworth は「在外子会社への投資に関連する主要な問題領域について探求し，現状に合致し，かつ，理論的にGAAPに適合した会計手法及び報告手法を示すこと」（Hepworth [1956] p. iv）を目的として，貨幣・非貨幣法を提案している。

3.1 Hepworth [1956] における流動・非流動法批判

　Hepworth [1956] では，流動・非流動法に対して，次のような批判を行っている[3]。流動・非流動法の有する1つの問題点は，流動資産というのが簡便な定義であり，完全に同質の項目の集合体を表わしていないという事実に起因する点にあるとする。その理由は，原初記録された通貨単位とは異なる通貨単位によって，資産・負債の適正な価値を表わすという問題を，外貨換算では本質的に取り扱うためであり，ここにおいて重要なのは貨幣価値（money-values）であると主張されている（Hepworth [1956] pp. 8-9）。そして，そのような観点により行われる区分は，明確に定義された貨幣価値により表示されているものと，潜在的通貨価値（potential currency value）により表示されているものとの区分であるとし，とりわけ後者については，基本的には過去の貨幣支出により評価されるが，特別の状況のもとにおいては貨幣収入に基づき見積もられた価値によって評価される場合もあることが指摘されている。ここでいう特別の状況とは，棚卸資産に対して低価基準を適用した場合に時価へと評価替えされたような場合を指している。しかも，Hepworth [1956] では，低価基準適用後の測定属性は「正味実現可能価値」として解釈されており，ARB第43号の第4章における「取替原価」としての解釈とは異なっている[4]。

　また，流動・非流動法の有するもう1つの問題点は，負債の性質という点からみると，流動負債と固定負債の間には基本的差異が認められないにもかかわらず，それを区分して換算する点にあるとする（Hepworth [1956] p. 9）。

　このように，Hepworth [1956] では，流動・非流動法が基礎を置いている区分が資産及び負債の性質の相違に対応していないことに，この方法の問題点を見出しているといえる。そして，この批判を解消するべく彼は，貨幣価値の観点より資産及び負債を区分（すなわち，貨幣性項目と非貨幣性項目とに区分）し，それに基づいて換算を行う貨幣・非貨幣法を提案するのである[5]。

3.2 Hepworth [1956] により提案された貨幣・非貨幣法

Hepworth [1956] では，換算後財務諸表は，その当時に存在しているGAAPに準拠した結果に適合すべきことが要請されており，それを満たす換算方法が提案されている (p. 7)。彼はまず，主要な会計原則において資産に関する評価原則として，次の測定属性が認められていることを指摘している (Hepworth [1956] p. 9)。

流動資産（棚卸資産等を除く）には，現金あるいは短期の受取債権などが含まれ，それらは確定した現金価額（将来の現金収入額）をもつことから，正味実現可能価値という測定属性をもつ。棚卸資産や固定資産については，過去の現金支出額で測定されることから，取得原価という測定属性をもつことになる。前者は貨幣価値項目（以下，資産に着目して議論を進めることから，貨幣性資産という），後者は非貨幣価値項目（以下，非貨幣性資産）と呼ばれ，Hepworth [1956] では，この点が換算を行うにあたり為替レートを決定する重要なメルクマールとなる (pp. 9-10)[6]。つまり，現在または将来の外国通貨による金額（収入額）が固定されている貨幣性資産については，換算後においても現金収入同等額を表わすためにCRで換算することが主張されている。それに対して，過去の支出額（取得原価）を測定属性とする非貨幣性資産については，換算後においても現金支出同等額を表わすためにHRで換算することが主張されているのである[7]。

なお，棚卸資産についてHepworthは，低価基準を適用した場合，決算時において評価替えされた棚卸資産の測定属性は本来正味実現可能価値という測定属性をもつことになるが，測定可能性の観点より，主な会計原則ではそれに代わって取替原価という測定属性が付されていると説明する。このように，彼は，基本的には低価基準を認めないという立場であるが，GAAPとの関係上，特異な場合としてそれを取り上げるのである。そして，このように低価基準を用いた場合の非貨幣性資産は，本来は将来の収入額を意味する測定属性，すなわち正味実現可能価値（回収可能額）によって表わされることから，それは貨

幣性資産と類似する性質をもつものとして CR で換算されることが提案されている（Hepworth［1956］pp. 20, 25）。

3.3 Hepworth［1956］の背後にある会計思考

Hepworth［1956］において，資産は，現金収入に基づく測定属性をもつのか，それとも現金支出に基づく測定属性をもつのかにより，貨幣性資産と非貨幣性資産とに区分されている。そして，この区分に依拠して，換算レートは換算後において現金収支同等額を表わすように決定されている。

Hepworth［1956］における資産に対する測定属性の捉え方を整理するにあたり，FASB により1976年に公表された『1976年討議資料』（FASB［1976］）における測定属性の整理を援用することにする（図表1-3参照）。

前述したように，Hepworth［1956］では，貨幣性資産は正味実現可能価値を測定属性にもち，非貨幣性資産は取得原価を測定属性にもつとされている。そこで，『1976年討議資料』に依拠して，Hepworth［1956］においていわれている測定属性の性質を捉えると，正味実現可能価値は，将来・払出価値・期待という3つの性質を，取得原価は，過去・受入価値・実際という3つの性質をもつことになる。

この2つの測定属性は，①時間，②取引の種類については異なるが，③事象の性質については類似している。というのは，③事象の性質としてあげられている実際・期待と仮定とは，その本質が大きく異なるからである。期待される価格とは，将来予測が正確であれば，実際の取引価格と一致するものであるのに対して，仮定された価格とは，ある取引が現在において生じると仮定した場合の価格であり，偶然の一致を除き，実際の取引価格とは一致し得ないものである。したがって，Hepworth［1956］では，実際に取引が行われた，あるいは行われることが予定されている価格，すなわち，現金収支に基づいた属性を資産の測定属性として想定しているといえる。

また，Hepworth［1956］の第2章における例示において，まず，換算後損益計算書において収益と費用の差額として純利益を算出し，その後，換算後貸

借対照表上における期首と期末の純資産の変動分として総利益を算出している。そして，純利益と総利益との差額として為替差損益を算出し，純利益と為替差損益を区分して表示する必要性を述べている (Hepworth [1956] pp. 36-63)。

このように，Hepworth [1956] では，資産の測定属性を現金収支に基づいて規定する，つまり，資産を貨幣資金の回収過程に関連する測定属性をもつ貨幣性資産と，貨幣資金の投下過程に関連する測定属性をもつ非貨幣性資産とに区分して捉えるとともに，収益と費用の差額に基づいて純利益を算定していることから，貨幣思考に基づく認識・測定構造をその背後に想定していることがわかる。そしてこのことから，Hepworth [1956] は，貨幣思考に基づく認識・測定構造から生じる測定属性の相違による貨幣・非貨幣の区分に理論的根拠を置く換算方法として，貨幣・非貨幣法を提案したといえるのである。

3.4 Hepworth [1956] の背後にある換算思考

3.4.1 資産評価の観点

既に指摘したように，Hepworth [1956] は，当時の基準 ARB 第43号 (AIA [1953]) において採用された流動・非流動法に従った場合，換算後の数値が資産及び負債の適正な価値を表わさないことを問題としている。そのことから，彼は，換算後の本国通貨建財務諸表と米国 GAAP (評価原則) との整合性を重視し，そのような観点から換算を行うことを提案している。

Hepworth [1956] における貨幣・非貨幣法では，まず，資産を貨幣性資産と非貨幣性資産とに区分し，その後，前者は貨幣資金の回収過程に関連する測定属性，後者は貨幣資金の投下過程に関連する測定属性をもつことから，このような貨幣・非貨幣の区分に理論的根拠を置き，その性質から換算に用いる為替レートを決定している。つまり，ここでは，①貨幣資金の回収過程にある資産 (貨幣性資産) は将来の収入により測定されているために CR で換算が行われるが，②貨幣資金の投下過程にある資産 (非貨幣性資産) は過去の支出により測定されているために HR で換算が行われるのである。

以上のことから，Hepworth [1956] では，貨幣項目・非貨幣項目の区分が，

当時の米国GAAPにおいて規定されている評価原則（測定属性）に基づくものであると考えられていることと，外貨換算方法を提案する際に，本国通貨を測定単位とする変換プロセスと換算を捉えて，測定属性の維持を目的とする第1換算思考が想定されていることが，明らかとなった。

そしてこのことを裏づけるものとして，Hepworth [1956] の外貨表示損益計算書項目の換算に関する次の記述をあげることができる。すなわち，「外貨建収益・費用の換算において最も重要な目的は，個々の収益・費用をその取引の生じた日に米ドルに換算する場合に生じるであろう米ドル建同等額に換算することである」(Hepworth [1956] p. 53) と述べられている。

3.4.2 換算差額の観点

続いて，Hepworth [1956] において，換算差額がどのように捉えられているのかについて考察する。

Hepworth は，貨幣・非貨幣法により貸借対照表項目及び損益計算書項目を換算した結果に基づいて，為替差損益が算出されることを指摘している (Hepworth [1956] p. 53)。この点に着目すれば，Hepworth [1956] では，貨幣思考のもとで本国通貨を測定単位とする変換プロセスと換算を捉えて，測定属性の維持を目的とする第1換算思考に基づいて導き出された換算方法（貨幣・非貨幣法）の結果として，換算差額が捉えられているに過ぎない。

ところが，Hepworth [1956] では，為替差損益は，外国通貨で約定された外貨建資産及び負債（例えば，現金，受取債権，支払債務）の米ドル価値における変動を表わしたものであると説明が加えられている (Hepworth [1956] p. 53)。さらに，「在外子会社の経営成績を明確に評価するためには，事業活動から生じる為替差損益と，外国通貨の対米ドル価値の変動から生じる為替差損益とを区別して算出することが不可欠である。外国通貨の対米ドル価値の変動から生じる為替差損益は，親会社が事業活動を行うのと異なる通貨で事業活動を行う際に生じる固有のリスクの結果であり，在外事業活動から生じる全体の為替差損益の一部である。しかし，外国通貨の対米ドル価値の変動から生じる為

替差損益は，在外事業活動から生じる為替差損益と，経営統制や経営責任という点において異なるため，合理的に洗練された方法でその大きさ（magnitude）を決定する必要性がある」(pp. 53-54) とする。

この記述に着目すれば，Hepworth [1956] では，為替レート変動の影響を認識するプロセスと換算を捉えて，在外子会社の各財務諸表項目に対する為替リスクの測定を目的とする第3換算思考を想定していると考えることができる[8]。

この2つの換算目的について，彼は順位をつけることにより整理を行っている。つまり，一次的な換算目的として，評価原則（貨幣項目・非貨幣項目の区分）に従い外貨表示財務諸表項目の測定属性を維持するべく換算を行うこと（第1換算思考）を，二次的な目的として，その結果として生じる換算差額（貨幣項目の純額がいかに為替レート変動の影響を受けたのか）を換算後財務諸表上に計上（反映）すること（第3換算思考）を意図するとされているのである。

このように，Hepworth [1956] では，順位づけを行うことによって同時に2つの換算目的（第1・第3換算思考）を意図し，それらの両目的を同時に満たす外貨換算方法として貨幣・非貨幣法を提案しているのである。

以上要するに，Hepworth [1956] では，第2章において明らかにしたように，貨幣思考のもとで第1換算思考に基づいて導き出された換算方法により換算した結果として生じる会計エクスポージャーが，第3換算思考において想定されているのである（図表2-6参照）。つまり，Hepworth [1956] では，為替リスクとして会計エクスポージャーの測定を目的とする換算目的のもと，会計エクスポージャーとして貨幣性項目において生じる通貨リスクが，財務諸表に反映されることになる。

4 おわりに

本章では，Hepworth [1956] が貨幣・非貨幣法を提案した背後に想定されている会計思考と換算思考について検討してきた。そしてかかる検討を行うにあたり，貨幣・非貨幣法が貨幣・非貨幣の区分に従う換算方法であることから，

この区分が，測定属性との関連性においていかなる意味をもつのかということについて，また，外貨表示財務諸表項目における測定属性と当該項目に用いられる換算レートとの関連性，及び換算差額の捉え方について考察を行った。

その結果，Hepworth [1956] において貨幣・非貨幣法が提案された当時に展開されていた資産概念及び利益概念について，Paton and Littleton [1940]，AAA の一連の会計原則及び AIA の『会計用語公報』において，資産は「原価」と関連づけて定義されており，しかも現金収支に基づいて測定されること，また，利益は収益・費用の定義を基点として，収益と費用の差額として定義されていることが明らかとなった。よって，ここにおいては，会計思考として貨幣思考に基づく認識・測定構造が想定されていることが明らかになった。

さらに，貨幣思考のもとでは，企業活動は貨幣資金の循環過程と捉えられるため，資産は貨幣資金の投下過程にある場合（非貨幣性資産）とその回収過程にある場合（貨幣性資産）とに区分されるとともに，その測定属性として前者については取得原価（現金支出）が，後者については回収可能額（現金収入）が採用されることになるため，貨幣・非貨幣の区分はそこにおける測定属性の相違を表わすものとして意味を有していることが明らかとなった。そしてこのことから，Hepworth [1956] は，貨幣思考に基づく認識・測定構造から生じる測定属性の相違による貨幣・非貨幣の区分に理論的根拠を置く換算方法として，貨幣・非貨幣法を提案したといえるのである。

また，Hepworth [1956] は，上記において規定されている測定属性を維持することを重要な換算目的としていることから，換算思考として，基本的には本国通貨を測定単位とする変換プロセスと換算を捉えて，測定属性の維持を目的とする第1換算思考を想定していることが明らかになった。あわせて，二次的ではあるが，そこにおいて為替レート変動の影響を認識するプロセスと換算を捉えて，在外子会社の各財務諸表項目に対する為替リスクの測定を目的とする第3換算思考が想定されていることが明らかとなった。

以上のことから，Hepworth [1956] では，会計思考として貨幣思考を，換算思考として，基本的には第1換算思考を，二次的には第3換算思考を同時に

注　115

想定していることが明らかになった。よって，Hepworth [1956] は図表 2 - 7 に示した「仮説Ⅰ」に基本的に該当するとともに，二次的に「仮説Ⅰ′」にも該当するものといえるのである。

（1）これは，包括主義的損益計算書形式を主張しているものと考えられる（中島訳編 [1964] p. 100, 注25）。
（2）ただし，③収益・未費用項目は，経営内部における「収益」であるにすぎず，本来なら支出が見込まれたはずであることから，①支出・未費用項目として収容されることになる（土方 [1998] p. 62）。
（3）一般的に，貨幣・非貨幣法は，流動・非流動法の問題点のうち一部を解消する方法であるといわれている。というのは，流動・非流動法では，棚卸資産は流動資産であることから CR で換算が行われるため，未実現の換算差額を棚卸資産の評価額に直接反映させることになり，結果として取得原価主義会計に反することになるのに対して，貨幣・非貨幣法では，かかる項目が非貨幣性資産であることから HR で換算を行うため，そのような結果を生じさせないからである。また，流動・非流動法では，長期の受取債権及び支払債務は非流動項目であることから HR で換算が行われるため，性質の類似する短期の受取債権及び支払債務と異なる換算手続が採用されることになるのに対して，貨幣・非貨幣法では，類似する性質をもつ受取債権及び支払債務は，長期と短期の区別にかかわらず，ともに CR で換算が行われるからである。
（4）ARB 第43号の第 4 章では，低価基準は「棚卸資産支出の残留する有用性を測定するための尺度を提供することを意図したものである。…一般的な指針をいうならば，この有用性は，当該財貨を現時点で購入あるいは再生産により獲得する際の取替原価によって表わされる」（AIA [1953] Ch. 4, par. 9）とされている。
（5）なお，Hepworth 自身が指摘しているように，貨幣・非貨幣法は，Hepworth [1956] が公表されるより以前に，英国において Baxter and Yamey [1951] により提案されている（Hepworth [1956] p. 10, footnote 11）。
（6）Hepworth [1956] によれば，このような区分は Baxter and Yamey [1951] において貨幣価値変動の観点により行われた(a)貨幣単位で規定された権利及び義務と(b)貨幣価値が自由に変わる財産という区分に起源があり，これを受けて Hepworth は，(a)明確に定義された貨幣価値により表示されている項目と，(b)潜在的通貨価値により表示されている項目という区分を設けたのである（Hepworth [1956] pp. 9-10）。
（7）このように Hepworth [1956] において，換算レートを決定するにあたり貨幣・非貨幣の区分を用いているが，それを外貨建項目の測定属性を換算後に維持するためであるというように解釈すれば，テンポラル法は貨幣・非貨幣法を理論的に展開させた換算方法であるという一般見解を肯定することができる。
（8）Hepworth [1956] において，第 3 換算目的が想定された理由に，Baxter and Yamey [1951] の影響があったと考えることができる。詳しくは，井上 [2006] を参照されたい。

第6章　テンポラル法に関する Lorensen 学説の検討

1　はじめに

　テンポラル法とは，外貨表示財務諸表項目のもつ測定属性と一致する時点の為替レートを用いて換算する方法である。つまり，外貨表示財務諸表上，取得原価を測定属性としてもつ項目は換算後に本国通貨建の取得原価を表わすように HR で換算を行い，その一方で現在あるいは将来の時点性をもつ測定属性により計上されている項目は CR で換算を行うのである。また，損益計算書項目は，原則的にその基礎となる取引が生じた時点の為替レート（HR）で換算される。このように，テンポラル法は，外貨表示財務諸表における項目の測定属性，とりわけその時点性に応じて換算レートを使い分ける換算方法といえる。

　第3章で述べたように，テンポラル法は1972年に公表された会計調査研究第12号（Lorensen [1972]）において提案され，その後1975年10月に SFAS 第8号（FASB [1975]）において採用された換算方法である。そこで，本章では，テンポラル法を提案した Lorensen [1972] に着目し，その背後に想定されている会計思考と換算思考について検討することにする。かかる検討を行うにあたり，まず，その公表当時に展開されていた資産評価をめぐる問題を取り上げる。そして，Lorensen [1972] においてかかる資産評価問題がどのように議論され，どのような理論的根拠に基づいてテンポラル法が提案されたのか，また，換算差額がどのように論じられているのかについて明らかにする。

2　資産の定義と測定属性の多様性

　Lorensen [1972] の公表当時，実現概念をはじめ資産の定義及びその測定に

ついて，会計理論上大きな変化がみられた。その契機となったのが，AAAにより1957年10月に公表された『1957年改訂会計原則』(AAA [1957]) である[1]。本節では，『1957年改訂会計原則』の公表を契機とする資産の定義及びその測定をめぐる議論について，それをはじめそれ以後に公表された会計原則としてAICPAにより1962年に公表された『企業会計原則試案』（以下，『1962年会計原則試案』）(Sprouse and Moonitz [1962]) 及び1970年10月に公表されたAPBS第4号 (AICPA [1970]) を取り上げ，資産の定義との関連において資産の測定属性（資産評価をめぐる問題）がどのように論じられているのかについて概説する。

2.1　資産の定義と測定属性

『1957年改訂会計原則』は，米国会計界の公式見解としてはじめて資産の本質を「用役潜在性 (service potentials)」[2]と規定したことで広く知られている（藤井 [1997] pp. 92-93)。そこでまず，『1957年改訂会計原則』をはじめとして，資産の定義との関連において資産の測定属性（資産評価をめぐる問題）がどのように論じられているのかについて概説する。

『1957年改訂会計原則』によれば，資産とは，特定の会計的実体のなかで，企業の諸目的に充用されている経済的資源であり，予定される事業活動に利用可能または有益な用役潜在性の集合体である。また，資産の認識，分類及び測定のための規準は多様である。資産の価値は，その用役潜在性の貨幣同等額であり，概念上，その価額はその資産から引き出し得る用役のすべての流列の将来市場価格を確率及び利子要素によって現在価値に割り引いた金額で表わすことができる (AAA [1957] pp. 538-539)。

しかし，かかる測定は抽象的であることから，そこでは他の実際的方法により測定することが示唆されている。すなわち，資産を貨幣性資産（貨幣または貨幣請求権）と非貨幣性資産（棚卸資産，固定資産など）とに区分し，貨幣性資産は「期待現金受領額」（現金収入）で測定され，非貨幣性資産は「取得原価」（現金支出）で測定される (AAA [1957] pp. 539-540)。

続いて,『1962年会計原則試案』によれば,資産は期待される将来の経済的便益であり,その貨幣価額は,将来に生じる経済的用役力の効益の見積額と結びつけられるべきである」(Sprouse and Moonitz [1962] pp. 20, 23)。そして,資産の一般的測定プロセスとして次の3段階のプロセスが示されている。そのプロセスとは①将来の用役が実際に存在しているかどうかの決定,②存在する用役の量の推定,③推定された用役の量を価格づけるための基準の選択,の3段階である。しかも,用役の量を価格づけるための基準(評価基準)は,過去の交換価格(取得原価:acquisition cost),現在の交換価格(取替原価:replacement cost),将来の交換価格(予想売却価格:anticipated selling price)のなかから選択されることになるとする(Sprouse and Moonitz [1962] pp. 23-24)。

さらに,APBS第4号では,資産とは米国GAAPに準拠して認識,測定される企業の経済的資源であり,その資源は,貨幣価格,すなわち,貨幣と他の資源とが交換され,あるいは交換され得る比率を通じて貨幣により測定される。そして,数種の貨幣価格が市場の種類を基準にして区別され,また時点を基準にして区別される。財務会計上の資源の測定に際しては,4種類の貨幣価格(図表6-2参照)が用いられている(AICPA [1970] pars. 70, 132)。このように,APBS第4号においても,資産の本質は「用役潜在性」に求められ,そして,測定については複数の測定属性が提案されている。

以上要するに,『1957年改訂会計原則』より以前に公表されたAAAの一連の会計原則においては,資産の定義が「原価」に基づいて行われ,その測定属性が現金収支に求められていたのに対して,『1957年改訂会計原則』において資産の定義が「用役潜在性」に基づいて行われたことを契機として,その測定属性は現金収支にとどまることなく,多様性をもつに至ったのである。

2.2 利益概念

津守 [2002] によれば,『1957年改訂会計原則』において資産の定義が「用役潜在性」に基づいて行われたことを契機に,利益概念においても転換がみられるとする (p. 173)。そこでまず,『1957年改訂会計原則』をはじめとして,

財務諸表要素との関連において利益概念がどのように論じられているのかを概説する。

『1957年改訂会計原則』によれば，収益はある期間に企業が顧客に提供した製品または役務の総体を金額で表示したものとして，費用は財または役務の市場への流れ及びそれに関連する業務についての費消済原価で，直接的または間接的に特定の会計期間に関連性をもつものとして述べられている（AAA [1957] pp. 540-541）。そして，実現純利益は，(a)収益とそれに関連する費消原価の差額と(b)資産の売却，交換，その他の転換によってもたらされる当該企業のその他の利得・損失とから生じる正味資産の変動であると定義されている（AAA [1957] p. 540）[3]。

続いて，『1962年会計原則試案』によれば，収益は財貨の生産もしくは引渡しならびに用役の提供に起因する企業の純資産の増加であり，資産の増加額あるいは負債の減少額により生じる。また，費用は収益の創造に際しての経済的用役の使用により生じる純資産の減少であり，財貨の生産とその引渡しならびに用役の提供と結びつく資産の減少額もしくは負債の増加額により測定される（Sprouse and Moonitz [1962] pp. 46, 49）。そして，純利益については，物価水準の変動や追加投資から生じる投下資本額の変動がなく，また所有主へのあらゆる配分がないと仮定した場合の所有主持分の増減であると定義される（Sprouse and Moonitz [1962] p. 45）。

さらに，APBS 第4号では，収益とは，所有主持分を変動せしめ得るような企業の利益指向的活動からもたらされ，GAAPに準拠して認識・測定された資産の増加総額あるいは負債の減少総額をいい，費用とは，所有主持分を変動せしめ得るような企業の利益指向的活動からもたらされ，GAAPに準拠して認識・測定された，資産の減少総額あるいは負債の増加総額をいうとする（AICPA [1970] par. 134）。そして，純利益とは，一会計期間における収益が費用を超過する額のことであり，それはGAAPに準拠して認識・測定された利益指向的活動から生じた一会計期間中の企業の所有持分（資産マイナス負債）の正味増加額であるとする（AICPA [1970] par. 134）。

以上の記述から，個別的論点や文言については若干の相違が認められるものの，AAAの『1957年改訂会計原則』，AICPAの『1962年会計原則試案』，APBS第4号のいずれにおいても，資産の定義は「用役潜在性」に基づいて行われており，その定義からその他の財務諸表要素の定義が導き出されていることがわかる（藤井［1997］p. 74, 津守［2002］p. 175）。要するに，ここにおいて純利益は，資産が定義されることを基点として演繹的に導き出されているのである。

　言い換えると，『1957年改訂会計原則』の公表を契機として，貸借対照表を中心とする利益概念がとられるに至ったといえる（津守［2002］p. 173）。そしてここにおける貸借対照表を中心とする利益概念とは，次のような2つの特徴をもつ。すなわち，第1の特徴は，「資産の定義→負債の定義→持分→純利益」というように，資産の定義を基点にしてその他の財務諸表要素の定義を演繹的に導き出す点であり，第2の特徴は，純利益を資産と負債の変動の差額として計算する点である（津守［2002］p. 175）。

2.3　資産の定義と測定の二元化

　『1957年改訂会計原則』の公表を契機として，資産の定義は「用役潜在性」に基づいて行われているが，その測定については多様性がみられる。つまり，『1957年改訂会計原則』では，資産を用役潜在性に基づいて定義し，概念上は資産を，「かかる資産から引き出し得る用役のすべての流列の将来市場価格を確率及び利子要素によって現在価値に割り引いた金額（将来キャッシュ・フローの現在価値）」（AAA［1957］p. 539）として直接的に測定することが企図されている。しかし，この測定は抽象的であることから，他の実際的方法により測定することが示唆されている。すなわち，資産を貨幣性資産（貨幣または貨幣請求権）と非貨幣性資産（棚卸資産，固定資産など）とに区分し，それぞれに対して異なる測定を行うことが提案されているのである。そしてそこでは，貨幣性資産は「期待現金受領額」で測定し，非貨幣性資産は「取得原価」で測定することが提案されている（AAA［1957］pp. 539-540）。

このように,『1957年改訂会計原則』では,一元的な資産の定義を行い将来キャッシュ・フローの現在価値による測定が企図されている一方で,実行可能性の観点より多様な測定方法が容認されていることがわかる(AAA [1957] pp. 539-540)。つまりここでは,資産の定義と測定について二元化して捉えられているのである。そして,このような傾向は,『1962年会計原則試案』及びAPBS第4号においても同様に認められる。

3 Lorensen [1972] におけるテンポラル法提案の経緯

3.1 Lorensen [1972] による貨幣・非貨幣法批判

まず,Lorensen [1972] において,貨幣・非貨幣法のいかなる点が批判され,テンポラル法が提案されるに至ったのかについて考察することにする。

貨幣・非貨幣法に対する第1の批判点としては,貨幣性資産と非貨幣性資産の両方の性質を有する財務諸表項目[4]があることから,かかる項目を貨幣・非貨幣の区分により分類することが困難である点が指摘されている (Lorensen [1972] pp. 33-34)。

第2の批判点としては,非貨幣性資産が複数の基準(例えば,取得原価,取替原価,正味実現可能価値等)で測定されるため,すべての非貨幣性資産をHRにより換算することに無理がある点が指摘されている。また,これに関連して,決算時に評価替えされた棚卸資産(非貨幣性資産)を貨幣性資産として分類すること自体についても批判がなされている。というのは,測定属性の変化がこれらの項目の性質に変化をもたらすものではないからである (Lorensen [1972] pp. 34-35)。

第3の批判点としては,換算レートを決定するために,換算前の測定属性が換算後に維持されることを要請するような規準として,貨幣・非貨幣の区分に代わる規準が必要である点が指摘されている (Lorensen [1972] pp. 33-35)。

このようにLorensen [1972] では,まず,資産の測定属性が貨幣・非貨幣

の区分により決定されるのではないことを指摘することによって，貨幣・非貨幣の区分に基づいて換算レートを決定する方法（貨幣・非貨幣法）を批判する。続いて，外貨建項目の測定属性を換算後に維持するように換算レートを決定するにあたり，貨幣・非貨幣の区分に基づかない新たな規準の必要性を述べ，そしてその結果として，これらの批判点を解消する方法としてテンポラル法が提案されている。

3.2 テンポラル原則

続いて，Lorensen [1972] において，テンポラル法がどのように導き出されたのかについて考察することにする。

Lorensen は，「財務会計の本質は測定過程である」（AICPA [1970] par. 120）という APBS 第 4 号からの引用をもとに，有用な計算を行うためには同一の単位によって表現された測定値に基づく必要があり，異なる単位で表現された測定値は単一の単位（本国通貨である米ドル）へと変換されなければならないことを強調する。その上で彼は，換算とはこの本国通貨である米ドルへの「測定単位の変換プロセス（measurement conversion process）」であると定義するとともに，この定義から換算により外貨表示財務諸表が作成されるにあたって用いられた会計原則を変更してはならないという命題を導き出すのである（Lorensen [1972] pp. 10-11）。そして，この命題を肯定する形で「テンポラル原則（temporal principle）」が提示されている。

テンポラル原則とは，在外子会社の事業活動が生じた各時点，つまり各取引が生じた時点に測定された属性（測定属性）を変更しないように換算することを要請する原則である。具体的には「貨幣及び約定額で表示されている受取債権及び支払債務は，CR で換算されるべきであり，貨幣価格で測定された資産及び負債は，その貨幣価格が属する日の為替レート（つまり，HR―筆者挿入）で換算されるべきである」（Lorensen [1972] p. 19）というように，いかなる項目にいかなる為替レートを用いて換算を行うのかを表わしたものである。

また，このテンポラル原則は，「公正価値原則（fair value principle）」と「米

ドルに対する支配力（command over U. S. dollars）」原則という2つの下位原則に支えられているとされる。公正価値原則とは，外貨建価格で測定されている資産及び負債を本国通貨建価格に換算する原則である。具体的には，その換算対象として外貨表示財務諸表上に報告されている非貨幣性項目が想定されている。しかも，そこでは，APBS第4号において定義されている「公正価値原則」[5]が引用され，貨幣及び貨幣請求権と交換されずに取得された項目について，かかる交換が行われた場合に生じるだろう価格をもってその交換価格とするとされている。さらに，米ドル（本国通貨）建の貨幣及び貨幣請求権と交換されない取引に関しても，APBS第4号の「公正価値原則」に基づいてその場合に生じるだろう本国通貨建の交換価格を概算することが提案されている。なお，その際の本国通貨建の交換価格は，想定された外貨建価格に交換日の為替レートを乗じることにより概算されるとする（Lorensen [1972] pp. 16-17）。

これに対して，「米ドルに対する支配力」原則とは，外貨建価格で測定されていない資産及び負債を本国通貨建価格（価額）に換算する原則である。具体的には，その換算対象として外貨表示財務諸表上における現金項目と約定額で表示されている外貨建受取債権及び支払債務（貨幣性項目）が想定されている（Lorensen [1972] p. 18）。というのも，貨幣性項目の属性は，取得された数量あるいは約定した数量に依存していることから測定属性を維持しながら換算することはできないため，当該項目を換算するには公正価値原則以外の原則が必要となるからである。そして，本国通貨表示財務諸表の観点から最も重要な外国通貨の属性は，その外国通貨のもつ「米ドル（本国通貨）に対する支配力」であり，そのことから，貨幣性項目について「米ドルに対する支配力」原則による換算が提案されている（Lorensen [1972] p. 18）。

以上，テンポラル原則を構成する2つの原則が対象とする項目について整理すると，図表6-1のように表わせる。

図表6-1から明らかなように，Lorensen [1972] では，外貨建価格で測定されている項目として外貨表示財務諸表上の非貨幣性項目が想定されており，一方，外貨建価格で測定されていない項目として，貨幣性項目が想定されてい

図表6-1 テンポラル原則を構成する原則の換算対象項目

上位原則	下位原則	換算対象	具体例
テンポラル原則	公正価値原則	外貨建価格で測定されている項目（非貨幣性項目）	棚卸資産，固定資産など
	「米ドルに対する支配力」原則	外貨建価格で測定されていない項目（貨幣性項目）	当座資産など

る。その結果，貨幣・非貨幣の区分を用いない方法として提案されたはずのテンポラル法は，貨幣・非貨幣法と酷似することになる。

それではなぜ，テンポラル原則は，貨幣・非貨幣の区分に類似する結果をもたらすことになる公正価値原則と「米ドルに対する支配力」原則という2つの原則をその下位原則としてもつのであろうか。そこで以下においては，この点に着目して，テンポラル原則を詳細に考察することにする。

4 テンポラル原則の意義

4.1 公正価値原則

図表6-1から明らかなように，公正価値原則とは，外貨建価格で測定されている項目に関する原則であり，その換算対象としては外貨表示財務諸表上に報告されている非貨幣性項目（とりわけ，非貨幣性資産）が想定されている (Lorensen [1972] p. 16)。

この公正価値原則は，APBS第4号において定義されている「公正価値原則」から引用されたものであり，貨幣及び貨幣請求権と交換されずに取得された項目については，かかる交換が行われた場合に生じるであろう価格をもってその交換価格とするとされる (pp. 16-17)。続いて，Lorensen [1972] では，この公正価値原則を援用することにより，米ドル（本国通貨）建の貨幣及び貨幣請求権との交換がなされていない取引に関して，かかる交換取引を想定し，その場合に生じるであろう本国通貨建の交換価格を概算することが提案されて

いる。そして，この本国通貨建の交換価格は，想定された外貨建価格に交換日の為替レートを乗じることにより概算されるとする (p. 17)。具体的には，外貨建の資産及び負債が歴史的原価（取得原価）で表示されている場合には，かかる項目を本国通貨建の歴史的原価で概算するためには，HR で換算する必要性があり，それが取替原価 (current placement price) 及び現在販売価格 (current selling price) で表示されている場合には，かかる項目を本国通貨建の取替原価及び現在販売価格で概算するためには，CR で換算する必要性があるとするのである (Lorensen [1972] p. 17)。

このように，Lorensen [1972] は，外貨建取得原価が換算後において本国通貨建取得原価の同等額となること，外貨建取替原価が換算後において本国通貨建取替原価の同等額となることが，本国通貨表示財務諸表の観点に立った公正価値原則からは望ましいとして，そのような結果をもたらすように換算レートが決定されることを主張するのである。言い換えると，公正価値原則は，外貨表示財務諸表における項目の測定属性に基づいて，換算後の本国通貨表示財務諸表における当該項目の測定属性を特定化する原則である。

第1章において既述したように，会計測定において，個々の取引は，数量 Q と価格 P の積として表現されることから，このことを一般的な形式で表わすと，$Q_i P_{ti}$（第 i 取引）となる。上述の公正価値原則によれば，任意の取引 $Q_i \times P_{ti}$ において，換算レートは，価格の時点性 t_i と整合性をもつように決定されることになる。つまり，換算レートは価格 P_{ti} と同じ時点性をもつ R_{ti} となる。このように，公正価値原則は，外貨建価額 $Q_i \times P_{ti}$ の外貨建価格 P_{ti} の属性に従い，換算後の本国通貨建価額 $Q_i \times P_{ti} \times R_{ti}$ を決定することになる。このことを敷衍すると，低価基準を適用することにより時価（取替原価あるいは現在販売価格）に評価替えが行われた場合には，公正価値原則は，評価替え後の外貨建価額 $Q_i \times P_{tc}$ の外貨建価格 P_{tc} の属性に従い，換算後の本国通貨建価額 $Q_i \times P_{tc} \times R_{tc}$ を決定することになるのである。

4.2 「米ドルに対する支配力」原則

図表6-1に示したように,「米ドルに対する支配力」原則は,外貨建価格で測定されていない項目に関する原則であり,具体的には,外貨表示財務諸表上における現金項目と約定額で表示されている外貨建受取債権及び支払債務(貨幣性項目)がその換算対象として想定されている。そして,これらの項目の属性は,取得された数量あるいは約定した数量に依存していることから,測定属性を維持しながら換算することはできないとし,当該項目を換算するには別の原則が必要となり,それが,「米ドルに対する支配力」原則であるとされる。そして,本国通貨表示財務諸表の観点からみて,最も重要な外国通貨の属性は,その外国通貨のもつ「米ドル(本国通貨)に対する支配力」であるとされる(Lorensen [1972] p. 18)。

このように,外貨表示財務諸表において,外貨建貨幣性項目の数量 Q_i は,外貨建の価格 P_i で測定されるが,本国通貨表示財務諸表においては,この項目の数量 Q_i は,「米ドルに対する支配力」原則により本国通貨建の価格 P'_i を用いて測定されること ($Q_i \times P'_i$) が提案されているのである。

そして,外貨建貨幣性項目を本国通貨建の価格 P'_i により測定するためには,その外貨建の価格 P_i と同一時点の為替レートにより換算が行われなければならない。つまり,$Q_i \times P'_i$ において,本国通貨建の価格 P'_i は,外貨建の価格 P_i に換算レート R_{ti} を乗じたものと等しくなり ($P'_i = P_i \times R_{ti}$),したがって,$Q_i \times P'_{ti}$ は $Q_i \times (P_{ti} \times R_{ti})$ と表わすことができるのである[6]。

しかし,Lorensen [1972] では,この本国通貨建の価格 P'_{ti} の時点として,決算日 t_c が想定されており,そのことから,外国通貨と外貨建受取債権及び支払債務は,CR (R_{tc}) により換算されることが要請されることになるのである。

4.3 公正価値原則と「米ドルに対する支配力」原則の相違

4.3.1 換算過程の相違について

　公正価値原則と「米ドルに対する支配力」原則とでは，まず，想定されている換算過程に相違がみられる。これに関連して，Lorensen [1972] では，「厳密にいえば，換算という用語は，外貨表示財務諸表上に報告される外国通貨と約定額で表示されている外貨建受取債権及び支払債務を米ドル（本国通貨）で測定する際に用いるべきものではない。というのは，米ドルで上記の項目を測定することは，外貨表示財務諸表においてそれらを測定する際に用いた原則とは異なる測定原則を用いることを要請するからである」(p. 18 footnote 12) と述べている。

　公正価値原則では，$Q_i \times P_{ti} \times R_{ti}$（及び $Q_i \times P_{tc} \times R_{tc}$）という換算モデルにおいて，$R_{ti}$（及び R_{tc}）を乗ずる過程が換算過程となり，そのため，換算は測定単位を変換する過程を意味し，外貨表示財務諸表を作成する上で用いられた測定原則を変更するものではない。それに対して，「米ドルに対する支配力」原則では，$Q_i \times P'_{ti} = Q_i \times (P_{ti} \times R_{ti})$ という換算モデルにおいて，本国通貨建の価格 P'_{ti} で測定する過程，すなわち P'_{ti} を乗ずる過程が換算過程となる。つまり，換算は外貨表示財務諸表を作成する上で用いられた測定原則と異なる測定原則を用いることになる。

　しかしながら，Lorensen 自身も認めているように，そこでは便宜的にどちらの過程も換算という用語を用いるとするのである (Lorensen [1972] p. 18 footnote 12)。結局のところ，彼は，換算過程の相違を換算の定義の範囲の問題として捉え，範囲を変えることによりその解決を図ろうとしていると考えることができる。

4.3.2 換算対象の相違について

　公正価値原則と「米ドルに対する支配力」原則とでは，想定されている換算対象項目においても相違がみられる。この相違は，前者における該当項目が外

図表6-2 APBS第4号における4種類の貨幣価格

	過去の価格	現在の価格	将来の価格
調達価格	・歴史的原価 （取得原価）	・取替原価	
売却価格		・売却時価	・正味実現可能価値 ・将来キャッシュ・フローの現在価値 ・使用価値

出所：AICPA [1970] par. 70 を参照して筆者作成。

貨建の価格 P_{ti}（測定属性）により測定されるのに対して，後者における該当項目が数量 Q_i により測定されることに起因している。しかもこの測定属性はAPBS第4号の影響を受けており，公正価値原則において換算対象とされる外貨建非貨幣性項目の価格 P_{ti} は，それに基づいて4種類の貨幣価格から選択されることになるのである。APBS第4号において示されている4種類の貨幣価格については，図表6-2を参照されたい。

「米ドルに対する支配力」原則の換算対象である受取債権及び支払債務は，APBS第4号において，前者は正味実現可能価値で測定されること，後者は将来支払うべき金額で測定されることが要請されている（AICPA [1970] pars. 70, 181）。つまり，外貨表示財務諸表において約定額で表示されている外貨建受取債権及び支払債務は，外貨建非貨幣性項目と同様にAPBS第4号により認められた貨幣価格を用いて測定されることになる。

そのことから，外貨建受取債権及び支払債務に関する換算は，非貨幣性項目の換算にかかわる公正価値原則が想定する換算モデル $Q_i \times P_{ti} \times R_{ti}$ で表わすことができる。しかも，ここでは，かかる項目の外貨建価格 P_{ti} は将来の価格となるため，将来時点の為替レートが換算に用いられることになる。

しかしながら，Lorensen [1972] では「約定額で表示されている受取債権及び支払債務は，将来の受取日及び支払日の代わりに，決算日における金額で測定されるべきであると仮定」(pp. 14-16) している。この仮定に従えば，換算前の外貨建受取債権及び支払債務の表示価額は $Q_i \times P_i$ ではなく，$Q_i \times P_{tc}$ と

なる。そのことから、公正価値原則の換算モデル $Q_i \times P_{ti} \times R_{ti}$ において外貨建受取債権及び支払債務の外貨建価格 P_{ti} は、現在の価格 P_{tc} と仮定されるため、換算レートとして CR (R_{tc}) が用いられると解釈できる。

次に、「米ドルに対する支配力」原則において換算対象とされる外貨表示財務諸表における現金項目（外国通貨）について考察することにする。Lorensen [1972] において、この現金項目は、外貨建受取債権及び支払債務と類似するものとして取り扱われていることから、それは正味実現可能価値で測定されていると解釈することが可能である。つまり、外貨表示財務諸表における現金項目に関する換算モデルは、$Q_i \times P'_{ti} = Q_i \times (P_{tc} \times R_{tc})$ と表わすことができるということである。また、ここにおいて、現金項目は決算日に所有されている数量で測定されていることから、上記モデルにおいて、外貨建の価格 P_{tc} は、常に1であると仮定することができる。つまり、本国通貨建の価格 P'_{ti} は、$P'_{ti} = P_{tc} \times R_{tc} = 1 \times R_{tc} = R_{tc}$ となることから、$Q_i \times P'_{ti} = Q_i \times (1 \times R_{tc}) = Q_i \times R_{tc}$ と表わすことができるのである[7]。

4.4 公正価値原則への収斂

以上のことから、「米ドルに対する支配力」原則が換算対象とする貨幣性項目のうち、外貨建受取債権及び支払債務は、非貨幣性項目と同様にGAAPによりその測定属性（正味実現可能価値）が規定されることが明らかになる。そのため、公正価値原則に従えば、その属性は将来の時点性をもつため、それを維持するには将来の為替レートが換算に用いられることになるが、Lorensen [1972] は、外貨建受取債権及び支払債務の測定属性に関する解釈が明確ではないことを理由に、その項目を将来の受取日及び支払日の代わりに、決算日に関する金額で測定すべきであるとして、CRによる換算を提案している。

また、「米ドルに対する支配力」原則が換算対象とする貨幣性項目のうち、現金項目については、外貨建受取債権及び支払債務と類似の性質をもつことから、同様の説明を行うことができるとしている。そこで、外貨建の価格 $P_{tc} = 1$ と仮定した場合には、P'_{ti} と R_{tc} は同一となることから、公正価値原則と同

4 テンポラル原則の意義　131

様にここにおいても R_{tc} を乗ずる過程が換算過程となる。

　以上のことから，公正価値原則と「米ドルに対する支配力」原則はともに，まず，換算対象たる数量 Q の測定属性である価格 P が，当時のGAAPに準拠してその会計原則を形成していたAPBS第4号に基づいて決定され，それを換算後に維持するように換算レートが決定されるという換算モデル $Q_i \times P_{ti} \times R_{ti}$ を想定していることがわかる。したがって，テンポラル原則を構成する公正価値原則と「米ドルに対する支配力」原則は，同一のモデルから説明することが可能となる。言い換えると，「米ドルに対する支配力」原則は，公正価値原則に収斂されることになる。

　この点に着目する限り，テンポラル原則においては，貨幣性項目も非貨幣性項目もともに，当時のGAAPによる測定属性に公正価値原則を援用することから本国通貨建価格が想定され，そしてそのことを受けて，換算レートが特定化されるのである。そのため，当時のGAAPが外貨表示財務諸表項目の測定属性を規定する限りにおいて，テンポラル原則は，そのGAAPと整合性を有することになるのである。

4.5　換算差額の性質

　Lorensen [1972] では，「為替差損益」という章（第5章）が設けられ，換算差額の性質について詳細に議論が展開されている（pp. 48-61）。彼によると，為替レートが変動した場合，外貨表示財務諸表上の純資産はその影響を受けて変動し，その変動部分が換算後財務諸表においてのみ報告されることになる。そして，このような純資産の変動部分を換算過程において創出される報告書上の「米ドルに対する支配力」にかかわる損益であるとする。つまり，当該損益は在外子会社が保有する外貨及び約定された外貨建債権債務を新旧双方の為替レートで換算した結果として，換算後財務諸表上に報告されるのである（Lorensen [1972] pp. 48-49）。このように，ここでは「米ドルに対する支配力」原則のもとで算出される換算差額を為替差損益として定義するのである。

　さらに，Lorensen [1972] によると，為替差損益には，為替レートが変動し

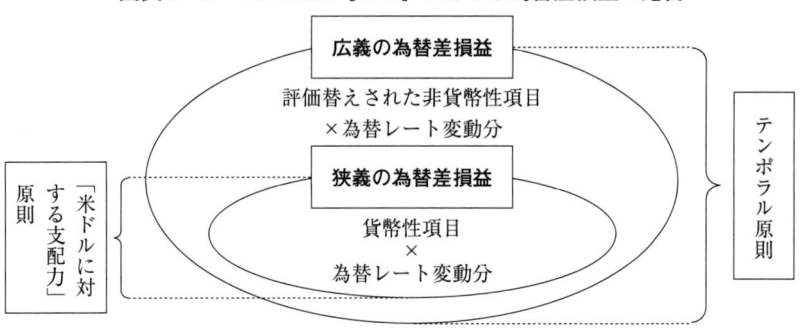

図表6-3　Lorensen［1972］における為替差損益の定義

```
┌──────────────────────────────┐
│      広義の為替差損益          │
│                              │
│   評価替えされた非貨幣性項目    │
│      ×為替レート変動分         │
│  ┌────────────────────┐      │
│  │    狭義の為替差損益   │      │
│  │                    │      │
│  │      貨幣性項目      │      │
│  │        ×           │      │
│  │    為替レート変動分   │      │
│  └────────────────────┘      │
└──────────────────────────────┘
```

「米ドルに対する支配力」原則　　　　　　　　テンポラル原則

た際にテンポラル原則を用いた場合，外貨表示財務諸表には報告されないが換算後財務諸表上に報告されるものが存在する（p. 50）。つまり，外貨表示財務諸表上，常に時価で測定されている資産の測定属性値の変動額は，その資産の外貨建の時価が変わらなくとも為替レートが変動すると，換算後財務諸表において報告されることになる。このように，貨幣性項目が為替レート変動により影響を受けた結果（狭義の為替差損益）と，それに加えて外貨表示財務諸表におけるその他の項目の測定属性値が為替レート変動により影響を受けた結果を含んだ広義の為替差損益とが，存在することになる（Lorensen［1972］p. 50）。このその他項目として，ここでは低価基準が適用された結果評価替えされた棚卸資産があげられている（Lorensen［1972］p. 50, footnote 5）。

このように，ここでは，換算差額として狭義の為替差損益と広義の為替差損益とが存在することになる。そして，狭義の為替差損益は「米ドルに対する支配力」原則のもとで算出される換算差額（貨幣性項目×為替レート変動分）であるのに対して，広義の為替差損益には，その換算差額に加えて公正価値原則のもとで算出される換算差額（評価替えされた非貨幣性項目×為替レート変動分）が含まれることになるのである（図表6-3参照）。そのため，広義の為替差損益はテンポラル原則のもとで算出される換算差額と言い換えることもできる。

さらに，Lorensen［1972］では，慣例に従えば，広義の為替差損益のうち，為替レート変動により影響を受ける測定属性値の変動部分（公正価値原則のも

とで算出される換算差額）は，困難ではあるが，狭義の為替差損益と区別して報告されるべきことが指摘されている（p. 51）。しかしながら，その測定属性値にかかわる変動部分がどのように報告されようとも，それは「換算調整勘定(translation adjustment)」ではなく「為替差損益」であること，つまり報告区分が換算差額の性質を変えるものではないことが強調されている（Lorensen [1972] p. 51）。

5　Lorensen [1972] の背後にある会計思考と換算思考

5.1　資産評価の観点

　テンポラル法では，貨幣性項目も非貨幣性項目もともに，当時のGAAPによる測定属性に公正価値原則を援用することから本国通貨建価格が想定され，そしてそれを受けて換算レートが特定化されていた。そのため，現金収支に規定されている貨幣思考においても，現金収支に規定されない多様な測定属性を選択する可能性がある財貨思考においても，テンポラル法は適用可能となる。また，テンポラル法が貨幣・非貨幣法を批判して提案されたという経緯から鑑みても，テンポラル法はこのような測定属性の多様化に対応するべく提案された方法と考えられるのである。そしてこの点に着目する限り，Lorensen [1972] においてテンポラル法が提案された背後には，財貨思考が想定されているといえる。

　このことを裏づけるものとして，Lorensen [1972] では，当時のGAAPに準拠しつつその基礎に財貨思考を置いているAPBS第4号を意識している点をあげることができる。そして，そのことを示すものとして，例えば，彼の論理の根源に位置する「財務会計は測定の過程である」という考え方，及び，テンポラル原則の基礎となる公正価値原則について，APBS第4号から引用が行われているという事実をあげることができる。

　さらに，Lorensen [1972] においては，純利益及び財務諸表要素を定義する

にあたっても，APBS第4号を引用している。彼によれば，「純利益（純損失）は一会計期間における収益の費用超過額（不足額）である。収益は資産の増加総額もしくは負債の減少総額からなり，費用は資産の減少総額もしくは負債の増加総額からなる。その資産及び負債は所有主持分を変動させる企業の営利活動から生じ，GAAPに準拠して認識及び測定されることになる。そのことから，在外子会社の純利益の換算は収益及び費用として報告された資産及び負債の増減総額を換算することを要請するものである」（Lorensen [1972] p. 22）とされる。

Lorensen [1972] では，純利益が収益と費用の差額として定義されているにもかかわらず，その構成要素たる収益と費用が資産及び負債から定義されており，また，在外子会社の純利益の換算について資産及び負債の増減総額の換算が重視されている。要するに，彼の定義には，利益を収益と費用の差額により規定するという貨幣思考の特徴と，資産の定義を基点としてその他の財務諸表要素の定義を演繹的に導出する，ならびに純利益を資産と負債の変動の差額として計算するという財貨思考の特徴の双方がみられる。

これは，Lorensen [1972] がその論拠の基礎に置くAPBS第4号においても同様にみられる特徴である。津守 [2002] によれば，APBS第4号における利益概念にこのような特徴（曖昧さ）が内在する理由は，とくに「繰延諸項目」に対して依然として広汎な余地を与え，「収益・費用対応原則」の濫用に対して禁止していない点にあり，利益概念という側面からみた場合，APBS第4号を一個の矛盾物として捉えることがその本質を把握するための必須条件であると説明されている（p. 176）。

しかしながら，Lorensen [1972] 及びAPBS第4号が想定する利益測定モデルに着目すれば，認識対象として個別財貨の数量的変動が認識され，その後に利益計算の観点からそれを共通尺度たる貨幣に変換するという認識・測定構造（図表1-2；財貨思考を参照）が想定されているといえる。そして，津守 [2002] によるところのAPBS第4号が矛盾物である理由は，当時のGAAP（貨幣思考）への準拠を意識していた結果であると考えることができる。

5 Lorensen［1972］の背後にある会計思考と換算思考

以上要するに，Lorensen［1972］がテンポラル法を提案した背後には，会計思考として財貨思考を主軸と置いた上で当時のGAAPである貨幣思考を容認するという混在した会計思考が想定されていたといえる。

続いて，Lorensen［1972］の背後にある換算思考について検討することにする。前述したように，Lorensen［1972］において，換算は本国通貨単位へと測定単位を変換する過程を意味し，外貨表示財務諸表を作成する上で用いられた測定原則を変更するものではないという命題が掲げられていた。また，テンポラル法の核となるテンポラル原則が想定する換算モデル $Q_i \times P_{ti} \times R_{ti}$ が示すように，ここにおいて換算レートは，換算対象の測定属性に応じて決定されることになる。そのことから，Lorensen［1972］においては，本国通貨を測定単位とする変換プロセスと換算を捉えて，換算対象の測定属性の維持を目的とする第1換算思考を想定していることは明らかである。

5.2 換算差額の観点

上述したように，Lorensen［1972］は，本国主義による第1換算目的と財貨思考を主軸とした会計思考を，その背後に想定していると考えることができた。第2章で示した利益測定モデルによると，財貨思考（第1の方法）では，換算後の個別取引は $Q_i \times P_{ti} \times R_i$ として分解されることになる。しかも本国主義の場合には，測定単位として第2の計算貨幣である本国通貨が想定されること，そして，常に P_{tc} と R_t の時点性の一致が要求されることから，換算後の個別取引は $Q_i \times P_{tc} \times R_{tc}$ としてすべて独立的に捉えられる。

これは，本章4.1で示した公正価値原則におけるモデルと同様である。つまり，公正価値原則においても，任意の取引 $Q_i \times P_{ti}$ において換算レートは価格 P_{ti} と同じ時点性をもつ R_{ti} となる。このように，公正価値原則は，外貨建価額 $Q_i \times P_{ti}$ の外貨建価格 P_{ti} の属性に従い換算後の本国通貨建価額 $Q_i \times P_{ti} \times R_{ti}$ を決定することになる[8]。しかも，Lorensen［1972］では「米ドルに対する支配力」原則においても，まず，換算対象たる数量 Q の測定属性である価格 P がAPBS第4号の「4種類の貨幣価格」（図表6-2）に基づいて決定

され，その後にそれを換算後に維持するように換算レートが決定されるという公正価値原則と同一の換算モデル $Q_i \times P_{ti} \times R_{ti}$ が想定されている。

そのことから，第2章で示した財貨思考が想定する利益測定モデルと同様に，かかる換算モデル $Q_i \times P_{ti} \times R_{ti}$ のうち，属性測定値の変動分である ΔP_{ti} が取引として認識されるのと同様に，為替レートの変動分 ΔR_t も取引として認識されるため，為替レート変動を要因として決算時に算出される換算差額は，本国通貨表示財務諸表における資産・負債の属性測定値の差額として測定されることになる。つまり，テンポラル原則を構成する公正価値原則と「米ドルに対する支配力」原則とに基づき算出される換算差額はともに，算出される特定時点（決算日）の換算後財務諸表において，損益という性質をもつことになる。

したがって，図表6-3に示したように，狭義の為替差損益が「米ドルに対する支配力」原則のもとで算出される換算差額として，広義の為替差損益が狭義の為替差損益に公正価値原則のもとで算出される換算差額を加算したものとして，定義されていることをあわせて考えるならば，狭義の為替差損益と広義の為替差損益はともに同じ換算過程（テンポラル原則）から生じる換算差額であり，それらは同じ損益という性質をもつことになるということができる。

ではなぜ，Lorensen [1972] において，換算差額は広義と狭義の為替差損益とに2分類される必要性があったのであろうか，また，かかる分類に基づく区分表示について言及する必然性があったのであろうか。これは，結論から述べると，Lorensen [1972] では，APBS第4号と同じくその背後に会計思考の混在がみられたこと，つまり当時の貨幣思考に基礎を置く会計実務 (GAAP) との整合性が意識されていたことに起因すると推測することができる。なぜなら，この点について次のように説明することができるからである。

第2章で示したモデルを援用すると，貨幣思考のもと，本国主義の立場に立てば，認識対象として本国通貨建の現金収支 $Q_i P_{ti} R_i$ の数量的変動が認識されると同時に，それにより測定が行われることになる。しかも，ここでは，常に P_{ti} により R_i の時点性が規定されることになる。このことから，為替レート変動にかかわる変動分 ΔR_t もその認識対象に含められる。よって，本国主義

のもとで算出される換算差額は，各取引時点において本国通貨建現金収支に含められ，決算時において収益・費用を通じて換算後財務諸表の利益に含められる（損益としての性質をもつ）ことになる。

これは，「米ドルに対する支配力」原則のもとで算出される換算差額（狭義の為替差損益）にも適応する考え方である。「米ドルに対する支配力」原則の換算対象である貨幣性項目は数量に依存して測定されることから，本国通貨表示財務諸表においては，外貨建貨幣性項目の数量 Q_i は，本国通貨建の価格 P'_{ti} を用いて測定されること $(Q_i \times P'_{ti})$ になる。つまり，本国通貨建の取引 $Q_i \times P'_{ti}$ は，その数量的変動が認識されると同時に本国通貨建の価格 P'_{ti} により測定が行われる $(Q_i P'_{ti})$ と考えることができる。また，本国通貨建の価格 P'_{ti} は，その外貨建の価格 P_{ti} と同一時点の換算レート R_{ti} により規定されることから，$Q_i P'_{ti}$ は $Q_i(P_{ti} R_{ti})$ と表わすことができる。そのことから，為替レート変動にかかわる変動分 ΔR_t は，本国通貨建の取引において認識されると考えることができる。したがって，「米ドルに対する支配力」原則のもとで算出される換算差額は，貨幣思考のもとにおいても損益としての性質をもつと説明することが可能となる。

以上のことから，狭義の為替差損益は，財貨思考と貨幣思考のいずれの会計思考においても損益としての性質をもつことになることがわかる。したがって，Lorensen [1972] では，貨幣思考に基づく会計実務（GAAP）を意識していたからこそ，理論上損益という同じ性質をもつ換算差額（為替差損益）を広義と狭義とに2分類し，当時の会計実務に整合する狭義の為替差損益部分と，それに整合しない広義と狭義の為替差損益の差額部分（為替レート変動により影響を受ける測定属性値の変動部分）とを別途表示する必要性があることを指摘したと考えることができる。

以上要するに，Lorensen [1972] では，財貨思考を主軸として換算方法と換算差額の損益性が規定されているが，そのような性質に関係なく，当時のGAAP（貨幣思考による会計実務）に準拠可能なように，為替差損益の2分類とそれに基づく表示区分に関する言及を行っていると考えることができる。

6　おわりに

　本章では，Lorensen [1972] がテンポラル法を提案するにあたってその背後に想定していた会計思考と換算思考について検討を行ってきた。このような検討を行うにあたり，まず，テンポラル法が提案された当時に展開されていた資産評価をめぐる問題について考察した。

　その結果，『1957年改訂会計原則』の公表を契機として，概念的には，資産の定義を基点としてその他の財務諸表要素の定義を演繹的に導き出すとともに，純利益を資産と負債の変動の差額として計算するという財貨思考に基づく認識・測定構造へ会計思考の移行が認められたのであるが，実際には，貨幣思考により生じる貨幣・非貨幣の区分に基づいて測定が行われており，そこでは定義と測定が二元的に捉えられているという状況にあった。

　そして，このような状況のもとに，Lorensen [1972] は，財貨思考に基礎を置く APBS 第4号にその論理的基礎を求め，そのことから生じてきた定義と測定の二元化に対応可能な形で，テンポラル法を提案したと考えることができた。しかも，テンポラル原則を構成する公正価値原則と「米ドルに対する支配力」原則はともに，換算対象たる数量 Q_i の測定属性である価格 P_i を換算後に維持するという同一の換算モデル $Q_i \times P_{ti} \times R_{ti}$ 及び $Q_i \times P_{tc} \times R_{tc}$ を想定していることから，公正価値原則に収斂されることになる。この点に着目する限り，ここにおいては，貨幣性項目も非貨幣性項目もともに，当時のGAAPによって規定されていた測定属性に基づいて換算レートが特定化されることになり，その結果，換算は測定属性を維持する形で行われることになるのである。

　さらに，換算差額の観点から考察すれば，Lorensen [1972] では，換算差額は換算の結果として導出され，その性質は財貨思考を主軸として損益性が規定されていた。ところが，資産評価の観点による考察結果と同様に，当時のGAAP（貨幣思考による会計実務）に準拠可能なように，為替差損益の2分類とそれに基づく表示区分の必要性が指摘されていた。

以上のことから，Lorensen［1972］がテンポラル法を提案した背後には，貨幣思考への準拠を意識はするが基本的に財貨思考を主軸においた会計思考と，第1換算思考とが想定されていることが明らかになる。よって，Lorensen［1972］は，図表2-8において示した「仮説Ⅲ」に該当するといえる。

（1）『1957年改訂会計原則』を契機として，実現概念をはじめ資産の定義及び測定について貸借対照表を重視する思考（財貨思考）への移行が会計理論上認めることができる。この点については，第1章ならびに藤井［1997］，津守［2002］を参照されたい。
（2）『1957年改訂会計原則』における「用役潜在性」の概念は，『1962年会計原則試案』における「将来の経済的便益」の概念と類似するものであり（藤井［1997］pp. 92-93），また，APBS第4号における「経済的資源」の概念とも類似するものである（津守［2002］p. 175）。
（3）『1957年改訂会計原則』では，純利益の構成要素である収益が「受領した対価」ではなく「提供した価額」（「受け取られるであろう対価」）により認識されることから，伝統的実現概念よりも質的な拡張が認められる（福島［1978］pp. 25-26）。また，このことは「実現の本質的な意義は，資産または負債の変化が勘定における認識を正当化するほど十分に確実性と客観性を備えるに至ったことである」（AAA［1957］p. 538）という記述からも窺える。そして，「財務諸表に記載された金額は経済的事象を反映するものと解される」（AAA［1957］pp. 537-538）という記述から，そこでは，資産の定義を「用役潜在性」に基づき行い，そしてその定義を基点としてその他の財務諸表要素を導き出していると考えられる（藤井［1997］pp. 74-77）。その一方で，資産に対しては実際的な方法が提案され，伝統的な実現概念が重視されている。そのため，『1957年改訂会計原則』では「二元的論理構成」がとられているといえる（藤井［1997］p. 77）。
（4）Lorensen［1972］では，その具体例として，社債（bonds）と手形（notes）をあげている（pp. 33-34）。
（5）APBS第4号では「公正価値原則においては，金銭も金銭支払の約束のいずれも交換されないような取引により取得された資産は，一般的に引き渡した資産の公正価値をもって測定される。しかしながら，取得資産の公正価値がより明確に立証される場合には，取得資産はその公正価値で測定される」（AICPA［1970］par. 181 M-1A (1)）と定義されている。
（6）Lorensenは1973年3月に"Canadian Chartered Accountant"誌上において，Parkinsonと外貨換算会計論争を行っている（Lorensen［1973］pp. 18, 20-25, Parkinson［1973］pp. 19, 26-29）。その争点の1つであり，Lorensenが強調した点に，現地国の一般物価変動を考慮した換算方法，いわゆる「修正―換算法」の展開があげられる。その点に着目する限り，ここにおける外貨建の価格 P_i には現地国の一般物価変動修正に関する点が考慮されているといえる。
（7）なお，当然のことながら，現金項目に関する換算モデルにおいて外貨建の価格 P_{tc} を，1以外であると仮定することもできる。つまり，$P_{tc} \neq 1$ の場合，それは外貨建価格の変

動,すなわち外国通貨の貨幣価値の変動を換算過程において考慮することを意味する。そのため,$P_{tc} \neq 1$ の場合,この換算モデルは Lorensen の言葉を借りれば,「修正―換算法」として解釈することができる。

(8) 低価基準を適用した結果,当該項目の貸借対照表価額が時価(取替原価あるいは現在販売価格)へと評価替えされた場合,公正価値原則によれば,評価替え後の外貨建価額 $Q_i \times P_{tc}$ の外貨建価格 P_{tc} の属性に従い換算レート R_{tc} が決定されることから,換算後の本国通貨建価額は $Q_i \times P_{tc} \times R_{tc}$ と表わせることになる。

第7章 状況アプローチに関する Parkinson 学説の検討

1 はじめに

　状況アプローチとは，在外子会社が行う事業活動の状況に応じて換算方法を選択適用するアプローチである。具体的には，まず，親会社から独立して事業活動を行っている独立的在外子会社と，親会社に依存して事業活動を行っている従属的在外子会社とに区分し，前者にはカレント・レート法を後者にはテンポラル法などを適用して換算を行う方法である。

　この状況アプローチを最初に提案したのは，1968年2月にイングランド・ウェールズ勅許会計士協会により公表された ICAEW 勧告書第25号においてである。ICAEW 勧告書第25号では，独立的在外子会社についてはカレント・レート法を，従属的在外子会社については "the historic rate method"[1] を用いて換算を行うことが要請されている（ICAEW [1968] Appendix, par. 14）。

　一方，米国では当時，貨幣・非貨幣法が一般的に認められた換算方法であり，同様の傾向はカナダにおいても認められた。このような状況のもと，1972年4月に Parkinson [1972] が公表された。そこにおいて Parkinson は，貨幣・非貨幣法の妥当性を確信してはいるものの，期間損益計算において経営成果を適正に表示するということを考慮すると，貨幣・非貨幣法よりもカレント・レート法の方がより理論的である場合があると述べ，結果として在外子会社の状況に応じて両方法を選択適用する，いわゆる状況アプローチを提案したのである。

　そこで本章では，Parkinson [1972] において，米国における貨幣・非貨幣法をめぐる議論がどのように扱われているのか，そして，状況アプローチがいかなる理論的根拠に基づいて提案されているのか，について検討する。このような検討を通じて，Parkinson が状況アプローチを提案した背後に想定されて

いる会計思考及び換算思考について明らかにする。

2 Parkinson [1972] における状況アプローチ提案の経緯：一般的結論

　Parkinson [1972] では，まず，英国や米国において公表されていた外貨換算会計に関する文献が分析され，そこでは多様な見解が表明されており，また多様な実務が存在していたことが確認されている。その上で，流動・非流動法，貨幣・非貨幣法，及びカレント・レート法の比較，ならびに，換算差額に関する多様な会計処理方法の分析を行っている (pp. 8-12)。そして，その分析に基づいて，彼は在外子会社の外貨表示財務諸表を換算するにあたり，各方法は特定の環境や見解に基づく場合にのみ最善なものであって，すべての環境において最善，かつ唯一の換算方法は存在しないと指摘している (Parkinson [1972] p. 12)。

　続いて，彼は，カナダにおける固有の状況が米国とは異なっているという点を強調する。Parkinson [1972] によると，米国では現地通貨の価値の下落が当該現地国のインフレーションの発生を示唆するという仮定や，為替レート変動が永久的に継続するという仮定に基づいて外貨換算会計問題が論じられているが，カナダではこれらの仮定を置くことは不適切であるとする (p. 13)。そこで，在外事業活動が為替レート変動のリスクにさらされていることから生じる換算差額を，当該変動の生じた期間の損益計算書に計上することが，ここにおいて重要な点であると指摘する。その一方で，このように換算差額を損益として即時に認識することが妥当ではない状況もあることを指摘する (Parkinson [1972] pp. 13-14)。

　そして，その結果として導き出された Parkinson [1972] における結論は，米国やカナダにおける現行の外貨換算会計実務とは，次の点において異なるという。すなわち，外貨表示財務諸表の換算にあたっては，現行実務が支持するように親会社国の GAAP と調和させる必要はなく，在外事業活動が営まれて

2 Parkinson [1972] における状況アプローチ提案の経緯：一般的結論

いる状況ならびにそれを取り巻く経済環境において最も適切な外貨換算会計実務に従って行われるべきであるとされる。また，貸借対照表項目を換算する主たる目的は，その項目の帳簿価額を再表示することではなく，損益計算書に計上されるべき換算差額（差損益）の適当な金額を算出することにあるとされる。そしてその意味において，損益計算書は貸借対照表よりも相対的に重要であると述べられている（Parkinson [1972] p. 14）。

以上を踏まえて，Parkinson [1972] では，次の3点を一般的な結論としてあげられている（p. 1）。

① 外貨換算会計の問題は，損益の源泉の識別ならびに期間損益の計算に重きを置いて解決を図るべきであること。
② 財務諸表の利用者の関心は，重要な為替レート変動が生じた場合，その影響を財務諸表に反映させることにより最もよく満たすことができること。
③ 外貨換算会計の問題に対する解決策は1つではないこと。当該問題を解決するには，為替レート変動ならびに関連する他の要因のもつ特有の環境を考慮すべきであること。

①の結論は，為替レート変動を受ける部分（つまり，為替エクスポージャー）を明らかにすることにより達成されると解される。②の結論は，為替レート変動により生じた換算差額をその変動が生じたときに即時に認識することを意味する。そして，この点を①の点と関連づけてみると，基本的には換算差額を為替差損益として為替レート変動が生じた期間に，即時に損益計算書に反映させることが強調されているのである。また，③の結論は，①と関連づけてみると，為替エクスポージャーは常に同一ではなく様々な要因により異なることから，そのような多様性に応じて為替エクスポージャーを捉えるべきことを意味しているといえる。

Parkinson [1972] では，その第4章から第6章において，本国通貨で事業活動を行っているカナダ会社の財務諸表上に計上されている外貨建項目の換算（外貨建取引の換算）について，また，第7章から第11章においては，親会社を

カナダにもつ在外子会社の外国通貨（現地通貨）で表示された財務諸表から，カナダドル（本国通貨）への換算について，それぞれの状況における為替エクスポージャーの問題（外貨表示財務諸表の換算）が考察されている（Parkinson [1972] p. 13)。さらに，外貨表示財務諸表の換算については，親会社から独立して事業活動を行っている在外子会社の場合（第7章から第10章）と，親会社に従属して事業活動を行っている在外子会社の場合（第11章）とに区分し，それぞれについて為替エクスポージャーに基づいた換算方法が主張されている。

3　従属的在外子会社の外貨表示財務諸表の換算

前述したように，Parkinson [1972] では，外貨表示財務諸表の換算について，在外子会社を従属的子会社と独立的子会社とに区分して検討が行われている。従属的在外子会社としては，次のような例をあげている (p. 117)。

① 親会社の輸出部門と類似した活動を行う在外販売子会社

② 親会社への販売を主目的として，購買，生産，加工を行う在外子会社

③ 親会社のサービス部門と類似した活動を行う在外サービス子会社

④ 親会社の投資・財務部門と非常に類似した活動を行う在外投資子会社

Parkinson [1972] では，このような従属的在外子会社の外貨表示財務諸表は，その事業活動が親会社により直接に行われたならば親会社により記録されたであろう結果と同様の結果をもたらすような方法で換算されるべきであり，外貨建取引の換算を取り扱った章（第4章から第6章）において要請した会計処理方法と調和する必要性があると述べている（Parkinson [1972] pp. 117-118)。

そこで，従属的在外子会社の外貨表示財務諸表の換算に対する Parkinson の見解を明らかにするために，まず，外貨建取引の換算に対する彼の見解を考察することにする。

3.1 非貨幣性項目の換算

Parkinson [1972] では,まず,親会社国の通貨(本国通貨)による貸借対照表が意味をもつために,いかなる為替レートが外貨建資産及び負債に対して適切な帳簿価額をもたらすものとして選択されるべきなのかについて考察されている (p. 35)。ただし,ここでいう貸借対照表がもつべき意味とは,企業の財政状態において為替レート変動の影響にさらされている部分(為替エクスポージャー)を明らかにすることにあると考えられている[2]。

そしてそのために,Parkinson [1972] では,非貨幣性項目と貨幣性項目とに区分し,各項目にいかなる為替レートを適用するべきであるのかについて検討されている (p. 35)。しかしながら,そこでは,特定の貸借対照表項目が貨幣性項目であるのか,それとも非貨幣性項目であるのかを明確に決定することは企図されておらず,換算レートを選択する決定要因として,企業の財政状態における為替エクスポージャーに焦点があてられている (p. 46)。

具体的にまず,Parkinson [1972] では,非貨幣性項目である棚卸資産に関する換算方法が検討されている。「現地通貨で決済される価格をもつ商品を購入する場合には,親会社は2つの異なる取引に従事することになる。その1つは,商品を購入するという取引であり,もう1つは,現地通貨を購入するという契約である」(Parkinson [1972] p. 39)。そのため,「当該親会社は,商品に対する取引リスク(trading risk)と,現地通貨に内在する財務リスク(financial risk)とにさらされていると考えられる」(Parkinson [1972] p. 45)。また,両リスクにさらされている部分に関連して生じる換算差額は,別々に会計処理されるべきである (Parkinson [1972] p. 45)。

つまり,「商品売買に関する会計実務は,商品購入に対する未決済の契約を財務諸表上に反映することを要請していない。会計目的からは,この商品の取得日に作成される貸借対照表は,棚卸資産及び支払債務を原価で記録することになるだろう。そして,その現地通貨の価値がその後下落したときに,この支払債務が現地通貨で決済された場合には,支払債務の金額は再表示され,換算

差額は為替差損益として計上されるが，棚卸資産の原価は変化しない」(Parkinson [1972] p. 45)。したがって，為替レート変動は，棚卸資産の原価あるいは取引利益に影響を与えないとされる (Parkinson [1972] p. 39)。

固定資産についても，棚卸資産と同様に，最初に決定された本国通貨建の原価を修正することは，たとえ，その後に為替レートが変動し決済日に当該負債を返済するのに現地通貨を購入する必要があるとしても，不適切であるとされる (Parkinson [1972] p. 36)[3]。

要するに，すべての非貨幣性資産について記録される原価価値 (cost value) は，物的資産 (有形資産) の原価 (cost) であり，取引日[4]に決定され，取引日以降の決算日において何ら換算により修正されるべきものではないとするのである (Parkinson [1972] p. 40)。すなわち，親会社が現地通貨で決済する価格で財を購入した場合には，本国通貨建の原価は取引日における現地通貨建の原価に対する本国通貨建の同等額であり，本国通貨により決定されたこの原価についていかなる修正もなされるべきではない。そしてそのことは，たとえその後にその購入から生じた現地通貨建の負債を返済するために必要となる本国通貨建の金額が，大きくあるいは小さくなったとしても同じである (Parkinson [1972] p. 45) としている。

以上要するに，Parkinson [1972] では，外貨建取引の換算において，外貨建取引とその取引にかかる代金決済取引とを別個の取引とみなして会計処理を行うこと，すなわち二取引基準を要請しており，そのため，非貨幣性項目については換算において修正する必要性がないとされる。そしてそのことから，従属的在外子会社の外貨表示財務諸表上に計上されている非貨幣性項目は，為替リスクにさらされていないことになり，その原価に対しては HR で換算することが提案されているのである (Parkinson [1972] p. 118)。

3.2 貨幣性項目の換算

続いて，Parkinson [1972] における貨幣性項目の換算についてみてみる。

貨幣性資産には現金または受取額が固定されている権利 (受取債権) が含め

られる。また，貨幣性負債には，支払額が固定されている義務（支払債務）が含められる。受取債権及び支払債務は短期（流動）あるいは長期（非流動）にかかわらず，ともに貨幣性項目となる。そのため，すべての現地通貨建の貨幣性項目は，財務諸表に計上するために本国通貨に換算されることになる（Parkinson [1972] p. 40）。そして，短期貨幣性項目は，非常に短い期間に処分されるためCRで換算されるが，長期貨幣性項目については，HRあるいはCRで換算されるかについて様々な勧告があることを確認した（Parkinson [1972] pp. 41-44）上で，会計実務，会計学説，会計基準ともに，HRによる換算からCRによる換算へと移行していることを指摘し，次のような結論を導き出している。

つまり，「長期貨幣性項目の換算にCRを用いることを支持する理由や論理が堅固なものであることは明らかである。換算にあたって，短期項目と長期項目とに区分を行うべきではない。長期項目を換算するにあたり，実際の変換レートの概算値としての為替レート（CR—筆者挿入）を用いることは，この結論と関連づけてみるべきである」（Parkinson [1972] pp. 44-45）。

このように，貨幣性項目は，短期あるいは長期の区分に関係なく，CRで換算されることが主張されている。ただし，短期貨幣性項目がCRで換算される理由は，非常に短い期間に決済されるという点と，その決済時点（決済日）が決算日と近似するという点にある。一方，長期貨幣性項目がCRで換算される理由は，決済日における実際の変換レートの概算値としてCRが捉えられている点にある。Parkinson [1972] によれば，外貨建長期貨幣性項目の換算に関して，少なくとも，外国通貨を変換するための実際の為替レートが平価と同一である（p. 26）ことから，外貨建長期貨幣性項目の換算は，現在の平価あるいは中心レートに近似する為替レートで行われるべきであり，もしそのようなレートがないならば，CRで代用すべきであるとされる（Parkinson [1972] p. 48）。

さらに，このような項目の他に，非貨幣性資産が時価で評価される場合には，換算においてこのような資産も現地通貨建の貨幣性資産とみなされるべきであ

ることが指摘されている（Parkinson [1972] p. 40)。

つまり，棚卸資産に低価基準を適用する場合には，原価と比較される時価は，取替原価かあるいは正味実現可能価値である。棚卸資産が取替原価で評価される場合には，換算は取り替えられるであろう商品の本国通貨による購入額を見積るために行われることになる。そして，棚卸資産が正味実現可能価値で評価される場合には，換算は将来の販売から生じる本国通貨建の受取額を見積るために行われることになる。そのことから，それはどちらの場合であっても，CRで換算されなければならないと結論づけられている（Parkinson [1972] p. 40)。

以上の考察から，Parkinson [1972] では，外貨建取引の換算（二取引基準に基づく換算）において，すべての現地通貨建貨幣性資産及び負債は，短期か長期かに関係なく，CRで換算されるべきであると主張されていることがわかる。そしてそのことから，従属的在外子会社の外貨表示財務諸表上に計上されている貨幣性項目についても同様の換算結果が得られるように，CRで換算することが提案されている（Parkinson [1972] p. 118)。つまり，ここにおいては，当該貨幣性項目は為替リスクにさらされているとみなされているのである。

3.3　換算差額の性質

Parkinson [1972] では，外貨建取引に関する換算及び，従属的在外子会社の外貨表示財務諸表の換算により生じる換算差額 (translation gains and losses) の会計処理については，第5章で取り扱われている。

彼は，換算差額の性質を決定するための規準を新たに作る必要性を述べている。というのは，従来，換算差額の性質は過度な「保守主義」や「実現」という伝統的な会計原則に依拠して決定されてきた。そのため，換算差益は繰延処理が行われ，実現した時点で損益計算書へ計上されるが，換算差損は即時に損益計算書へ計上されるというように，換算差益と換算差損とは異なる会計処理がとられてきたことに問題があるとする（Parkinson [1972] pp. 49-53)。

そのことから，換算差額はそれが差損あるいは差益であるかどうかにかかわ

らず，同じ方法によって会計処理されるべきであるとして，「一般ルール」が提案されている。その「一般ルール」とは，為替レート変動が回復する見込のない場合には，換算差額は重要な情報となるため，それが生じた会計期間の損益計算書に反映させるべきであるが，逆に，決済日にまでに為替レート変動が回復する見込である場合には，換算差額を損益計算書に計上するべきではないというルールである (Parkinson [1972] p. 53)。

Parkinson [1972] によれば，1962年から1970年の間，IMFによりカナダドルの平価が毎年決定されその前後1%を範囲として実際の為替レートは変動するため，為替レート変動が回復する見込みのない場合とは，平価の切下げや切上げなど大幅な変動があった場合を想定している (pp. 53, 99-100)。さらに，換算差額が決済日までに実現するかどうか疑わしい場合，つまり，為替レートがさらに一層変動する可能性がある場合には，決済日にわたり，換算差額は各会計期間の損益計算書に比例計上されるべきであり，その後，その可能性がなくなった場合に，その換算差額の未償却残高を当該期間の損益計算書に計上するべきであるとされている (Parkinson [1972] p. 58)。

3.4 小　括

Parkinson [1972] では，従属的在外子会社の外貨表示財務諸表の換算において，外貨建取引の換算における結果と同様の結果が得られるような換算方法を採用することが要請されている。そこで，外貨建取引の換算方法について検討した。

その結果，すべての現地通貨建の非貨幣性資産及び負債の原価については，取引日に決定されその後の為替レート変動によって修正されることは企図されておらず，そのことからHRでの換算が推奨されていること，また，すべての現地通貨建の貨幣性資産及び負債は，短期か長期かに関係なくCRでの換算が要請されていることを確認することができた[5]。

このことから，Parkinson [1972] では，外貨建取引の換算ならびに従属的在外子会社の外貨表示財務諸表の換算については，貨幣・非貨幣の区分に基づ

く換算方法を要請していると解することができる。ただし，ここでは，特定の貸借対照表項目が貨幣性項目であるのか，非貨幣性項目であるのかを明確に決定するようなことは企図されていない。問題は，ある資産が非貨幣性資産として取り扱われなければならないときもあれば，状況によっては貨幣性資産として取り扱われなければならないときもあるということである——少なくとも，換算レートを選択するという目的においてそうである——。そして，その決定要因は，財務的観点から，為替レート変動の影響にさらされている部分であるかどうかということにあるとされていた（Parkinson [1972] p. 46)[6]。

また，換算差額についても，従来の会計原則（保守主義や実現）に依拠せずに，為替レート変動が永久的であるのかそれとも回復する可能性があるのかによって，それを損益として損益計算書に計上するべきかあるいは繰延処理を行うべきなのかという，独自のルールを提案している点は特徴的である。

以上要するに，Parkinson [1972] では，換算レートは非貨幣性項目かあるいは貨幣性項目かという点からではなく，為替レート変動の影響を受けるか否かという点から選択されているのである。しかも，為替レート変動の影響を表す換算差額は，換算後の為替レートの動向を鑑みて，損益計算書に計上するか否か，つまり，損益であるか否かが判断されているのである。

4 独立的在外子会社の外貨表示財務諸表の換算

Parkinson [1972] では，典型的な在外子会社は，相対的に硬貨（hard currency）国に属し，親会社から独立して事業活動を行っていると想定されている（p. 69）。以下においては，そのような独立的在外子会社の外貨表示財務諸表の換算について，Parkinson の見解を考察することにする。

4.1 流動・非流動法と貨幣・非貨幣法に対する批判

4.1.1 流動・非流動法に対する批判

Parkinson [1972] は，まず，流動・非流動法について次のような批判を行

っている。

　彼は，従属的在外子会社の場合に指摘した理由と同様に，独立的在外子会社の貸借対照表上における貨幣性項目については，流動及び固定の区分に関係なく CR で換算されるべきであるとする (Parkinson [1972] p. 70)。つまりここでは，短期貨幣性項目については，非常に短い期間に決済されるとともにその決済時点（決済日）が決算日と近似していることから CR で換算され，一方，長期貨幣性項目については，決済日における実際の変換レートの概算値として CR で換算されるべきであるとされている (Parkinson [1972] pp. 41-45)。このように Parkinson [1972] では，貨幣性項目を短期（流動）あるいは長期（固定）の区分に関係なく，CR で換算することが主張されているのである。

　また，Parkinson [1972] によれば，親会社において流動・非流動の区分は，決済や変換が行われるまでの時間の相対的長さからなされているのであるが，独立的在外子会社においては資金が親会社に送金されるという意味においてこのような決済自体が起こり得ない。そのため，独立的在外子会社の運転資本として表わされている親会社からの投資部分は，当該子会社にとっては永久的な投資部分，すなわち非流動性項目とみなされる。よって，独立的在外子会社の貸借対照表上における貨幣性項目は，流動及び固定の区分に関係なく CR で換算されるべきである (p. 70)。なお，この場合の貨幣性項目に対する換算レートである CR は，現在の平価あるいは中心レートに近似する為替レートとしての意味をもつことになる (Parkinson [1972] p. 48)。

　以上要するに，Parkinson [1972] では，従属的在外子会社に対する場合と同様の理由から，独立的在外子会社の貸借対照表上における貨幣性項目は，流動及び固定の区分に関係なく CR で換算されるべきことを指摘するとともに，独立的在外子会社に対する投資が長期的投資であるという観点から，流動・非流動の区分に基づいて換算レートを決定することに合理性がないことを指摘しているのである。そしてそのことから，流動・非流動法を批判するのである。

4.1.2 貨幣・非貨幣法に対する批判

次に，Parkinson [1972] は，貨幣・非貨幣法について次のような批判を展開している (pp. 70-72)。

現地通貨建の貨幣性項目に含まれる現金，受取債権及び支払債務は，確定した現地通貨建（現金）の金額で決済される。そのため，現地通貨の平価切下げがある場合には，在外子会社により保有されている貨幣性資産の決済額は，平価の切下げがなかった場合に生じるであろう本国通貨建の同等額よりも少ない金額になる。したがって，この点では貨幣・非貨幣法と Parkinson 自身の見解とは一致している (Parkinson [1972] p. 94)。

しかし，Parkinson は，非貨幣性項目に対して HR で換算することを要請する貨幣・非貨幣法の論拠に対して，次のような批判を行っている。つまり，棚卸資産に対して HR で換算を行うことを勧告している調査報告書第36号 (NAA [1960]) によれば，為替レート変動は，財務項目（現金・受取債権など）と物的項目（棚卸資産・固定資産など）のそれぞれに対して異なる影響を与えることになる (Parkinson [1972] p. 72)。

NAA [1960] によれば，財務項目は固定した現地通貨による金額で表示されていることから，財務項目の米ドル同等額は為替レート変動により影響を受けることになる。よって，現地通貨建の財務項目は常に為替リスクにさらされており，そのため，財務項目は CR により換算されるのである (Parkinson [1972] p. 73)。

これに対して，物的項目は必ずしも為替レート変動の影響を受けるとは限らない。つまり，現地通貨の価値の下落は当該国におけるインフレーションの結果として生じる，すなわち，インフレーションは下落した現地通貨建の販売価格の上昇を導くことから，物的項目は為替レート変動の影響を実質的には受けないと予測されるという。そのため，NAA [1960] では，このような物的項目を HR で換算することによって米ドル原価の同等額を表示することが，最善の換算結果をもたらすとするのである (Parkinson [1972] p. 73)。

そのことから，NAA [1960] では，現地通貨の平価が切り下げられた場合

にも，その切下げ後に棚卸資産の売却時価及び取替原価は増加する見込があるということを強調して，この仮定のもとに棚卸資産をHRで換算することを勧告しているのである（Parkinson [1972] p. 75）。

しかしながら，Parkinson [1972] では，このような仮定が，当時のカナダの実務と一致しないことを指摘するのである。すなわち，彼によれば「1970年7月に米ドルはカナダドルに対して約7％切り下がっていた。この米ドルの切下げは米国にインフレーションを生じさせなかった。このような状況のもとでは，カナダの親会社は米国の子会社が自動的に米ドルの価値の低下分を価格に反映させるように価格を引き上げ得ると想定することは困難であった」（Parkinson [1972] p. 73）という。

また，NAA [1960] における見解は，親会社と子会社とが1つの会社であるとみなす考え方（単一企業概念）に根拠を置いているが，その根拠は独立的在外子会社には該当しないとParkinson [1972] は批判している。つまり，独立的在外子会社が自国内の通貨（現地通貨）で棚卸資産を購入した場合には，当該子会社の観点から財務リスクが想定されないことは明らかである。また，親会社の観点からは，その在外事業活動に関するリスク（取引リスク）にさらされている部分は，当該子会社自身により統制されているため，単純には変化しないことも明らかであると述べている（Parkinson [1972] p. 71）。

このように，Parkinson [1972] では，NAA [1960] が非貨幣性項目をHRにより換算する根拠として取り上げた，①通貨価値の下落がインフレーションを生じさせ，その結果として，為替レート変動の影響を実質的には受けないという仮定と，②親会社と子会社とは1つの会社をなしている（単一企業概念）という仮定に対して批判を行い，貨幣・非貨幣法を批判するのである。

4.2 非貨幣性項目をCR換算する論拠

Parkinson [1972] は，平価の切下げという特別の状況下においては，すべての項目について切下げ後の為替レートで換算を行うことを勧告する文献が存在することを指摘している (pp. 72-76)[7]。例えば，Hepworth [1956] では，

米ドル（本国通貨）の平価の切下げは，基本的に，あたかも新たな現地通貨単位が創造されたのと同じであることから，米ドル単位でみると以前の現地通貨単位とは異なる価値を表わすことを理由に，非貨幣性項目をCR（平価切下げ後の為替レート）で換算することが提案されていると指摘する（Parkinson [1972] p. 74）。

そしてParkinson [1972] は，上述したHepworth [1956] と同じ論拠に基づき，棚卸資産に低価基準を適用することによって時価で評価される場合には，それをCRで換算すべきであるとする（p. 40）。なお，繰り返しになるが，ここで原価と比較されている時価は，取替原価あるいは正味実現可能価値であり，どちらの時価を用いてもCRで換算されることになる（Parkinson [1972] p. 40）。

また，このことは，平価切下げ時における固定資産の減損との関連においても取り上げられている。まず，Parkinson [1972] は，AICPAにより1965年に公表された会計調査研究（ARS）第7号『一般に認められた企業会計原則の総合的調査』（Grady [1965]）の第6章「資産」の原則C—2において，次のように減価償却会計の目的の拡張が認識されていることを指摘している（Parkinson [1972] p. 85）。

「固定資産が『原価マイナス減価』で計上されることにより，投資の残余残高が適正に将来の事業活動に対してチャージされ得ること，そして，回収される公正な機会があることを表わしている。この仮定が，実質的な項目（material items）との関連で，もはや妥当ではないと思われる場合には，当該企業にとって有用な見積残余原価までその帳簿価額を切り下げることにより損失を認識することは慎重な処理であるであろう」（Grady [1965] p. 253）。

Parkinson [1972] では，ここでいう「この仮定がもはや妥当ではないと思われる場合」というのが，平価の切下げという状況であるとして，独立的在外子会社により保有されている固定資産を本国通貨に換算した結果は，将来の現地通貨建の収益に対応させられるであろう将来の本国通貨の減価償却充当額を表わすとされる。そしてそのことから，固定資産をこのような状況において

はCRで換算する必要性があるとされている（Parkinson [1972] p. 85)。

Parkinson [1972] において，CR で換算を行うということは，貨幣性項目と同様に非貨幣性項目についても，在外事業活動における為替リスクにさらされていることを認識することであり，そのため，一般的原則として，硬貨国に存在する独立的在外子会社において保有されている非貨幣性項目は，CRで本国通貨に換算されるべきであるとするのである（Parkinson [1972] p. 94）。

また，Parkinson [1972] は，米国においては非貨幣性資産をHRで換算する方法が圧倒的に容認されているにもかかわらず，HRによる換算結果の有用性については考慮されていないと指摘する（pp. 83-84）。例えば，「Hepworth [1956] は，為替レート変動との関連において，HRで換算するのは正しい方法であると結論づけているが，それは単一企業概念に基礎を置いているからである。…しかも，彼は，CRによる換算結果と比較した場合のHRによる換算結果の相対的利点を示していない。NAA [1960] もまた，HRによる換算の有用性を示すことなく，HRで換算することを容認している」（Parkinson [1972] p. 84）というのである。

以上のことから，Parkinsonは，非貨幣性項目をHRで換算することの正当性を単一企業概念の観点から行うよりもむしろ，導き出される結果を考慮することによってその適切さを明らかにするべきであるとする。その結果，彼は独立的在外子会社の保有する非貨幣性項目をHRで換算することにより財務諸表の利用者をミスリードする結果を生むことを指摘し，かかる項目をCRで換算することを提案しているのである。

4.3　換算差額の性質

Parkinson [1972] では，独立的在外子会社の外貨表示財務諸表の換算により生じる換算差額の会計処理は，第8章で取り扱われている。

外貨表示財務諸表の換算に関する換算差額については，従来，様々な会計処理が行われてきているが，外貨建取引の場合と同様，「保守主義」や「実現」に依拠した会計処理は不適切であることが，ここでも指摘されている。とくに，

実現テストによって換算差額の性質を決めることは，外貨建取引及び従属的在外子会社の場合よりもさらに不適切であるとする。なぜなら，独立的在外子会社の場合，外貨建資産・負債は親会社が存続する限り，あるいは当該子会社が処分されない限り，当該換算差額は実現しないからである。さらに，継続企業概念に立てば，この実現は永久に生じないからである（Parkinson [1972] p. 98）。

そこで，外貨建取引に関する換算差額及び，従属的在外子会社の外貨表示財務諸表に関する換算差額について，Parkinson [1972] の第5章で議論された「一般ルール」と類似した規準がここでも提案されている。つまり，独立的在外子会社に関する換算差額は，差損あるいは差益であるかどうかにかかわらず，為替レート変動が生じる見込があるか否かにより，それが生じた会計期間の損益計算書に反映されるか，あるいは繰り延べるのかが決定される（Parkinson [1972] pp. 102-103）。

さらに，換算差額が実現するかどうか疑わしい場合，つまり，為替レートがさらに一層変動する可能性がある場合には，長期間にわたり，換算差額は繰り延べられそして償却されるべきであり，その後，その可能性がなくなった場合に，その換算差額の未償却残高は当該期間の損益計算書に計上されるべきであるとされる（Parkinson [1972] p. 103）。

5 Parkinson [1972] の背後にある換算思考と会計思考

5.1 その背後にある換算思考

前述したように，外貨換算会計を議論するにあたって Parkinson [1972] が強く主張している点は，換算対象である外貨表示財務諸表項目が，為替レート変動の影響を受けるか否かという点である。つまり，「為替レートの変動から生じる換算差額を確定するためには，貸借対照表上に計上されている外貨建資産及び負債の帳簿価額を単に再表示するだけでは不十分であり，未決済の売買

契約により表わされている現地通貨の財務リスクにさらされている部分（為替エクスポージャー）もまた評価され，会計処理されなければならない」（Parkinson [1972] p. 46) のである。

そこで，Parkinson [1972] では，従属的在外子会社の外貨表示財務諸表の換算においては，外貨建取引の換算における結果と同様の結果が得られるような換算方法を採用することが推奨されており，換算に用いる為替レートを決定する要因は，為替レート変動の影響（為替リスク）にさらされている部分であるかどうかということにあるとする (p. 46)。また，ここでは，為替リスクとして，取引リスク（現地市場リスク）と財務リスク（通貨リスク）が想定されている (Parkinson [1972] p. 45)。そして，そのことから，Parkinson [1972] は外貨建取引の換算を行うための基準の1つである二取引基準を援用して，貨幣性項目については財務リスク（通貨リスク）にさらされていることからCRで換算することを，それ以外の項目（非貨幣性項目）については為替リスクにさらされていないことからHRで換算することを要請しているのである。

というのは，本来は貨幣性項目も非貨幣性項目もともに，為替リスクにさらされているのであるが，二取引基準では，非貨幣性項目は取引日に決定された原価を換算により修正しないのに対して，それと対応している貨幣性項目は取引日以降の決算日において換算により修正されることになるため，為替リスクは貨幣性項目に対してのみ課せられることになり，しかも，貨幣性項目の性質上，そこにおいて課せられる為替リスクは財務リスク（通貨リスク）のみであるからである。

これに対して，Parkinson [1972] では，独立的在外子会社の外貨表示財務諸表の換算においては貨幣性項目と非貨幣性項目ともに，CRで換算することが提案されている。そして，貨幣性項目についてCRで換算する論拠としては，それが通貨リスクにさらされていることが指摘されている。また，Parkinson [1972] は，非貨幣性項目についてCRで換算する論拠を，Hepworth [1956] とNAA [1960] が換算方法（貨幣・非貨幣法）を提案するにあたり基礎を置いている点を批判することから導き出しているのである。すなわち，彼等がよっ

て立っている論拠の1つである経済エクスポージャーの構成要素である通貨リスクと現地市場リスクが相殺されるという仮定は実際にはあり得ないこと，そして，現地市場リスクについては在外子会社により統制されているため，独立的在外子会社の外貨表示財務諸表上における非貨幣性項目は通貨リスクにのみさらされていることから，CRで換算することが提案されているのである。また，彼等がよって立っている論拠の1つである単一企業概念の観点から換算を行うことは，独立的在外子会社の外貨表示財務諸表の換算については無意味であることから，非貨幣性項目をCRで換算することが提案されているのである。

　換算差額の性質については，換算後の為替レートの動向に鑑みて，損益であるか否かが判断される。つまり，在外子会社が従属的であるのか独立的であるのかの相違は，為替リスクにさらされている範囲の相違を表わすだけであって，為替レート変動の影響を表す換算差額は，在外子会社の事業活動状況に関係なく，為替レートの変動が永久的である場合は損益処理を，一時的であれば繰延処理を行うとする。しかも，このようなルールに従って換算差額の性質を決めるという正当性を財務諸表の利用者に対する情報の有用性に求めるのである (Parkinson [1972] pp. 99-101)[8]。

　以上のことから，Parkinson [1972] では，換算を為替レート変動の影響を認識するプロセスと捉えて，為替リスクとして経済エクスポージャー（通貨リスク）の測定を目的とする換算思考（第3・第4換算思考）が想定されており，その思考に基づき，為替レート変動の影響を在外子会社の事業活動状況に応じて測定することが企図されていることがわかる。つまり，ここにおいては，為替リスクとして従属的在外子会社については貨幣性項目のみが通貨リスクにさらされていると想定されているのに対して，独立的在外子会社については貨幣性項目と非貨幣性項目の両者がともに通貨リスクにさらされていると想定されているのである。そして，その為替リスクを表す換算差額は，情報の有用性を論拠に，当該為替レート変動が永久的である場合に損益として財務諸表に反映されることが提案されている。

5.2　その背後にある会計思考

　次に，Parkinson [1972] の背後に想定されている会計思考についてみてみることにする。

　既に第2章において明らかにしたように，経済エクスポージャーはその背後にいかなる会計思考が存在しているのかということによって影響を受けることなく算定することができる。しかしながら，為替リスクとして経済エクスポージャーを測定し，それを財務諸表上に反映させるという目的のもとに換算方法を規定しようとする場合には，その背後に存在する会計思考を所与のものとしなければならない。

　したがって，このことから Parkinson [1972] が為替リスクとして経済エクスポージャーを測定するという目的のもとに換算方法を提案するにあたって，その背後にいかなる会計思考を想定していたかということを明確にする必要性があるが，その点について明確な記述をみつけることができなかった。しかし，Parkinson [1972] では，従属的在外子会社の外貨表示財務諸表において非貨幣性項目を HR で換算する論拠として，この非貨幣性項目が取得日の価値により決定されていること，しかも，それが原価価値であることが述べられている (p. 40)。

　新井 [1978] によれば，原価主義会計の合理的説明を行った学説には，原始記録（原価）が過去の確定した取引事実を表わしていることを主張する「原価即事実説」と，それが会計計算の基礎として意味をもつ根拠として，それが取引財貨の価値を表わしていることを主張する「原価即価値説」の2つがあり，「原価即事実説」では，原価を資産が取得された時点において確定された唯一の事実であるとするのに対して，「原価即価値説」では，その資産の原初価値が原価に等しいという Paton [1922a] の仮定[9]に基づいており，その底流には価値指向性がある（新井 [1978] pp. 344-345）としている。つまりこのことから，Parkinson [1972] においては，非貨幣性項目について取得日の価値を原価価値とする背後には，価値指向性を認めることはできないわけではないが，

当時のカナダGAAPにおいては当該項目が原価基準で測定されていたことを認めることができることから，その意味において，ここでは暗黙的に貨幣思考を想定していたと考えることができる。

また，Parkinson［1972］では「会計目的において，固定資産と棚卸資産は非常に類似する性質をもつものである。というのも，かかる資産はともに，将来の収益に対応されるために繰り延べられるべき原価を表わしている。棚卸資産と固定資産の唯一の相違点は，この対応が完成するまでの期間の長さにある」（Parkinson［1972］p. 85）と述べられている。

このように，Parkinson［1972］では，非貨幣性項目である固定資産と棚卸資産の相違点を，原価配分を行う期間の長さに求めていることから，その背後には貨幣思考が想定されていると解することができるのである。

さらに，換算差額の性質について論じる際，Parkinson［1972］では「保守主義」と「実現」に依拠するべきでないことが繰り返し強調されている。これは，当時のGAAPが貨幣思考に依拠した会計処理を行っていたことを暗に意味していると考えることができる。

以上要するに，Parkinson［1972］では会計思考として貨幣思考が想定されており，また，換算思考としては，換算を為替レート変動の影響を認識するプロセスと捉えて，為替リスクの測定を目的とする第3・第4換算思考が想定されているといえよう。

6 お わ り に

本章では，Parkinson［1972］が状況アプローチを提案した背後に想定されている会計思考と換算思考について検討を行ってきた。Parkinson［1972］では，換算方法を提案するにあたり，まず，当該在外子会社をその事業活動の置かれている状況に応じて，従属的在外子会社と独立的在外子会社とに区分して議論が展開されていた。

従属的在外子会社の外貨表示財務諸表については，その事業活動が親会社に

より直接に行われたならば親会社により記録されたであろう結果となるような方法で換算されるべきであり，外貨建取引の換算と同様の会計処理方法が要請されていた。しかもそのことから，Parkinson [1972] では，現地通貨で決済される価格をもつ商品（非貨幣性項目）を購入する場合には，親会社は，商品を購入するという取引と現地通貨（貨幣性項目）を購入するという契約の2つの異なる取引を行うことになるとする。そのため，親会社の観点から，非貨幣性項目については為替レート変動の影響を受けないことからHRによる換算が，一方貨幣性項目については通貨リスクにさらされることからCRによる換算が提案されていたのである。

これに対して，独立的在外子会社の外貨表示財務諸表は，親会社と子会社とが1つの会社をなしているという仮定に基づいて換算が行われるべきではないということが指摘されていた。そして，Parkinson [1972] では，独立的在外子会社が現地通貨で非貨幣性資産を購入した場合には，親会社の観点からは，在外事業活動に関するリスク（現地市場リスク）にさらされている部分は当該子会社自身により統制されているため単純には変化しないということを明らかにし，そのことから，非貨幣性項目は通貨リスクのみにさらされているものとしてCRで換算することを提案している。また，貨幣性項目についても，通貨リスクにさらされていることからCRによる換算が提案されているのである。

換算差額については，情報の有用性を論拠として，換算後の為替レート変動が永久的である場合には損益として計上し，一次的である場合には繰延処理が提案されている。

以上のことから，Parkinson [1972] の関心が為替リスクを開示することにあてられていることは明らかである。彼によれば，環境に応じて為替リスクは異なり，それに応じて為替リスクを財務諸表に反映（換算差額を損益計算書に計上）することが提案されているのである。為替エクスポージャーの範囲は，在外子会社の事業活動状況（独立的であるのか従属的であるのか）により決まり，その影響を表わす換算差額は，為替レート変動の動向（永久的であるのか一時的であるのか）により決まることになる。

このように，換算レートの決定要因は，当該項目が為替レート変動の影響を受けて為替リスクにさらされている部分であるかどうかという点にあるとともに，換算差額の性質も為替リスクが永久的であるか否かにより決定されるという点にあることから，明らかにParkinson [1972] では為替リスクの測定を目的とする第3・第4換算思考を想定しているといえる。

また，会計思考としては，当時のGAAPを背景として暗黙的に貨幣思考が想定されていたことが明らかになるのである。しかも，ここでは，従属的在外子会社においては貨幣性項目のみ通貨リスクにさらされていること，独立的在外子会社においては貨幣性項目と非貨幣性項目ともに通貨リスクのみにさらされているという仮定を置くことによって，会計エクスポージャーと経済エクスポージャーの一致が図られているのである。そのことから，Parkinson [1972] は，図表2-7に示した「仮説Ⅰ′」及び「仮説Ⅱ′」に該当するものといえるのである。

---

(1) 井戸 [2000] によれば，"the historic rate method" は流動・非流動法をさし，このカレント・レート法と流動・非流動法との組み合わせからなる状況アプローチを英国型として，カレント・レート法とテンポラル法との組み合わせからなる米国型とは区別されている (pp. 79-80)。
(2) このことは，貸借対照表において表わされる財政状態についてのParkinson [1972] の次の記述からも明らかになる。Parkinson [1972] によれば，「意味のある結果をもたらそうとするならば，財政状態において企業の為替エクスポージャーを確定するように評価することが不可欠である」(p. 47)。
(3) ただし，特別な状況においては固定資産について原価修正を推奨するものもあるとして，ICAEW勧告書第25号と，ARB第43号の第12章における勧告を取り上げている (Parkinson [1972] pp. 36-37)。ICAEW勧告書第25号では，固定資産を取得するにあたって生じた負債を決済する場合に予測される損失は，為替差損失として損益計算書上に認識されるのではなく，原価の一部として捉えることが適切であろうという確信のもとに，固定資産（非貨幣性資産）を平価切下げ後の為替レートで換算することが推奨されている (Parkinson [1972] pp. 36-37)。また，ARB第43号の第12章においても，原則的には現地通貨で取得された固定資産は，取得日の為替レートで換算されるのであるが，その後の為替レートの変動が永久的であると予想される場合には，それに関連する負債の変動の範囲内で固定資産の原価を再表示することが適切であるとされる。しかし，ARB第43号の第12章では，未決済の負債項目を再評価することから生じた為替修正額が，それに関連する固定資産の帳簿価額を減少させるのに使われているのであり，固定

資産を平価切下げ後の為替レートで換算することは推奨されてはいないのである (Parkinson [1972] p. 37)。
(4) Parkinson [1972] によれば，純粋な理論問題としては，取引日は契約日を意味すると解釈されるべきであるとする (p. 45)。
(5) 収益及び費用項目は，HR で換算されるべきであるとされている (Parkinson [1972] p. 48)。
(6) 換算レートを決定するという目的から，貨幣性項目と非貨幣性項目との区分が状況に応じて変わる例として，現地通貨建の社債への短期投資をあげている。当該投資は，特定の現地通貨建価額をもつ請求権を表わしているため，貨幣性資産であるといえる。その点に着目すれば，当該項目は CR で換算されることになるであろう。しかし，通常，短期投資は貸借対照表上，原価あるいは未償却原価で記録されている（ただし，低価基準に従って時価に切り下げられた場合を除く）。つまり，それは非貨幣性項目を意味している。よって，一般的原則では，短期投資についてはそれが非貨幣性資産であるかのように換算するべきであるとされているが，それを貨幣性資産として換算することが適切であると考えられるような特別な状況があることに注意すべきであると指摘している (Parkinson [1972] pp. 46-47)。
(7) Hepworth [1956] の他に，在外子会社が保有する非貨幣性項目について本国通貨の平価切下げに伴いその原価を修正することを容認する見解は，公報第92号や ARB 第43号など数多く存在する (Parkinson [1972] pp. 72-76)。
(8) この情報の有用性については十分な検討が行われた結果ではなく，Parkinson の信念によるところが大きいと指摘することができる (Lorensen [1973] pp. 18, 20)。
(9) Paton [1922a] は，この仮定を "cost-gives-value assumption" と呼んでいる (p. 490)。

第III編

外貨換算会計基準における換算方法採用の経緯

―― 背後にある思考の検討 ――

第8章　ARB第43号における流動・非流動法採用の検討

1　はじめに

　第4章の考察において，流動・非流動法がAshdown［1922］により提案された背景には，会計の理論的基礎が貸借対照表重視から損益計算書重視へと移行しつつあったこと，言い換えると，認識・測定構造が財貨思考から貨幣思考へと移行しつつあったことによる影響がみられるという指摘を行った。

　すなわち，Brown［1971］によれば，米国では財貨思考から貨幣思考への移行が，まず1900年代から1920年代にかけて固定資産の評価問題から開始され，次に1920年代以降，棚卸資産の評価問題に展開されていった（pp. 40, 62-67）。しかも，この移行は，とりわけ，配当利益に対する実務的要請など様々な外的要因により生じたといえることから，それは，会計理論の精緻化過程において行われたというよりも，実務的要請に基づいて生じたものであると捉えることができたのである。

　資産評価の問題が実務的要請に応じる形で展開されたことから，資産区分は，当初は固定資産とそれ以外という流動・非流動の区分がとられていた。しかもそのときには，この区分は，流動資産が時価で，固定資産が原価で評価されるというように評価基準の相違を意味する区分であったが，その後に棚卸資産について低価基準が適用されたことから，選択の方法によっては，単なる財務諸表の表示区分としての意味しかもたないような場合が生じてくることになった。さらにその後，棚卸資産については，貨幣思考に基づいて原価による評価が主張されたことを受けて，流動・非流動の区分は単なる表示区分としての意味しかもたないようになった。そのことから，貨幣・非貨幣の区分が資産評価の相

違を意味する区分として登場することになった。

そこで本章では，このような会計思考の移行に伴って生じた資産評価をめぐる問題の展開に影響を受けて，流動・非流動法が Ashdown [1922] により提案された後，AIA においてそれが会計基準としてどのように承認されていくのか，また，その背後にはいかなる会計思考や換算思考が存在していたのか，ということについて検討することにする。

2　AIA 公報における流動・非流動法承認の経緯とその背後にある思考

2.1　公報第92号の検討

AIA の会計手続特別委員会は1931年12月に，公報第92号（AIA [1931]）を公表した。当時直面していた経済状況は，1929年に起こった世界恐慌の進行と，米国を除く主要国の金本位制の停止に伴い，米ドルに対して外国通貨が切り下げられる（米ドル高）というものであった。そのため，当面の課題は，在外子会社を有する米国会社に生じることになった多額の為替差損をどのようにするのかということにあった。

このような背景のもとで，公報第92号は次のような勧告を行っている（AIA [1931] pp. 2-3）。

① 固定資産については，当該資産が取得または建設されたときの為替レートで米ドルに換算[1]すべきである。その結果，換算後の財務諸表において，米ドルで購入された固定資産は，米ドル建の取得原価で表示され，外国通貨で購入された固定資産の取得原価は，実際の支払額（外国通貨）に当該支払時点の為替レートで換算した米ドル同等額で表示されることになる。

② 現金，受取債権及び棚卸資産を除くその他の流動資産については，CRで換算されるべきである。しかし，これらの資産が先物為替予約により

2 AIA公報における流動・非流動法承認の経緯とその背後にある思考　169

ヘッジされている場合には，先物予約レートで換算することとする。
③ 棚卸資産については，米ドル建の時価と原価のいずれか低い方で評価するという基準（低価基準）が適用される。棚卸資産が本来の流動資産として取り扱われず，そのために，CRで換算されない場合には，そのことについて当該会社による立証責任が生じる。米ドル建による入手可能な市場価値（売価及びそれから現地費用をまかなう合理的な割合を控除した後の価格）が，当該棚卸資産の原価にHRを乗じた結果を超える場合には，この米ドル同等額が，低価基準における原価と考えられる。
④ 外国通貨による決済が予定されている流動負債はCRで換算される。
⑤ 長期負債はCRではなく，契約した時点の為替レートで換算される。
⑥ 損益項目は，何らかの平均（月平均・加重平均）レートにより換算される。
　また，このように換算を行うことから生じた換算差額（ここでは為替差損についての記載のみ）は，在外事業活動に固有のリスクであるため，費用（為替差損）として営業費用（operating accounts）に計上されるべきであり，剰余金の控除項目として計上されるべきではないとする。そして最後に，外貨換算会計の取扱いについては，多くの公刊物が存在するが，なかでもAshdown [1922]は優れたものであるとしてAIAにより評価する旨が述べられている（AIA [1931] p. 3）。

2.2　公報第117号の検討

　AIAの会計手続特別委員会は，1933年12月に，『外国為替差益に関する覚書』と題する報告書を公表し，1934年1月にそれを公報第117号（AIA [1934]）として公刊した。そしてそれは1933年4月に米国において金本位制が停止されたことに伴い，外国通貨に対する米ドルの価値が切り下げられる（米ドル安）という状況のもとに，在外子会社を有する米国会社に生じることになった為替差益をどのようにするのかというAIAの当面の課題に対応するものであった。
　そこで，公報第117号では，公報第92号において示された外貨換算に関する一般原則（流動・非流動法による換算）を引き継ぐことを勧告するとともに，正

味流動資産(流動資産マイナス流動負債)に CR を用いて換算することによる注意点をいくつか指摘している (AIA [1934] p. 5)。

そしてそのなかで，とくに外国通貨に対する米ドルの価値が下落している時期において，流動・非流動法を用いて換算を行うにあたり，為替エクスポージャーがロング・ポジションである場合(流動資産合計が流動負債合計を超える状態)には，換算後財務諸表上に正味価値の増加(貸方差額)，すなわち換算差額が生じることになるが，継続企業においてはこの差額を実際に米ドルに転換する可能性が低いことから，将来の為替変動が米ドル建の帳簿価額を永久に増加させると合理的に考えられるまでこの換算差額は，仮勘定(suspense account)に計上されるべきであるとする (AIA [1934] p. 5)。

つまり，公報第117号においては，換算差額のなかでも貸方差額(為替差益)については実現という点で問題があり，当期の損益計算書に計上すべきではないことを，その一方で，借方差額(為替差損)については公報第92号を引用する形でたとえ一時的な性質のものであっても，当期の損失として計上すべきであることを勧告しているのである (AIA [1934] p. 6)。

2.3 AIA 公報の背後にある会計思考と換算思考

本項では，外貨換算会計に関する AIA の私的見解として公表された公報第92号と公報第117号において，いかなる会計思考と換算思考がその背後に想定されているのかについて考察する。

2.3.1 公報第92号の背後にある会計思考と換算思考

公報第92号では，資産項目が固定資産，棚卸資産を除く流動資産，そして棚卸資産に3分類されている[(2)]。固定資産については，換算後の財務諸表において米ドル建の取得原価で表示されることが明示されているとともに，その取得原価が実際の支払額，すなわち支出に基づいていることが明記されている (AIA [1931] p. 2)。このように，貸借対照表上に計上される固定資産は，支出対価としての原価で表示されることが求められていることから，実際に支払が

行われた時点すなわちHRで換算することが提案されているのである（AIA [1931] p. 2）。

棚卸資産については，米ドル建による低価基準に従うことが明示されている。その場合に比較される原価は，現地通貨建の取得原価にHRを乗じて換算した米ドル同等額を意味する。また，棚卸資産は流動資産と同様にCRで換算することを原則とし，例外として，CR以外で換算を行うことも認められている。そのことから，低価基準において比較される時価（米ドル建の市場価値）は，現地通貨建の市場価値にCRを用いて米ドルに換算したものであると解釈される。このことは，現地通貨建原価にCRを用いて米ドルに換算したものを低価基準において採用すべきではないことが明記されていることからも明らかである（AIA [1931] p. 2）。

このことから，公報第92号において提案されている方法は，次の点において，Ashdown [1922] により提案された純粋な流動・非流動法とは異なることがわかる。それは，①Ashdown [1922] では，資産項目が固定資産と流動資産に2分類されていたのに対して3分類されている点，②固定資産を使用価値により評価することを想定しているAshdown [1922] とは異なり，貨幣思考のもとで支持される「対価の支出に基づく原価概念」が強調されている点，③棚卸資産評価を低価基準に基づいて行う点である。

③については，棚卸資産が低価基準の適用により時価で評価された場合には，Ashdown [1922] により提案された純粋な流動・非流動法と同一の結果をもたらすことになるが，棚卸資産が原価で評価された場合には，それとは異なる結果をもたらすことになる。

しかし，公報第92号が公表された1931年当時においては，1929年以降の大幅な物価水準の下落により，それ以前の10年間にわたる高額な原価と比較し，時価は大幅な下落傾向にあった（Brown [1971] pp. 52-53）。そのため，実質的には，低価基準を適用すると時価が採用されることになり，純粋な流動・非流動法と同じ結果がもたらされることになる。

ただし，ここにおいて注意すべき点は，公報第92号はAshdown [1922] に

より提案された純粋な流動・非流動法と形式的には同一の方法を適用することになるが，実質的には異なる形態をとっている点にある。しかも，その要因として，部分的にではあるが貨幣思考に影響を受けた資産評価論の存在を指摘することができる。というのは，公報第92号と Ashdown [1922] との差異の1つである①資産分類において，棚卸資産を個別に論じていること自体が，第4章において指摘した1920年代から1930年代にかけてみられる両会計思考を目的に応じて使い分けるという混在形態を反映した資産評価をめぐる議論の影響を受けていると考えられるからである。

また，流動資産（棚卸資産を除く）の評価について，Ashdown [1922] では，当該資産は期末に清算が行われたという仮定のもとに生じるであろう価値で示されるべきであるとされているのに対して，公報第92号では，これらの資産が先物為替予約によりヘッジされている場合には，先物予約レートで換算することが要請されているのである。つまり，Ashdown [1922] では，流動資産の価値として時間的には現在における仮定としての払出価値に基づく属性が考慮されているのに対して，公報第92号では，かかる資産は時間的には現在あるいは将来における実際に生じるであろう払出価値が考慮されているといえるのである。したがって，公報第92号では，流動資産（棚卸資産を除く）は，CRあるいは特定の将来時点の為替レートによる換算が提案されていると考えることができる。

さらに，ここで注意すべき点は，公報第92号における棚卸資産評価としての低価基準の意味である。平敷 [1990] によれば，低価基準についても，財貨思考に基づく低価基準[3]と貨幣思考に基づく低価基準が存在しており，1940年10月にAIAの調査研究部門により公表された『試案報告書・棚卸資産』において「有用原価」概念が採用されたことと「原価配分」との関連性が明示されたことを契機として，米国においては財貨思考に基づく低価基準から貨幣思考に基づく低価基準へと移行が図られたことが指摘されている（平敷 [1990] pp. 103-110, 123）。そのことから，1931年に公表された公報第92号は，未だ財貨思考に基づく低価基準をそこにおいて想定していたと推察することができる。

以上のことから，公報第92号の背後にある会計思考は，Ashdown [1922] との比較において，貨幣思考への移行の影響を受けてはいるものの，それは未だ部分的であり，両会計思考が混在した形態として，資産の評価問題（測定属性）に現われているといえる。そして，そのような評価問題に対応する形で換算レートの選択が行われていることから，公報第92号では，本国通貨を測定単位とする変換プロセスと換算を捉えて，換算対象の測定属性の維持を目的とする第1換算思考を想定しているものと考えることができるのである。

最後に，換算差額についてみると，公報第92号では借方差額（為替差損）のみを取り上げ，それを流動・非流動法による換算の結果として生じる差額として捉え，親会社の負うリスクであることから為替差損として即時費用計上することが要請されている（AIA [1931] p. 3）。Ashdown [1922] と同じく，このように混在する会計思考のもとで，公報第92号において換算差額が損益という性質が付されるのは，換算思考として第1換算思考が想定されていることによると解釈することができる（第4章参照）。なお，Ashdown [1922] では，為替差損に対して為替準備金の設定が提案されていたが，公報第92号では即時認識処理が勧告されている。しかしながら，このような相違から公報第92号の背後に想定される会計思考を特定化することはできない。というのは，図表2-6から明らかなように，第1換算思考のもとでいかなる会計思考を想定したとしても，換算差額は為替差損として即時費用計上することが可能であるためである。

2.3.2　公報第117号の背後にある会計思考と換算思考

公報第117号では，公報第92号における流動・非流動法を引き続き採用するという勧告とともに，為替エクスポージャーの観点より為替差益に対する会計処理についての勧告が行われている（AIA [1934] p. 5）。

そして，そこでは，外国通貨に対する米ドルの価値が切り下げられている時期に，流動・非流動法を用いて換算を行うと，為替エクスポージャーがロング・ポジションである場合には，換算後財務諸表上には正味価値の増加（貸方

差額)が生じることになるが,継続企業においては,このような換算差額(貸方差額)が実際に米ドルに転換される可能性は低いため,即時に利益として計上することは実現概念に抵触すると指摘している。このように公報第117号では,流動・非流動法を用いて換算を行った結果として生じることになる換算差額(為替差益)の問題が考慮されているのであるが,それは当時米国の置かれていた外国通貨に対する米ドル価値の切下げという状況に対応して行われたものであるといえる[4]。

したがって,公報第117号においては為替差益以外の問題については,原則的に公報第92号を引き継いでいることから,公報第117号は,換算思考について公報第92号と同様に,本国通貨を測定単位とする変換プロセスと換算を捉えて,換算対象の測定属性の維持を目的とする第1換算思考を想定しているものと考えることができるのである。

しかも,公報第117号では,為替差益に対して実現概念を論拠として繰延処理を勧告している点に着目する限り,その背後に貨幣思考に基づく認識・測定構造への移行が想定されていると推察することができるのである。

3 ARBにおける流動・非流動法承認の経緯とその背後にある思考

AIAは公的見解として,1939年12月にARB第4号(AIA [1939])を公表した。その後,AIAの調査研究部門により,1940年,1941年そして1949年に,ARB第4号に対する補足的な勧告が公表されている。

3.1 ARB第4号の検討

ARB第4号は,既刊の公報第92号と公報第117号を基礎として,当時米国企業が直面していた問題に対応するために,追加的に発行された「特別(special)」公報であった。その問題とは,1939年9月に第2次世界大戦が勃発したことにより,ヨーロッパを中心として為替相場安定のための協定が停止される

とともに，不安定な海外状況及び通貨・為替制限が行われるという状況下において，米国企業の在外事業に関する会計処理をいかに行うのかというものであった（AIA [1939] Introductory note, par. 1, Editorial [1940] pp. 1-2）。

ARB 第 4 号では，まず，送金制限に伴い在外子会社の稼得利益（earnings）と在外子会社が所有する資産を，いかに連結財務諸表に取り込むのかについて取り上げた。米国企業にとって安全なルール（safe rule）とは，在外事業活動から生じた稼得利益のうち実際に送金され米国において受け取られたものに限り計上すること，一方，送金されなかった利益でその金額が重要なものについては開示すべきであるが，その実現が疑わしい部分については準備金を設定する（reserved）こと，そして，在外事業活動から生じた損失については引当金（provision）を設定することを勧告している（AIA [1939] par. 3）。在外子会社の所有する資産については，実現という点からみれば何らかのリスク及び制限を負うことから，完全な開示（full disclosure）を行うことが勧告されている（AIA [1939] pars. 4-5）。

続いて，在外子会社を含む連結財務諸表の開示に関する勧告がなされている。そこでは，在外子会社が連結されてもされなくとも，在外事業活動について適切な開示が行われるべきであり，その開示方法として次のような勧告が行われている（AIA [1939] par. 6）。

(a) 在外子会社を連結範囲から除外する場合。
　① 国内子会社による財務諸表のみを連結すること。
　② 在外子会社に関しては，そこにおける資産及び負債，当該年度の損益，そして親会社の持分について適切な形式で示す要約表を添付すること。
(b) 従来どおり，国内子会社と在外子会社を連結するとともに，上記②における要約表を添付すること。
(c) 完全な連結財務諸表と国内子会社による財務諸表のみを含む連結財務諸表をともに提供すること。
(d) 従来どおり，国内子会社と在外子会社を連結するとともに，在外子会社への投資及び在外子会社からの利益を，国内子会社に対するそれとは別

に示した親会社の財務諸表を添付すること。

最後に，換算差額（為替差損益）に関する勧告がなされている。ARB 第 4 号では，実現した為替差損益については営業損益（operations）に含めるが，外貨建の純流動（運転）資産に対する換算価値（conversion value）の下落（未実現の為替差損）については引当金を設定し別個に表示することを勧告している（AIA [1939] par. 7）。

3.1.1　ARB 第 4 号に対する1940年補足勧告の検討

1940年 1 月に AIA の調査研究部門は「外国為替レート」という ARB 第 4 号に対する補足勧告「1940年補足勧告」（AIA [1940]）を公表した。「1940年補足勧告」では，第 2 次世界大戦のさなか為替制限や戦争状態にある国々においては，2 種類の為替レートが存在していたため，いずれの為替レートを用いて換算を行うのかが緊急に解決すべき問題であった。

ここでいう 2 つの為替レートとは，送金のために政府により規定された公定レートと，自由レートまたは公開市場レートである。当時，一般的に公定レートは自由レートよりも高い状態にあったため，企業においては在外子会社の外貨表示財務諸表を換算するにあたって恣意的な操作が可能となっていた。そこで「1940年補足勧告」では，換算にあたって選択される為替レートは，当該場合において実質を反映した実効レートでなければならないことを勧告している（AIA [1940] pp. 86-87）。

3.1.2　ARB 第 4 号に対する1941年補足勧告の検討

1941年 1 月に AIA の調査研究部門は「在外事業と外国為替」という ARB 第 4 号に対する補足勧告「1941年補足勧告」（AIA [1941]）を公表した。「1941年補足勧告」では，ARB 第 4 号における基本的原則は有効であるとしつつも，次の点に注意すべきことを勧告している（AIA [1941] p. 27）。

① さらなる送金制限に鑑みて，送金可能性の確認に注意を払うこと。
② 在外子会社を連結範囲に含めることに注意を払うこと。

③ 公定レートは各国において人為的に決定されていることが多いため，外国為替市場で決定される自由レートの方が，一般的な換算目的にとっては適切であること。

3.1.3　ARB 第 4 号に対する1949年補足勧告の検討

1949年12月に AIA の調査研究部門は「外国通貨の平価切下げから生じる会計問題」という ARB 第 4 号に対する補足勧告「1949年補足勧告」(AIA [1950]) を行い，1950年 1 月の "The Journal of Accountancy" 誌上においてそれを公表した。「1949年補足勧告」では，当面の問題の多くが ARB 第 4 号における基本的原則において解決可能であるとしつつも，次のような将来の状況を意識した勧告が行われている。

① 平価切下げに伴う為替差損は，在外事業活動に伴う固有のリスクであるが，世界的規模での大幅な平価切下げは再発する危険性がない。そのため，かかる損失を損益計算書上に計上すると純利益の重要性を損なわせるほどに当該損失が大きい額である場合には，当該為替差損は，剰余金に借記するのが適切である (AIA [1950] pp. 36-37)。

② 損益項目については，期中において平価切下げが行われたときには，多くの場合，ARB 第 4 号に従い平価切下げ前と平価切下げ後の両レートを適用して換算することが望ましい。しかし，平価切下げ後の為替レートで当該年度の利益を換算する方が，より現実的な結果となる場合もある。しかも，この手続には，平価切下げ時に線引きを行う (cut off) 必要性がないという実務上の利点がある。また，当該年度の大部分に対して平価切下げ前の為替レートが用いられる場合に，為替レートの切下げから生じる為替差損を剰余金に借記すると，損益計算書は誤導する結果を表示することになることがある (AIA [1950] p. 37)。

③ 固定資産は，一般的に，その取得時あるいは建設時における為替レートで換算するのが原則である。ただし例外として，平価切下げ後の為替レートで利益が換算される年度において取得された固定資産と，現地資本

で取得された固定資産については，平価の切下げ後の為替レートで換算される。しかし，固定資産が米ドルで購入された場合には，その価額が米ドル建の原価となりそれによって計上される。また，固定資産が送金制限を受けていない利益から外国通貨で購入された場合には，その購入日の為替レートで換算した当該外国通貨の米ドル同等額が，かかる資産の米ドル表示額として認識されるべきである（AIA [1950] p. 37）。

④ 長期負債は，一般的に，実際に契約したときの為替レートで換算するのが原則である。しかし，十分な反証がない場合には，長期社債については平価切下げ後の外国通貨で支払われることから，平価切下げ後の為替レートで換算されるべきである（AIA [1950] p. 37）。

⑤ 株式資本については，外貨表示の株式資本をHR，平均レート，平価切下げ後の為替レートのいずれで換算すべきかについては，個々の状況を考慮して決定する必要がある（AIA [1950] pp. 37-38）。

3.2　会計研究公報第43号の検討

AIAは1939年から1953年までに公表した42の会計研究公報のうち，8つの会計研究公報を除くすべての会計研究公報について見直しを行い，改訂が必要なものについては改訂した上でそれを主題別に整理したものとして，1953年6月にARB第43号（AIA [1953]）を公表した。外貨換算会計に関する規定は，その第12章に組み込まれており，その再録にあたり，ARB第4号とそれに対する3つの補足勧告書が次のように要約されている[5]。

① 固定資産，永久的投資及び長期債権は，当該資産が取得または建設されたときの為替レートで米ドル額に換算されなければならない（AIA [1953] Ch. 12, par. 12）。

② 現金，売上債権，及びその他の流動資産は，先物契約により保証されていない限り，CRで換算されなければならない（Ch. 12, par. 14）。

③ 棚卸資産については，米ドル建の原価と時価のいずれか低い方で評価するという基準（低価基準）が適用されるべきである。ただし，棚卸資産

がCRで換算されない場合には，――通常は流動資産と同様にCRで換算されるため――CR以外の換算レートを選択した場合には立証責任が生じる (Ch. 12, pars. 15-16)。

④ 外国通貨で支払われるべき流動負債は，CRで換算されなければならない (Ch. 12, par. 17)。

⑤ 外国通貨で表示されている長期負債及び株式資本は，CRではなく，それらが当初に発生，あるいは発行されたときの為替レート (HR) で換算されるべきである (Ch. 12, par. 18)。

⑥ 損益項目については，各月の平均レート，加重平均レート等の何らかの平均レートにより換算されるべきである (Ch. 12, pars. 19-20)。

またARB第43号の第12章では，実現した為替差損益については営業損益 (operations) に含めるが，未実現の為替差損については引当金 (provision) を設定するとともに当期の損益計算書に（営業損益として）計上することを，未実現の為替差益については仮勘定 (suspense account) に計上し次期以降に繰り延べることを推奨している (AIA [1953] Ch. 12, pars. 10-11)。ただし，大幅な平価切下げに伴って生じた為替差損は，反復性のあるものではないことから，例外的に剰余金に計上することが適切であるとされている (AIA [1953] Ch. 12, par. 21)。

3.3　AIA会計研究公報の背後にある会計思考と換算思考

外貨換算会計に関するAIAの公的見解として，ARB第4号をはじめとして，その補足勧告，さらにはARB第43号が公表されている。しかし，前述したように，AIAによるこれらの一連の公刊物において述べられている外貨換算に関する一般原則は，公報第92号を基礎としているものの，各公刊物はその公表当時における経済状況などの影響を受けて，その内容に変化がみられる。そのため，AIAによる一連の公刊物の背後にある会計思考と換算思考を検討するにあたり，各公刊物の比較を行うことにする。

3.3.1 損益計算書重視の見解

ARB 第 4 号に対する「1949年補足勧告」において,将来の状況を意識した勧告として 5 項目があげられていた。そこでは,まず,それ以前の公刊物(公報第92号や ARB 第 4 号)とは異なり,その項目の列挙にあたり損益計算書項目に関する項目がまずあげられ,その次に貸借対照表項目に関する項目が,資産,負債そして純資産の順にあげられている。そのことから,ここでは貸借対照表項目よりも損益計算書項目に重点が移行していることが見受けられる[6]。

しかしその反面で,その第 1 番目にあげられている項目「平価切下げに伴う為替差損」において,1947年12月に AIA により公表された ARB 第32号『当期利益と利益剰余金』(AIA [1947])を考慮すべきことが強調されていた。しかも,ARB 第32号では,損益計算書は下位的な報告書であること,利益を表示する上で重要な目的は利益の平準化をもたらす会計手続を回避すべきであること,純利益の決定に影響を及ぼす配分は将来の出来事に関する種々の仮定に基礎を置いているところに問題があること(AIA [1950] pp. 36-37)が述べられており,貨幣思考に対する意識をそこに認めることができるものの,相変わらず財貨思考に基づくものといえる。

このように,「1949年補足勧告」では,AIA のそれ以前の公刊物よりも貨幣思考に対してより強い指向性は認められるものの,未だその完全な移行が図られているわけではない。

3.3.2 棚卸資産をめぐる見解

ARB 第43号の第12章においては,外貨換算に関する一般原則について公報第92号をほぼそのままの形で引用しているが,一部に変更がみられる。とりわけ,棚卸資産に関する部分は変更箇所が多く,そこでは,棚卸資産を流動資産として取り扱うことに関して,公報第92号よりも重点の低下がみられる[7]。つまり,公報第92号では,棚卸資産を本来の流動資産として取り扱うことから CR による換算が提案されていたが,ARB 第43号の第12章では,低価基準の適用を前提として,棚卸資産を流動資産と同様に CR により換算することが提

3 ARBにおける流動・非流動法承認の経緯とその背後にある思考　181

案されているのである。また，低価基準について，公報第92号では，"the standard rule of <u>market or cost</u>, whichever is lower"（AIA [1931] p. 2）と表現されているのに対して，ARB第43号の第12章では，"the standard rule of <u>cost or market</u>, whichever is lower"（AIA [1953] Ch. 12, par. 15）と表現されている。前者は，"market"に強調が置かれ，後者は"cost"に強調が置かれていると解することができる。そのことから，公報第92号では，棚卸資産は本来時価で評価されることが想定されており，ARB第43号の第12章では本来はかかる資産は原価で評価されることが想定されていたと推測することができる。しかも，平敷 [1990] によれば，ARB第43号の第4章における低価基準は，貨幣思考に基づくものであるということが指摘されている（pp. 154-172）。

3.3.3　小　　括

以上のことから，公報第92号と比較してARB第4号では，またARB第4号と比較して1949年の補足勧告では，さらにそれと比べてARB第43号の第12章では，貨幣思考への移行をもたらすような外的要因がより確立してきていること，そしてまた，棚卸資産の評価方法に関する記述からも，そこにおいては，徐々に貨幣思考への移行の影響を受けていると思われる点が認められることが明らかになる。

そのことから，AIAの一連の公刊物では一貫して，会計思考の移行から生じてきた資産評価問題（測定属性）に対応する形で，換算レートが選択されており，その意味で，ここにおいては本国通貨を測定単位とする変換プロセスと換算を捉えて，換算対象の測定属性の維持を目的とする第1換算思考がその背後に想定されていると考えることができる。

また，換算差額については，AIAの一連の公刊物では一貫して，流動・非流動法による換算の結果として生じる差額であり，在外事業活動に伴い生じる親会社の負うリスクであることから，為替差損益（損益項目）として捉えられている。よって，ここでは換算目的として為替リスクを測定するという第3・第4換算思考が想定されていないことは明らかである。しかも，上述したよう

にAIAの一連の公刊物では第1換算思考がその背後に想定されていると考えられることから，換算差額についても第1換算思考に基づいて捉えられていると解釈することができる。そしてそのことから，混在する会計思考を想定するAIAの一連の公刊物において一貫して，換算差額が為替差損益として捉えられることも説明できるのである（図表2-1参照）。

ところが，換算差額の処理については，未実現の為替差益は実現概念上問題があることから繰り延べられ，為替差損は即時認識される，仮勘定等に留保される，あるいは事前に準備金が設定されるなど，AIAの一連の公刊物において多様性がみられるものの，共通して保守主義による会計処理が提案されている。

ARB第43号の第12章においても保守主義に依拠して，借方差額の場合は未実現であっても為替差損として即時費用計上するが，貸方差額の場合には未実現の為替差益は，当期の収益として認識することに実現概念上問題があることから仮勘定を通じて繰り延べ，将来に生じる未実現の為替差損と相殺することが提案されているのである。このように，ARB第43号の第12章では，為替差益について実現概念との整合性が重視され，それを損益計算書に計上されるべきでないことが指摘されている。この点に着目する限りにおいては，貨幣思考がその背後に想定されているということができる。

4 おわりに

本章では，財貨思考から貨幣思考への会計思考の移行に伴い生じてきた資産評価問題をめぐる対応に影響を受けて，流動・非流動法が，AIAにおいて会計基準として承認されていく経緯を跡づけることによって，それらの背後にある会計思考と換算思考について検討を行ってきた。

その結果，第4章において明らかにしたように，米国における会計思考の移行が会計理論の精緻化というよりもむしろ，多くの外的要因により，まずは固定資産の評価問題において原価に基づく評価が定着し，次に棚卸資産の評価問

題において低価基準に基づく評価が定着していったことに対応して，それと時点性が一致する換算レートを選択する換算方法として，流動・非流動法が会計基準として承認されていったことが明らかになった。

つまり，当初 Ashdown [1922] において提案された流動・非流動法は，それが外貨換算会計基準として承認されていく（制度として採用されていく）過程において，会計思考の移行に伴って生じた資産評価をめぐる対応に影響を受けて，基本的には流動・非流動法とみなされてはいるのであるが，形式的には貨幣・非貨幣法に近似する結果がもたらされるようになっていったことが明らかになった。しかも，ARB 第43号の第12章において採用された流動・非流動法においては，会計思考として財貨思考に依拠しつつも貨幣思考への移行が行われていたとともに，財貨思考から貨幣思考へという会計思考の移行に伴い生じてきた資産評価問題（測定属性の変化）に対応する形で換算レートが選択されていたことが明らかになった。

また，ここにおける換算差額については，明らかに第1換算思考に基づき生じた為替差損益として考えることができたが，会計思考については実現概念（貨幣思考）を意識した会計処理についての記述はみられるものの，その背後における会計思考を特定化することができなかった。

以上のことから，ARB 第43号の第12章では，会計思考として貨幣思考への移行は認められるもののあいかわらず財貨思考が，換算思考としては第1換算思考が，その背後に想定されていたことが明らかになる。よって，ARB 第43号の第12章は，図表2-7に示した「仮説Ⅰ」への移行を認めることができるものの，実質的には図表2-8に示した「仮説Ⅲ」に該当するものといえるのである。

（1）本書の第4章注13において指摘したように，当時の文献に多くみられる "conversion" は現在の "translate" とほぼ同意義であることから，Ashdown [1922] と同様，公報第92号においても換算を "conversion" の訳語として用いている。
（2）負債項目は，流動負債と固定負債とに2分類されている（AIA [1931] pp. 2-3）。
（3）渡辺 [1965] によれば，貸借対照表を重視する思考においては，財務諸表は債権者的

要求を反映して作成されており,棚卸資産は容易に換金して債務の支払に充てることができる資産であると考えられていた。そのことから,棚卸資産はその換金可能価値（または保守主義と結合して,それ以下の価額）で評価されていた（渡辺 [1965] p. 6）。このように,渡辺 [1965] においても,財貨思考に基づく低価基準の存在が認められている。

また,平敷 [1990] は,財貨思考に基づく低価基準を静的低価基準と呼び (p. 13),「静的会計観のもとにおいて,…低価基準は,債権者保護思想を背景にした貸借対照表重視のもとにおいて,担保物件としての棚卸資産の換金価値を保守主義に依拠して評価する手続である」(p. 12) と説明している。

(4) Lopata [1936] は,公報第117号の公表後,米国企業30社を対象に換算差額に対する会計処理について調査を行っている。その結果から,当時の換算差額に関する処理には AIA 公報の勧告と異なる処理もみられ,当該実務が多様化していたことが窺える（井戸 [2000] pp. 75-78参照）。

(5) ただし,在外子会社の事業活動から生じた利益のうち,実際に送金された額についてのみ連結財務諸表上に計上するという従来の規制が,このような送金が制限されていない資金についてまでも認められるように,その範囲が拡張されている（AIA [1953] Ch. 12, par. 4）。この点についても変更が認められる。

(6) ARB 第43号の第12章においては,それぞれの財務諸表項目に対する換算手続の前に,損益計算書項目である為替差損益の会計処理についての記述がみられる。その点に着目すると,ARB 第43号においても同様に,損益計算書を重視する傾向があるといえる。

(7) 公報第92号では,"Inventory should follow the standard rule of market or cost, whichever is lower in dollars. Where accounts are to be stated in which the question of foreign exchange enters and the inventory is not treated as an ordinary current asset and converted at the rate of exchange prevailing on the date of the balance-sheet, the burden of proof should be on the client."（AIA [1931] p. 2）と記述されている（下線は筆者）。

ARB 第43号の第12章では,"Inventory should follow the standard rule of cost or market, whichever is lower in dollars. Where accounts are to be stated in which the question of foreign exchange enters and the inventory is not translated at the rate of exchange prevailing on the date of the balance-sheet, as is usually done with current assets, the burden of proof is on those who wish to follow some other procedure."（AIA [1953] Ch. 12, par. 15）と記述されている（下線は筆者）。

第9章　APB意見書第6号における貨幣・非貨幣法採用の検討

1　はじめに

　第5章において明らかにしたように，1930年代の初期に起こったといわれている財貨思考から貨幣思考への会計思考の移行による影響を受けて，貨幣・非貨幣法が Hepworth [1956] によって提案された。そしてそれは，このような会計思考の移行により，資産概念が原価に基礎を置いて規定されるとともに現金収支に基づいて資産の評価分類，すなわち，貨幣・非貨幣の区分が行われるようになったことを受けて，財務諸表項目の測定属性を換算後に維持することを目的に換算レートを決定する方法として提案されたのである。つまり，Hepworth [1956] によって提案された貨幣・非貨幣法は，貨幣思考のもつ論理性，すなわち貨幣思考のもとで規定される資産概念とその測定属性に基づいて提案されたものである。

　このように貨幣・非貨幣法は，Hepworth [1956] により提案された後，1960年3月にNAAにより公表された調査報告書第36号（NAA [1960]）において支持され，そしてその後に，AICPAにより1965年10月に公表されたAPB意見書第6号（AICPA [1965]）において承認されることとなった。

　そこで本章では，このような貨幣思考への会計思考の移行に伴って生じることになった資産評価をめぐる問題の展開に影響を受けて，貨幣・非貨幣法がHepworth [1956] により提案された後，どのようにしてNAA [1960] において支持され，結果としてAPB意見書第6号（会計基準）において承認されていったのか，その経過を跡づけるとともに，それらの背後に想定されている会計思考及び換算思考について検討することにする。

2 NAA［1960］により提案された貨幣・非貨幣法の検討

　Hepworth［1956］により提案された貨幣・非貨幣法がAPB意見書第6号において承認されていく背景には，NAA［1960］による支持が影響を及ぼしたということが，ARS第7号において指摘されている（Grady［1965］pp. 332-333）。そこで，本節では，NAA［1960］において提案された換算方法を考察するとともに，いかなる意味において，それが，Hepworth［1956］の貨幣・非貨幣法を支持するものとして評価されているのかについて考察することにする。

2.1　NAA［1960］による換算方法の特徴

　NAA［1960］は，戦後15年間に米国産業が急速に成長し，多くの企業が多国籍化するようになったことに伴って生じてきた国際財務管理問題や，在外事業活動報告などの問題に対する解決策を調査した報告書である（p. 1）。

　まず，NAA［1960］では，「統制及び意思決定目的のために必要とされる財務情報を経営者に提供するという問題に関心を向けている」(p. 2)ことを明らかにしている。その上で，その第2章において，在外事業活動に特有の会計問題を提示し，それを解決するために実際に使用されているいくつかの方法を議論することによって，そこから得られた結論が在外事業活動の会計処理に関する原則的な方法であることを示している（NAA［1960］pp. 2, 4-12）。

　なお，NAA［1960］では，在外事業活動に特有の会計問題として，①米国親会社との会計期間のズレ，②言語の相違及びそれから生じる伝達上の障壁，③法制度の相違，④会計実務の相違，⑤通貨の相違の5つをあげている（pp. 4-12）。

　それに続いて第3章では，第2次世界大戦後に米ドルに対する主要国通貨の急激な下落や平価の切下げなど，為替相場が不安定であることを指摘し，そのことから，換算原則は，為替レートが長期的に変動するような場合や，緩やか

にあるいは急激に変動するという場合のように,あらゆる状況に適用可能なものでなければならないと指摘されている (NAA [1960] pp. 14-15)。そして,換算目的は「経営者が事業活動を管理するにあたって有用な米ドル表示の財務情報を提供すること」(NAA [1960] p. 16) にあるとして,かかる目的を達成するように換算を行うことの必要性を主張するのである。

具体的に,NAA [1960] では為替レート変動が資産及び負債項目に及ぼす影響を考慮して,それを次のように2つに分類する (p. 16)。

① 財務項目 (financial item):現金,受取債権,支払債務など
② 物的項目 (physical item):棚卸資産,固定資産など

NAA [1960] によれば,為替レート変動は,財務項目と物的項目とに対して異なる影響を与えることになる。財務項目については,固定した外国通貨による金額で表示されていることから,その米ドル同等額は為替レート変動により影響を受ける。このように,外貨建の財務項目は常に為替リスクにさらされていることから,CR で換算することが最善の換算結果を生み出すことになるのである (NAA [1960] p. 16)。

これに対して,物的項目は,必ずしも為替レート変動の影響を受けるとは限らない。なぜならば,これは米ドルに対する外国通貨価値の下落が,当該国におけるインフレーションの結果として生じたものであるため,「物的資産については,下落した外国通貨による販売価格を上昇させる力をもつ」(NAA [1960] p. 17) ことになるからである。そのことから,為替レート変動の影響を実質的に受けないことが多いと予測される物的資産については,HR で換算し米ドル原価同等額で表示することが,最善の換算結果であるとされる。しかも,このような換算方法は,当時の米国 GAAP (すなわち,固定資産は原価基準で,棚卸資産は低価基準で測定するという会計実務) とも一致するのである (NAA [1960] p. 17)。

棚卸資産については,その米ドル建の原価 (現地通貨建の原価×HR) と時価 (現地通貨建の正味実現可能価値×CR) とを比較して,どちらか低い価額をもって計上するとされている。本来,棚卸資産は物的項目であり,為替レート変動

の影響を受けないことが多いと予測されることからHRで換算されることになるが，低価基準の適用により時価に切り下げられた場合には，時価への切下げに応じて損失が認識されることになる。よって，この場合には，当該項目は財務項目と同様に為替レート変動の影響を受けるものと捉えられ，CRにより換算することが提案されている（NAA [1960] pp. 28-30）。

このように，NAA [1960] は，為替レート変動の影響を受けるか否かという観点から，資産及び負債項目を財務項目と物的項目とに2分類し，そして前者にはCRを後者にはHRを適用して換算を行うことから導き出された結果が望ましい換算結果であるとするのである。

2.2 為替エクスポージャーと換算方法：財務項目の場合

前述したように，NAA [1960] では，財務項目についてはCRで換算を行い，物的項目についてはHRで換算を行うことが提案されている。そして，このような換算レートを選択するメルクマールとして，その項目が為替レート変動の影響を受けるかどうかという点，つまり，その項目が為替リスクにさらされているかどうかという点に焦点があてられている。そこで本項では，このような為替エクスポージャーと換算方法との関連性に着目して，NAA [1960] においていかなる論理のもとに換算方法が提案されているのかということについて考察することにする。

まず，財務項目のうち流動項目に関するNAA [1960] の見解をみてみると，流動項目（棚卸資産は除く）については，CRで換算すべきであると述べている（NAA [1960] p. 26）[1]。次に，調査対象企業の75%が長期受取債権をCRで換算しており，そこではその会計処理の正当性を，米ドルに対する外国通貨の価値が低下した場合には回収されるであろう米ドルによる金額が低下しているという事実，ならびに，そのような低下が永久的なものであるという事実に求めていることを指摘している（NAA [1960] p. 27）。つまり，ここでは，長期受取債権が為替レート変動の影響を受けていることが当該企業において換算レートを決定するにあたって考慮されているという事実から，それをCRで換算す

2 NAA［1960］により提案された貨幣・非貨幣法の検討　189

るという論拠を導き出すのである。

このように，NAA［1960］では，財務項目が短期（流動）であるか長期（非流動）であるかとは関係なく，それが為替レート変動の影響を受けるか否かという点に着目して，当該項目の換算レートを決定している。また，NAA［1960］でいう財務項目が具体的には貨幣性項目を指していることから，ここにおいて財務項目に関して想定されている為替エクスポージャーは，本書の第2章で既述した経済エクスポージャーの構成要素のうち通貨リスクを指向していると考えられる。つまり，外貨建の現金項目あるいは外貨建の約定額をもつ貨幣性項目は，その性質上現地市場リスクにさらされることはないが，通貨リスクにはさらされることから，当該項目を対象とする為替エクスポージャーは，経済エクスポージャー（通貨リスク）を表わすことになるのである。

以上要するに，NAA［1960］において財務項目をCRで換算するという論拠は，その為替エクスポージャーを適切に明示することに求められるとともに，そこでは，為替エクスポージャーとして経済エクスポージャーの構成要素のうち通貨リスクが想定されているといえるのである。

2.3　為替エクスポージャーと換算方法：物的項目の場合

2.3.1　物的項目に関するNAA［1960］の見解

物的項目のうち固定資産に関するNAA［1960］の見解をみてみると，会計実務上においても，会計文献上においても固定資産をHRで換算することは当然のこととされており，そのためここではそれについては議論を行わないとしている（NAA［1960］pp. 31-33）。そこで本項では，物的項目のうち棚卸資産に関するNAA［1960］の見解（pp. 28-31）を取り上げることにする。

NAA［1960］では，まずAIAにより1953年6月に公表されたARB第43号の第12章における棚卸資産の外貨換算会計処理に関する勧告を取り上げ，そこでは，「棚卸資産については，米ドル建の原価と時価のいずれか低い方で評価するという基準（低価基準）が適用されるべきである。棚卸資産がCRで換算されない場合には，——通常は流動資産と同様にCRで換算されるため——CR

以外の換算レートを選択した場合には立証責任が生じる」(AIA [1953] Ch. 12, pars. 15-16) とされているとする。

それを受けて NAA [1960] は，ARB 第43号の第12章を「いかなる為替レートを用いて換算すべきかということについて特定化がなされていない消極的な基準」(p. 28) として批判するとともに，棚卸資産は財務項目というよりもむしろ物的項目であることから，棚卸資産については為替差損をこうむることはないと指摘している。そしてそのことから，棚卸資産を HR で換算することが要請されるとするのである (NAA [1960] pp. 28-29)。

2.3.2　物的項目を HR で換算する論拠

NAA [1960] は，物的項目である棚卸資産を HR で換算する論拠として，それが為替差損を生じさせることがない点，すなわち，当該項目が為替レート変動の影響を受けない点をあげている。

ただし，ここで注意すべき点は，棚卸資産が為替レートの変動による影響を受けないとする根拠である。この点について，NAA [1960] は「棚卸資産の取得原価を回収するのに十分な現地通貨による売価で，事業活動 (販売) を行うことに失敗しない限り，為替損失をこうむることはない」(p. 28) と述べている。さらに，「棚卸資産が HR よりも低い CR で換算される場合には，当該棚卸資産を販売することにより利益が生じることになるにもかかわらず，為替差損が米ドル表示財務諸表上に生じることになる。しかし，そのような結果は，経営努力としての財務的結果を正確には反映していない。というのは，経営者は為替差損を回避するのに十分な売価により，販売取引をその時々において行うため，損失は報告されないことになるからである」(NAA [1960] p. 29) としている。

このように，NAA [1960] では，棚卸資産が為替レート変動の影響を受けない根拠として，為替レート変動に対応して在外事業活動を行っている在外子会社の経営者によりなされる企業努力があげられている。なお，ここにおいて想定されている棚卸資産にかかわる為替エクスポージャーは，在外子会社の将

2 NAA［1960］により提案された貨幣・非貨幣法の検討

来の事業活動から生じる将来キャッシュ・フローに関連していることから，経済エクスポージャーを指向していると考えられる。

というのは，第2章において明らかにしたように，為替レート変動により生じる企業の将来キャッシュ・フローの変動に関連しているものが経済エクスポージャーであるからである。しかも，経済エクスポージャーは，現地市場リスクに関するものと通貨リスクに関するものとに分離して考えることができる（第2章参照）。よって，このような経済エクスポージャーの特性を考慮に入れるならば，棚卸資産をHRで換算する論拠は，それが現地市場リスクと通貨リスクの影響を受けないことにあるといえる。

しかし，先に引用したNAA［1960］の記述（p. 29）から明らかになるように，ここでは，棚卸資産が現地市場リスクと通貨リスクの影響を受けないのは両リスクが相殺される結果であり，本来は両リスクにさらされていることが認識されているといえる。つまり，ここにおいては，購買力平価理論に基づく論理展開がみられるのである。購買力平価理論とは，「異種通貨の交換比率である為替相場は，2つの通貨が各国において有する相対的購買力によって決定される」（杉本編［1996］p. 112）というものである。購買力平価理論との関連性において外貨換算会計問題を議論しているScott［1997］によれば，「他国に比べて高いインフレーションを経験している国については，その他の条件が等しいならば，外国為替市場においてその通貨価値の継続的下落が予測される。…そのため，当該国通貨の下落は，親会社の観点から，その国に存在する在外子会社の非貨幣性項目に関して名目上の損失をもたらすことになるが，当該国経済における価格の上昇がそれに伴い，結果としてその項目の時価は上昇することになる」（p. 199）のである。したがって，購買力平価理論のもとでは，そのような価格上昇に伴う利得は，換算による損失と相殺されることから，在外子会社の非貨幣性項目においては，為替差損益は生じないことになる。

以上のことから，NAA［1960］において物的項目がHRで換算される論拠は，経済エクスポージャーの構成要素である通貨リスクと現地市場リスクが相殺され，結果として為替リスク（経済エクスポージャー）にさらされていない

ことになるという点に求められているといえるのである。

2.3.3　物的項目をCRで換算する論拠：低価基準を適用する場合

しかしながら，NAA［1960］では経済エクスポージャーの構成要素である通貨リスクと現地市場リスクが相殺されない場合があることを指摘している。NAA［1960］によれば「調査研究が示すように，競争あるいは価格統制により，為替差損を回避するのに十分な売価による販売取引が不可能である場合が存在する」(p. 29) という。つまり，棚卸資産が通貨リスクと現地市場リスクとにさらされる場合があるというのである。

そしてこのような場合について，NAA［1960］では「棚卸資産は，一般的に低価基準に従って表示されるため，予期される損失は，棚卸資産を市場価格に切り下げることにより認識されることになる」(p. 29) とする。しかも，ここにおいては低価基準における原価及び市場価格として，米ドル建による原価及び市場価格が想定されている（NAA［1960］p. 29）。つまり，棚卸資産が為替レート変動の影響を受ける場合には，それは，棚卸資産が低価基準に基づいて，米ドル建による原価よりも低い市場価格に切り下げられることにより反映されると考えられている。そのため，NAA［1960］では，棚卸資産が，低価基準により米ドル建の市場価格に切り下げられるのは，通貨リスクと現地市場リスクが相殺されない場合，すなわち，当該資産が為替リスク（経済エクスポージャー）にさらされている場合を意味しており，そのことからここにおいては，棚卸資産（現地通貨建の市場価格）をCRで換算することが要請されているといえる。

以上要するに，低価基準に基づいて現地通貨建の市場価格へと評価替えされた棚卸資産をCRで換算するというNAA［1960］の論拠は，その項目が経済エクスポージャーにさらされていることに求められているといえるのである。

2.4　NAA［1960］の背後にある会計思考と換算思考

前述したように，NAA［1960］では，ある項目の換算レートを決定するメ

ルクマールとして，その項目が為替エクスポージャーにさらされているかどうかという点に着目されている。しかも，その為替エクスポージャーとして経済エクスポージャーが想定され，そのうち財務項目については通貨リスクが，物的項目については通貨リスクと現地市場リスクとが想定されている。

また，第2章において明らかにしたように，経済エクスポージャーは，その背後にいかなる会計思考が存在しているのかによって影響を受けることなく算定することができる。しかしながら，為替リスクとして経済エクスポージャーを測定し，それを財務諸表上に反映させるという目的のもとに換算方法を規定する場合には，その背後に存在する会計思考を所与のものとしなければならない。

よって，このことから，NAA [1960] が為替リスクとして経済エクスポージャーを測定するという目的のもとに換算方法を提案するにあたって，その背後にいかなる会計思考を想定していたのかということを明確にする必要性があるのであるが，その点について明確な記述をみつけることはできなかった。

しかし，当時の米国GAAPにおいては，固定資産は原価基準で棚卸資産は低価基準で測定されているとNAA [1960] が述べていること (p. 17) から，暗黙的にはその背後に貨幣思考が想定されていたと考えることができる。これに対して，Hepworth [1956] が貨幣・非貨幣法を提案した背後には，明確に貨幣思考が想定されていたのである (第5章参照)。

また，NAA [1960] では，換算対象である項目が為替エクスポージャーにさらされているか否かに応じて換算レートを決定するのに対して，Hepworth [1956] では，換算対象である項目の測定属性（とりわけ時点性）に応じて換算レートを決定するのである。つまり，NAA [1960] において，換算は為替レートの変動により親会社が負うこととなる為替差損益を決定するために行われるのに対して，Hepworth [1956] では，換算は換算対象の測定属性を換算後において維持するために行われるのである。そしてここに，両者の換算思考の相違が認められるのである。

したがって，NAA [1960] では，為替リスクの測定を目的とする換算思考

に基づいて，為替レート変動の影響を受ける項目（財務項目）と受けない項目（物的項目）という区分を行い，それに応じて換算レートを決定するという換算方法（厳密にいえば，財務項目・物的項目法）を提案しているといえるのである。その意味で，一般的に NAA [1960] は貨幣・非貨幣法を主張している，あるいは，それを支持していると評価されている（嶺 [1992] pp. 71-80，井上 [1996] pp. 44-47）。ところが，この財務項目と物的項目との区分は貨幣・非貨幣の区分と実質的に近似しているにすぎず，NAA [1960] において提案された換算方法は，Hepworth [1956] において提案された貨幣・非貨幣法とは異なるものと解するべきである。

ただし，NAA [1960] は，本国主義に立つという点では Hepworth [1956] と同様である。この点について，NAA [1960] では，「在外子会社の保有する棚卸資産を換算するにあたって，現地通貨で取得された商品と，米ドル（本国通貨）で取得された商品とを区別し，別個に議論を行っているものがある」(p. 28) が，「かかる区別を行うための明確な理由はない」(p. 30) とする。そのことから，NAA [1960] では，このような区別を行うことなく，「かかる商品が現地通貨で販売されるという事実にもかかわらず，米ドル建の資産であるとみなしている」(NAA [1960] p. 30) のである。

そして，そのような「みなし」を行う論拠として，在外子会社の行う在外事業活動は，米国親会社の延長上にあるとし，そこでは本国通貨で事業活動がなされているという仮定，つまり測定単位として本国通貨を用いるという仮定（本国主義）をあげているのである（NAA [1960] p. 10）。このように，NAA [1960] では「本国通貨表示財務諸表と外貨表示財務諸表とを連結するために，まず，連結対象となるすべての財務諸表は，本国通貨単位で表示されるべきであり，…現地通貨から米ドル（本国通貨―筆者挿入）への換算は，為替レート変動によって米国の親会社がこうむることになる期間利得及び損失を決定するのに不可欠なもの」(p. 11) となるとしている。よって，これらのことからも，NAA [1960] においては本国主義が想定されているといえる。

最後に，換算差額の性質に着目して，NAA [1960] の背後にある思考を考

察することにする。上述したように，NAA[1960]では換算差額を親会社の負う為替差損益として捉えており (p. 11)，また，その内容（為替エクスポージャー）としては，経済エクスポージャーが想定されている。ところが，非貨幣性項目の部分は通貨リスクと現地市場リスクとが相殺されるため，貨幣性項目部分（通貨リスク）が，そこでの為替エクスポージャーとなる。このことから，図表2-5・2-6において示したように，NAA[1960]では在外子会社の各財務諸表項目が負う部分的な為替リスクを測定することを目的とする第3換算思考が想定されていることは明らかであるが，会計思考については特定することができない。というのは，NAA[1960]では為替リスクとして経済エクスポージャーを想定していることから，財貨思考における会計エクスポージャーと整合性を有する一方で，内容としては結局のところ貨幣性項目の部分（通貨リスク）だけが反映されることから，貨幣思考における会計エクスポージャーとも整合性を有するからである。

以上要するに，会計思考として，Hepworth[1956]では明確に貨幣思考が想定されているのに対して，NAA[1960]では明確には示されておらず，当時の米国GAAPを容認する形で暗黙的に貨幣思考が想定されていること，また換算思考として，Hepworth[1956]では，本国通貨を測定単位とする変換プロセスと換算を捉えて，換算対象の測定属性の維持を目的とする第1換算思考が想定されているのに対して，NAA[1960]では，為替レート変動の影響を認識するプロセスと換算を捉えて，在外子会社の各財務諸表項目に対する為替リスクの測定を目的とする第3換算思考が想定されているといえる。

3 APB意見書第6号の検討

3.1 APB意見書第6号の特徴

AICPAは，1965年までに公表されたARBを再検討し，内容の改訂または削除を目的として同年10月にAPB意見書第6号を公表した。そしてそこにお

196　第9章　APB意見書第6号における貨幣・非貨幣法採用の検討

いて，外貨換算会計にかかわるARB第43号の第12章は，次のように改訂されている。

「（ARB第43号の第12章の―筆者挿入）第12項及び第18項では，長期受取債権及び支払債務はHRでの換算が要請されているが，多くの状況において長期受取債権及び支払債務についてはCRによる換算が適切である」（AICPA [1965] par. 18）。

このように，APB意見書第6号は，Hepworth [1956] によって提案された貨幣・非貨幣法，ならびにNAA [1960] によって提案された換算方法を採用する旨が明言されているのではなく，ARB第43号の第12章において採用されていた流動・非流動法の一部を改訂しているにすぎないのである。そのことから，APB意見書第6号は，部分的に貨幣・非貨幣法を採用した基準であると評価される場合がある[2]。

しかしながら，第8章において明らかにしたように，ARB第43号の第12章において採用された流動・非流動法は，Ashdown [1922] において提案された純粋な流動・非流動法とは異なり，財貨思考から貨幣思考への会計思考の移行による影響を受けて，とりわけ，棚卸資産が流動資産とは区別され，別個に換算レートの規定がなされていた。つまり，棚卸資産については，原則的に低価基準が適用され，そこで原価が選択された場合にはHRで換算が行われ，時価が選択された場合にはCRで換算が行われることは，既にARB第43号の第12章において規定されていた。そのことから，APB意見書第6号において，とりわけ棚卸資産については変更を加える必要性がなかったといえる。したがってその意味で，APB意見書第6号は，部分的にではなく全面的に貨幣・非貨幣法を採用した会計基準であると解することができるのである。

3.2　貨幣・非貨幣法承認の背後にある会計思考と換算思考

前述したように，APB意見書第6号において貨幣・非貨幣法が会計基準として承認された背景には，Hepworth [1956] とNAA [1960] の影響があったとみられる。そこでこれらの影響について，個別に考察を行うことにする。

まず，APB意見書第6号がHepworth [1956] によって提案された貨幣・非貨幣法に影響を受けた点について考えてみることにする。これについては，APB意見書第6号が，長期受取債権及び支払債務の換算に用いる為替レートをHRからCRに変更した理由として，財貨思考から貨幣思考への会計思考の部分的移行による影響を受けた中間形態とみなされるARB第43号の第12章の流動・非流動法を，会計思考の貨幣思考への完全な移行に対応して修正しようとした点をあげることができる。

そしてこの点に着目する限り，APB意見書第6号では，貨幣・非貨幣法の採用にあたり，貨幣思考のもとに規定される測定属性を換算後に維持するという第1換算思考に基づいて理論的精緻化が行われていると解釈できる。

次に，APB意見書第6号がNAA [1960] によって提案された換算方法に影響を受けた点について考えてみることにする。これについては，APB意見書第6号において，長期受取債権及び支払債務の換算レートをHRからCRに変更した理由として，国際通貨体制の変化という外的要因をあげることができる。しかも，このような観点からAPB意見書第6号を捉える見解が実際に多くみられる。例えば，ARS第7号では，「ARB第43号の第12章は，多くの国々における大幅な平価の切下げと著しいインフレーションの継続により，とりわけ長期受取債権及び支払債務の換算については，現行会計実務として適さなくなった。それに対して，NAA [1960] は現行会計実務をよりよく表わしている」(Grady [1965] pp. 332-334) と述べられている。また，白鳥 [1979] でも，国際通貨体制のもとである時期に流動・非流動法よりも貨幣・非貨幣法を採用した方が現実に即しているという時期があり，そのために，貨幣・非貨幣法がAPB意見書第6号において採用されたと述べられている (pp. 44-45)。

この点に着目する限り，APB意見書第6号は，NAA [1960] の想定する第3換算思考（為替エクスポージャーを明らかにするという観点から為替レート変動が親会社に与える影響を測定するために換算を行うという思考）ではなく，貨幣・非貨幣法が当時の米国GAAPと整合性を有しているという点についてのみ影響を受けているといえる。

以上要するに，APB意見書第6号において貨幣・非貨幣法を採用した背後には，会計思考として貨幣思考が，換算思考として本国通貨を測定単位とする変換プロセスと換算を捉えて，換算対象の測定属性の維持を目的とする第1換算思考が想定されていたと考えることができるのである。

4　おわりに

本章では，貨幣・非貨幣法がHepworth［1956］によって提案された後に，それがNAA［1960］において支持され，APB意見書第6号において承認されていく経緯を跡づけることによって，それらの背後に想定されていた会計思考と換算思考について検討を行ってきた。

まず，NAA［1960］が貨幣・非貨幣法を支持するにあたってその背後に想定していた会計思考及び換算思考について検討した。その検討から，そこでは為替レート変動の影響を受ける財務（貨幣性）項目と受けない物的（非貨幣）項目という区分に応じて換算レートを決定する方法として，貨幣・非貨幣法が提案されていることが明らかになった。しかも，ここでは，為替リスクとして経済エクスポージャーが意識されていたが，非貨幣性項目の部分については，通貨リスクと現地市場リスクとが相殺されるため，結局，貨幣性項目部分（通貨リスク）がそこでの為替エクスポージャーと考えられていた。また，為替リスクを表わす換算差額は，親会社が負う為替差損益と捉えられていた。このことから，NAA［1960］では第3換算思考が想定されていることは明らかである。しかしながら，会計思考については，明確な記述はみられなかったが，当時のGAAPを意識する記述がみられたことから，暗黙的にではあるが貨幣思考が想定されているといえる。そのことから，NAA［1960］は，図表2－7に示した「仮説I′」に該当するものといえる。

ところが，NAA［1960］におけるかかる区分が，貨幣・非貨幣の区分に実質的に近似していることから，NAA［1960］は，一般的にはHepworth［1956］により提案された貨幣・非貨幣法を支持しているものと評価されてい

る。しかしながら，第5章で明らかにしたように，Hepworth [1956] が図表2-7に示した「仮説Ⅰ」に該当するものであったことから，NAA [1960] はそこにおける貨幣・非貨幣法を支持するものではないといえる。

次に，APB意見書第6号において貨幣・非貨幣法が承認されるにあたってその背後にある会計思考及び換算思考について検討した。その結果，APB意見書第6号は，ARB第43号の第12章を一部改訂するために公表されているにすぎず，そこには貨幣・非貨幣法を採用する旨の記載はみられなかった。しかしながら，ここでの改訂をもって貨幣・非貨幣法は，部分的にではなく全面的に会計基準において採用されたといえる。また，貨幣・非貨幣法がAPB意見書第6号において承認されるにあたり，会計思考についてはNAA [1960] とHepworth [1956] の両者の影響を受けていることを認めることができるのであるが，換算思考についてはHepworth [1956] の影響を受けていたことを示す論拠を見出すことはできるものの，NAA [1960] の影響を受けたとする論拠を明確に見出すことができなかった。

そのことから，APB意見書第6号が貨幣・非貨幣法を採用した背後には，会計思考として貨幣思考と，換算思考としてHepworth [1956] と同じく第1換算思考が想定されていたことが明らかになるのである。よって，APB意見書第6号は，図表2-7に示した「仮説Ⅰ」に該当するものといえるのである。

(1) ここで注意すべき点は，この記述の後に，流動項目（棚卸資産は除く）であっても，HRで換算することを提案する場合があるとしている点である。つまり，NAA [1960] では「米ドル（本国通貨—筆者挿入）で回収される予定の受取債権は，もちろん，為替レート変動の影響を受けず，原初の米ドル価額で表示される」(p. 27) とされている。
(2) 嶺 [1992] においては，低価基準を適用した場合以外には，棚卸資産をHRで換算することを公式に承認していない点を考慮すると，厳密にはAPB意見書第6号においては貨幣・非貨幣法が承認されているとはいえないとされている (pp. 80, 88注61)。

第10章 SFAS 第 8 号におけるテンポラル法採用の検討

1 はじめに

　第 6 章において明らかにしたように，AAA の『1957年改訂会計原則』（AAA [1957]）を契機として生じたといわれる貨幣思考から財貨思考への会計思考の移行による影響を受けて，テンポラル法が Lorensen [1972] により提案された。すなわち，会計思考が財貨思考に移行することによって資産概念が用役潜在性に規定される一方で，実務的には資産項目ごとに多様な測定属性が割り当てられることになったことから，換算対象となる項目に割り当てられる多様な測定属性を換算後に維持するために，換算レートを決定する方法としてテンポラル法が提案されたのである。
　そこで本章では，このような財貨思考への会計思考の移行に伴い生じることになった資産概念及び測定属性をめぐる問題の展開に影響を受けて，テンポラル法が Lorensen [1972] により提案された後に，FASB により1975年10月に公表された SFAS 第 8 号（FASB [1975]）において承認されていった経緯，そして，その背後にある会計思考と換算思考について検討を行うことにする。

2　SFAS 第 8 号における換算目的の採用経緯

　FASB は「正規の手続」[1] に従って会計基準を公表するのであるが，その手続の 1 つである予備審議において討議資料等が公表されることがある。SFAS 第 8 号についても，1974年 2 月に『1974年討議資料』（FASB [1974]）が公表されている。そこで本節では，SFAS 第 8 号の検討に先だって『1974年討議資料』においていかなる換算目的及び換算方法が考慮されていたのかについて

考察する。そしてその後に，SFAS 第8号の検討を行うことにする。

2.1 『1974年の討議資料』の検討

『1974年討議資料』では，「親会社の連結財務諸表に含められるにあたり，在外子会社の外貨表示財務諸表にとって適切な測定単位とはいかなるものであるのか」（FASB［1974］p. 23）という問題設定のもとに，換算目的が議論されている。そして，その測定単位として①親会社の報告通貨（本国通貨），②在外子会社の現地通貨，そして③本国通貨と現地通貨の併用があげられている。さらに，これらの測定単位をめぐる議論は，在外子会社の財務諸表が「(a)測定単位を現地通貨から報告通貨（本国通貨―筆者挿入）に変更するという方法で換算されるべきであるのか，それとも，(b)現地通貨を測定単位として維持するという方法で換算されるべきであるのか」（FASB［1974］p. 23）という問題として取り扱われている。

そのことから，『1974年討議資料』では，①親会社の報告通貨（本国通貨）を測定単位とする本国主義にかかわる文献として，本書の第5章で検討した Hepworth［1956］と，第6章で検討した Lorensen［1972］の両者が取り上げられている（FASB［1974］pp. 23-25）。②現地通貨を測定単位とする現地主義にかかわる文献としては，数ヵ国の基準設定団体による公表物と本書の第7章で検討した Parkinson［1972］が取り上げられている（FASB［1974］pp. 25-26）。そして，③本国主義と現地主義とを併用することを提案する文献として，Parkinson［1972］，ICAEW 勧告書第25号（ICAEW［1968］），そして Seidler［1972］が取り上げられている（FASB［1974］pp. 26-29）。

2.2 SFAS 第8号において採用された換算目的と換算方法

SFAS 第8号において換算目的は，「外国通貨により測定されているか，または外貨建である資産，負債，収益及び費用項目を，(a)米ドルにより，(b)米国 GAAP に準拠して測定あるいは表示することである。…すなわち，換算とは，会計原則を変更することなく測定単位を変更することである」（FASB［1975］

par. 6）と定義されている。

そして，資産及び負債項目の換算について，具体的には過去の価格を維持する場合には HR で換算されること，現在の価格あるいは将来の価格を維持する場合には CR で換算されることが要請されている（FASB [1975] par. 12)。また，収益及び費用項目の換算については，個々の取引が発生した時点の為替レートで換算されることが要請されている（FASB [1975] par. 13)。

このように，SFAS 第 8 号において採用された換算方法は，換算目的がLorensen [1972] において提示された目的と近似していること，また具体的な会計処理方法がそれと一致していることから，Lorensen [1972] によって提案されたテンポラル法であるといえる。そしてこのことは，Lorensen [1972] において提案されたテンポラル法が SFAS 第 8 号の換算目的に最も適した有用な方法であるという記述（FASB [1975] par. 122）が認められることからも明らかである。

2.3　換算目的が採用された経緯

本項では，テンポラル法がどのような経緯のもとに SFAS 第 8 号において採用されるに至ったのかを明らかにするために，まず，ここにおいて，どのような換算目的が考慮され，その結果，前述した換算目的（FASB [1975] par. 6）が採用されるに至ったのかについて考察することにする。

まず，SFAS 第 8 号の付録 D「結論の根拠」では，次の 5 つの換算目的が列挙されており，そのうちいずれの目的が採用されるべきであるのかについて検討が行われている（FASB [1975] par. 79）。

目的 A：連結財務諸表を米国 GAAP に準拠して表示すること。
目的 B：連結財務諸表において外国の GAAP を維持すること。
目的 C：連結財務諸表の測定単位が単一であること，すなわち，外貨表示されている項目を米ドル（本国通貨）により表示するだけではなく，米ドルにより測定を行うこと。
目的 D：連結財務諸表において，現地通貨を測定単位として維持すること，

すなわち，外貨表示財務諸表項目を米ドルにより表示するが，外国通貨（現地通貨）により測定を行うこと。

目的E：為替レート変動が米ドル以外の外国通貨で行われる事業活動に及ぼす経済的効果と一致する為替差損益を生じさせること。

まず，SFAS第8号では，排他的な関係にある目的Aと目的Bの検討からはじめ，その結果，測定を行う基礎が単一であるからこそ連結財務諸表において各項目を結合できるとして，目的Aが採用された（FASB [1975] pars. 80-82）。

続いて，排他的な関係にある目的Cと目的Dについて検討が行われている。そこでは，1959年8月にAICPAにより公表されたARB第51号（AICPA [1959]）における連結財務諸表の目的[(2)]と整合性をもつことが要請されることを根拠に，在外事業活動を含む企業集団のすべての取引は，あたかもその取引が単一の企業（親会社―筆者挿入）により行われたかのように換算されるべきであるとして，目的Cを採用したと結論づけている（FASB [1975] pars. 83-93）。

最後に，目的Eについて検討が行われている。目的Eは，為替レートの変動が有利であると予測される場合には為替差益を，逆にそれが不利であると予測される場合には為替差損を生じさせるような換算方法を要請することにつながると解釈され，結果的にその採用が否定されている（FASB [1975] par. 96）。というのも，為替レートの変動が有利であるのか不利であるのかについては正確には測定することができないこと（FASB [1975] pars. 106-107, 147-149），また，現行のGAAPに基づく財務報告は，主として過去の取引及び現在の状態を反映するものであり，将来の取引あるいは状態を反映するものではないこと，さらには資産及び負債の測定に関するGAAPの変更を検討することは本基準書の範囲を超えていることから，SFAS第8号において目的Eは受け入れられないと結論づけられた（FASB [1975] pars. 110-111）。

以上要するに，SFAS第8号では，ARB第51号における連結財務諸表の目的との整合性を保持することを根拠に，目的Aと目的Cは換算目的として採

用されることになったのである。

2.4 テンポラル法が採用された経緯

続いて，SFAS 第 8 号では，採用された換算目的を満たす方法としてどのような換算方法が適切であるのかについて検討が行われている。SFAS 第 8 号では，かかる検討にあたり，テンポラル法，貨幣・非貨幣法，流動・非流動法，カレント・レート法の 4 つの換算方法を比較検討するとともに，それとは異なる性格を有するものとして状況アプローチをあわせて検討している（FASB [1975] pars. 121-139, 140-152)。

まず，テンポラル法について検討が行われている。テンポラル法は「測定の基礎を変更することなく外国通貨（現地通貨—筆者挿入）による測定から米ドル（本国通貨—筆者挿入）による測定へと変更するものであり，それにより，外貨表示財務諸表項目の測定基礎を保持するという換算目的（目的C—筆者挿入）を達成することのできる換算方法である」(FASB [1975] par. 123) とする。

また，現行の GAAP のもとではテンポラル法と貨幣・非貨幣法は，同一の換算結果をもたらすことになるが，テンポラル法は，時価に基礎を置くすべての会計システムのもとにおいても，原価に基礎を置くすべての会計システム（取得原価主義会計）のもとにおいても，同様に外貨表示財務諸表項目の測定属性を維持することになるため，テンポラル法の方が換算目的を達成するためには一般的により妥当な方法であると確信している旨が表明されている（FASB [1975] par. 124)。

これに対して，貨幣・非貨幣法は「現行の GAAP のもとでは，妥当な結果をもたらすことになるが，貨幣・非貨幣の区分からだけでは包括的な換算原則を引き出すことができない」(FASB [1975] par. 126)。そのため「当審議会は，貨幣・非貨幣法は包括的な換算方法としては不十分であると認識」(FASB [1975] par. 128) し，不採用としたことが述べられている。さらに，貨幣・非貨幣法では，非貨幣性項目が状況に応じて多様な測定属性（例えば，過去の価格あるいは現在の価格）で測定されているにもかかわらず，常に HR で換算す

ることは適切ではないという問題点も指摘されている（FASB [1975] par. 126）。

続いて，SFAS 第 8 号は流動・非流動の区分に基づいて換算レートを決定する根拠を見出すことができなかったとして流動・非流動法を批判し，そのことから当該方法を不採用と結論づけている（FASB [1975] pars. 129-132）。つまり，「換算は測定にかかわるものであって，分類にかかわるものではないため，開示目的から資産・負債分類を行う基準は，換算レートを選択するためには適切ではない。この換算方法の欠点は，とりわけ棚卸資産と長期借入金の換算において顕著に現われる」（FASB [1975] par. 29）とされる。

さらに，SFAS 第 8 号ではカレント・レート法について検討が行われている。そしてこのカレント・レート法は，他の 3 つの換算方法と比べて最も大きく現行会計実務から乖離しているとともに，それは現地通貨を測定単位とする換算目的（目的 D）と関連していることが指摘されている（FASB [1975] par. 133）。すなわち，SFAS 第 8 号では，換算目的として目的 D と排他的である目的 C を採用していることから，カレント・レート法を採用しないと結論づけているのである（FASB [1975] pars. 134-139）。つまり，カレント・レート法による換算手続は，取得原価主義会計から乖離することになるため，現行の GAAP のもとでは容認され得ないのである（FASB [1975] par. 134）。

それに続きここでは，これら 4 つの換算方法とは異なる性格をもつ方法として，状況アプローチが検討されている[3]。FASB は，状況アプローチについて次のような見解を示している。「当審議会は，在外事業活動の独立性という基準を検討したが，独立的に在外事業活動を行う在外子会社を識別するのに十分であると確信し得るような基準を展開することができなかった。…そもそも独立的在外子会社という概念は，ARB 第 51 号における連結財務諸表の基礎にある単一企業概念と矛盾しそれを否定しているように思われる。…しかも，独立的在外子会社を連結すること自体その妥当性に疑問が残る」（FASB [1975] par. 144）としている。

さらに，状況アプローチは独立的な在外事業活動から生じることになる為替

エクスポージャーを考慮するものであり，換算を為替リスクの測定プロセスとして捉えているのである（FASB [1975] par. 147）。つまり，状況アプローチは目的Eを指向するものであり，ここでは外貨表示財務諸表において原価で表示されている項目についてもCRで換算されることになる。このように，この状況アプローチは，現行のGAAPにおいて要請されている取得原価主義会計のもとでは認められず，不採用とされたのである（FASB [1975] par. 148）。

2.5 換算差額の性質

本項では，換算差額の性質について着目する。SFAS第8号によれば，換算（米ドルでの再測定）の結果として生じる換算差額を為替差損益と呼び，それは外貨建取引ではCRで換算する項目（外国通貨と外貨建受取債権及び支払債務）から生じる，あるいは，外貨表示財務諸表の作成にあたりCRで換算される項目から生じると説明されている（FASB [1975] par. 16）。

そして，このように生じた為替差損益は，為替レート変動が生じた期の純利益（net income）計算に含めるとする。というのも，為替差損益はAPB意見書第28号『中間財務報告』（AICPA [1973]）のいうところの「決算期末で繰り延べない利得及び損失に類似した中間期に生じた利得及び損失」（AICPA [1973] par. 15(d)）を指し，それは「同一事業年度の中間後期に繰り延べてはならない」（AICPA [1973] par. 15(D)）ことから，当期の損益として計上すべきであるとされるのである（FASB [1975] par. 17）。

SFAS第8号によれば，外貨建取引に関して生じる換算差額については，二取引基準を採用していることから次のように述べられている。つまり，為替レート変動が生じた際に，外国通貨と外貨建受取債権及び支払債務は，新たな為替レートを反映するように修正されるべきである。というのも，その結果生じた為替差損益は外国において購入した資産の原価でも，外国における売上（収益）の修正でもないからである（FASB [1975] pars. 161-162）。また，外国通貨と外貨建受取債権及び支払債務に伴い生じる為替差損益は，為替レート変動が生じた期に直ちに純利益に計上することが財務諸表の利用者に対する正し

い報告であることから，為替差損益の繰延処理を要請するいかなる方法も認めないと結論づけられている（FASB [1975] pars. 163-166）。

続いて，外貨表示財務諸表に関して生じる換算差額については，次のように述べている。SFAS第8号によれば，当該為替差損益は，為替レートの変動日時点に存在する資産及び負債について米ドルで測定された外国通貨と米ドルとの為替レート変動による直接的効果であるとされる。よって，テンポラル法を適用すれば，在外子会社の純利益について，換算目的に一致した米ドルによる妥当な測定がなされることになる（FASB [1975] pars. 167-170）。

為替差損益の処理については，次のような処理を検討している。まず，原価で維持される資産の原価を修正する，あるいは，その資産の耐用年数にわたり償却するという方法である。この方法が支持される見解として，資産の原価が関連する負債の総額を支払うために必要とした犠牲の総額に等しいというものがあるが，SFAS第8号では一取引基準を採用しないことからこの方法は容認しないこととされた（FASB [1975] par. 173）。

もう1つの見解にカバー法というものがある。これは，外国通貨が強くなったことと純負債持高（ショート・ポジション）から生じた為替差損は，外国通貨による原価で維持される資産により，その全部または一部がカバーされるという考え方である。逆に，外国通貨が弱くなった場合に生じる為替差益は，当該資産にかかる未計上の潜在的損失と相殺を行う限りにおいては，繰延処理をするとされる。よって，カバー法は本質的に換算により生じた影響を次期以降に繰り延べる手続であること，また，このような相殺は一定の利得及び損失を売却またはその他の処分時にのみ認識するという当時のGAAPには不適合であることから容認されないと結論づけられた（FASB [1975] pars. 174-176）。

次に，長期負債の残存返済期間にわたり償却する方法である。為替差損益は為替レート変動により生じたものであることから，それを他の期間に認識することは，事実を不明確にし財務諸表の利用者を誤導するため受け入れられないとした（FASB [1975] par. 181）。

さらに，株主持分を修正する方法については，当時のGAAPが包括主義損

益計算書 (all-inclusive income statement) の作成を要請していることから，為替差損益は純利益に計上されるべきであるとして，受け入れなかった。つまり，SFAS 第 8 号に先だって公表された『1974年討議資料』によれば，APB 意見書第 9 号『経営成績の報告』(AICPA [1966]) において，純利益は，過年度修正項目を除いて，その年度において認識されたすべての損益項目を反映しなければならない (AICPA [1966] par. 17) が，為替差損益は過年度修正項目でないため，即時純利益に含まれると結論づけられている (FASB [1974] p. 99)。

最後は，一定の基準[4] による為替差損益の繰延処理についてである。FASB は為替レート変動の発生時に即時に純利益に計上することが財務諸表の利用者にとり有用であると確信することから，その影響を次期以降に繰り延べること自体を受け入れないとした。そして，為替差損益の即時計上は財務諸表の利用者を誤導するものではなく，会計は為替相場が安定的であるという印象を与えるべきではないと結論づけた (FASB [1975] pars. 198-199)。

以上要するに，SFAS 第 8 号において換算差額は，換算の結果生じたものであり，為替差損益として即時に損益計上されるべき性質のものであるとされている。そしてその論拠としては，財務諸表の利用者に対する有用性及び当時の GAAP との整合性などがあげられている。

3　テンポラル法採用の背後にある思考

本節では，テンポラル法が SFAS 第 8 号において承認された背後に想定されていた会計思考と換算思考について検討する。かかる検討を行うにあたっては，テンポラル法が採用された根拠とされる SFAS 第 8 号の換算目的及び換算差額の会計処理に着目することにする。つまり，SFAS 第 8 号において検討された5つの換算目的及び換算差額に関する採否の理由を手掛かりとして，テンポラル法の採用の背後に想定されている会計思考と換算思考を明らかにすることにする。

3.1 換算目的の背後にある会計思考と換算思考

SFAS 第8号において検討された5つの換算目的は，まず，換算思考の観点より目的A・B・C・Dと目的Eとに大別することができる。つまり，目的AからDについては換算を測定単位の変換プロセスと捉える換算思考に関連しており，目的Eは換算を為替レート変動の影響を認識するプロセスと捉える換算思考に関連している。

前者の測定単位の変換プロセスと換算を捉える換算思考において，目的A・Cはその測定単位を本国通貨に求めているのに対して，目的B・Dは現地通貨に求めている。そのことから，目的A・Cは，本国通貨を測定単位とする変換プロセスと換算を捉える第1換算思考を，目的B・Dは現地通貨を測定単位とする変換プロセスと換算を捉える第2換算思考を，それぞれ想定しているということができる。しかも，前述したように，SFAS第8号では目的A・C（第1換算思考）を採用し，目的B・D（第2換算思考）を採用しなかったのである。

これに関連して，目的B・Dを達成するのに最適であると考えられるカレント・レート法についても，FASBは当時のGAAPを形成している取得原価主義会計から最も乖離している換算方法であることから採用しなかった（FASB [1975] par. 134)。一般に取得原価主義会計とは，現金収支に基礎を置き，実現ルールと対応ルールにより認識・測定を行う構造（貨幣思考）をもつものと考えられていることから，SFAS第8号における目的A・Cの採用の背後には，貨幣思考が想定されていたといえる。

次に，後者の為替レート変動の影響を認識するプロセスと換算を捉える換算思考を想定している目的Eについて検討することにする。前述したように，目的Eは，当時のGAAPにおいて財務報告が主として過去の取引及び現在の状態を反映するものであり，将来の取引あるいは状態を反映するものではないこと，及び，資産及び負債の測定に関するGAAPの変更を検討することは本基準書の範囲を超えていることを理由として，受け入れることができないとさ

れていた (FASB [1975] pars. 110-111)。つまり，目的E，すなわち，為替リスクの測定を目的とする換算思考は，貨幣思考に基づく認識・測定構造をもつ当時のGAAPにおいては容認されず，採用されなかったのである。よって，SFAS第8号が目的Eを採用しなかった背後には，会計思考として貨幣思考が想定されていたということができる。

続いて，換算差額の性質に着目して，テンポラル法が採用された背後に想定されていた思考を考察することにする。SFAS第8号では，換算（米ドルでの再測定）の結果として生じる換算差額を為替差損益として，為替レート変動が生じた期の損益として計上することが要請されている。このことから，換算差額は換算の結果生じるものであること，そして米ドル，つまり本国通貨により再測定された結果として導出されることから，その背後には第1換算思考が想定されているといえる。

また，為替差損益を即時純利益に計上する論拠として，財務諸表の利用者に対する有用性，当時のGAAPとの整合性及び実務上の問題があげられている。とりわけ，当時のGAAPとの整合性については，その背後にある会計思考を考察する上において重要と思われる。前述したように，外貨建取引に関連して生じる為替差損益について提案されたカバー法と同様に，外貨表示財務諸表の換算に関連して生じる為替差損益についても，FASBは次の理由からカバー法を受け入れないとした。すなわち，「カバー法による相殺は，一定の利得及び損失を売却またはその他の処分時にのみ認識する現行のGAAPでは不適切である。このように相殺するには，現在は原価で維持されている項目の米ドル価額の変化を認識するようにGAAPを変更する必要がある。しかし，そのためには，会計の基礎概念として歴史的原価の再考が必要となる」(FASB [1975] par. 176) ためである。かかるFASBの指摘から，SFAS第8号の背後に当時のGAAPとして貨幣思考が想定されていたと考えることができる。

以上要するに，SFAS第8号において換算目的A・Cが採用された背後には，貨幣思考と第1換算思考が想定されていたといえる。しかも，ここで注意すべき点は，目的Eが採用されなかったこと，つまり，換算を為替レート変

動の影響を認識するプロセスと捉える（第3・第4）換算思考が明確に排除されているという点である。また，換算差額の性質の観点からも，SFAS第8号の背後には，貨幣思考と第1換算思考が想定されていたということができるのである。

3.2　テンポラル法採用の背後にある隠れた会計思考

SFAS第8号が採用した換算目的についての検討から，そこでは会計思考として貨幣思考が，換算思考として第1換算思考が想定されていたことが明らかになった。そして既に述べたように，かかる換算目的を最もよく達成する方法としてテンポラル法が，そこにおいて採用されているのである。その点に着目すれば，SFAS第8号においてテンポラル法が採用された背後においても，同様に貨幣思考と第1換算思考とが想定されていたということができる。ところが，SFAS第8号においてテンポラル法が採用された背後には，別の会計思考が想定されていたと解することができるような記述を，そこにおいて認めることができるのである。

FASBは，取得原価主義会計に基礎を置く（貨幣思考に基づく認識・測定構造をその背後にもつ）当時のGAAPのもとにおいては，貨幣・非貨幣法とテンポラル法は同一の換算手続になるとして，テンポラル法と貨幣・非貨幣法が近似していることを指摘している（FASB [1975] par. 126）。しかしながら，FASBは，貨幣・非貨幣法が多様な測定属性（すなわち，貨幣思考及び貨貨思考に基づく測定属性）については適用することができない，つまり，包括的な換算方法ではないことを理由に，採用しないと結論づけている（FASB [1975] pars. 126, 128）。それに対して，テンポラル法は，外貨表示財務諸表が時価あるいは原価のいずれで表示されていたとしても同様に外貨表示財務諸表の測定属性を維持することができることから，FASBは，テンポラル法がSFAS第8号における換算目的を達成するために，一般的により妥当な方法（包括的な換算方法）であると確信しているとするのである（FASB [1975] par. 124）。

このことから，SFAS第8号においてテンポラル法が採用された理由とし

て，テンポラル法がいかなる認識・測定構造をもつ会計システムのもとでも対応可能であるという点をあげることができる。言い換えると，第6章において既述したように，Lorensen [1972] がテンポラル法を提案した要因，すなわち，テンポラル法が貨幣思考から財貨思考への会計思考の移行に伴って換算対象項目に生じることになった多様な測定属性に対応して換算レートを決定することができるという点に着目するならば，FASBは当時の貨幣思考に基づく会計システムだけではなく，財貨思考に基づく会計システムにおいても対応可能な換算方法としてテンポラル法を採用したと考えることもできるのである[5]。

このことは，換算差額の観点からも指摘することができる。実現を根拠とした為替差損益の繰延処理を受け入れないとするFASBの見解に顕著に現われている。SFAS第8号によれば，「現金支出ならびに受取債権の回収及び支払債務の決済に基礎を置いた為替差損益の実現は，実現した利得及び損失と未実現のものとを識別する無理な努力を伴うものである。この識別は何ら理論的な正当性をもたない」(par. 188) とされる。つまりこのように，貨幣思考にとり重要なルールの1つである実現ルールが，為替差損益の性質を考える上で重要視されておらず，繰り返しになるが，会計情報の有用性が重要視されているのである。

このように会計情報の有用性を論拠として，為替差損益を為替レート変動が生じた期の純利益に含まれると説明する限りにおいて，SFAS第8号の背後に特定の会計思考が想定されているとはいえない。しかも，実現ルールが軽視されている点に着目すれば，貨幣思考から財貨思考への会計思考の移行を考慮に入れていると推察することができる。

以上のことから，SFAS第8号においてテンポラル法が採用された背後には，本国通貨を測定単位とする変換プロセスと換算を捉えて，測定属性の維持を目的とする第1換算思考と，会計思考として貨幣思考が想定されているといえると同時に，そこには貨幣思考から財貨思考への会計思考の移行をも考慮に入れていると思われる部分も存在しているといえるのである。

4 おわりに

本章では、テンポラル法が Lorensen [1972] によって提案された後、SFAS 第8号において承認されていく経緯、そしてその背後にある会計思考と換算思考について検討を行ってきた。

SFAS 第8号では、ARB 第51号における連結財務諸表の目的との整合性を保持することにその論拠を求めて換算目的の定義を行っており、そして、その換算目的に最も適合した有用な換算方法として、テンポラル法が採用されているのである。しかも、SFAS 第8号が、5つの換算目的に関する検討に基づいて最終的に「会計原則を変更することなく測定単位を変更する」という換算目的を採用するに至った論拠、及び換算差額を為替差損益として即時認識するに至った論拠から、その背後には会計思考として貨幣思考と第1換算思考が想定されていることが明らかになった。

また、このような換算目的を最もよく達成する方法としてテンポラル法が採用されていることから、SFAS 第8号においてテンポラル法が採用された背後には、換算目的に関する議論から抽出された会計思考と換算思考が想定されていることが明らかになる。よって、SFAS 第8号は図表2-7における「仮説Ⅰ」に該当するものといえるのである。

しかし、SFAS 第8号においてテンポラル法が採用されたことの背後には、貨幣思考から財貨思考への会計思考の移行を考慮したとみられる部分も存在しているのである。そしてそのことは、具体的には、上記の換算目的は貨幣・非貨幣法を採用することによっても達成され得るが、この換算方法は包括的な換算方法ではないことを理由として採用されなかったのに対して、テンポラル法はいかなる会計システムのもとでも、適用可能な包括的な換算方法であることを理由として採用されたという FASB の記述にみることができる。さらに、第6章において指摘したように、テンポラル法が貨幣思考から財貨思考への移行に伴い生じることになる多様な測定属性に対応可能な方法として Lorensen

[1972]により提案された経緯とそれを考えあわせるならば，SFAS第8号においてテンポラル法が採用された背後には，貨幣思考から財貨思考への会計思考の移行を考慮に入れていることを認めることができるのである。また，同様の指摘を換算差額の観点からもすることができる。

（1）「正規の手続」は次の6段階から構成されている。すなわち，「①審議議題として承認⇒②予備審議⇒③暫定的決議⇒④追加審議⇒⑤最終決議⇒⑥その後のレビュー」の6段階である。詳細については広瀬［1995］（pp. 70-75）を参照されたい。
（2）ARB第51号では，「連結財務諸表の目的は，主として親会社の株主及び債権者のために，実質上あたかも連結集団がいくつかの支店または部門を有する単一の企業であるかのように，親会社と当該子会社の経営成績及び財政状態を表示することにある」（AICPA［1959］par. 1）と規定されている。そして，ARB第51号では，かかる目的のもとに，連結財務諸表は単一経済実体及び単一測定単位の概念に基づいて作成されるべきであると主張されているのである。
（3）SFAS第8号では，状況アプローチとしてParkinson［1972］を検討していると考えられる。そしてそのことは，脚注において「従属的及び独立的という用語は，Parkinsonが使用しており，ここではそこにおけるのと同じ意味で使用している」（FASB［1975］par. 152, footnote 36）という記述がみられることから明らかである。
（4）ここで検討された一定の基準とは，①実現，②保守主義，③為替相場変動の反転の見込み，④為替相場変動が将来の利益に与える影響の4つである（FASB［1975］pars. 184-193）。
（5）なお，第5章において明らかにしたように，貨幣・非貨幣法は貨幣思考に基づく認識・測定構造にその理論的根拠を置いている換算方法である。

第11章 SFAS 第52号における機能通貨アプローチ採用の検討

1 はじめに

　第3章において述べたように，SFAS第8号の公表後，主要国通貨に対する米ドルの価値が急落したことにより，在外子会社の立場から予期された経済的効果と一致しない換算結果が生じた。そのため，SFAS第8号に対して実務界から多くの批判がなされた。そこで，1980年8月にFASBはテンポラル法に代えて機能通貨アプローチを提案した公開草案（FASB [1980a]）を公表した。その後，高度インフレーション経済下にある在外子会社の外貨表示財務諸表の換算方法（カレント・レート法の採用）に関する修正と，機能通貨概念及び機能通貨決定に関する指標の明確化についての修正がなされた上で，改訂公開草案が同一名称のもとで1981年6月に公表された。そしてさらに，高度インフレーション経済下にある在外子会社の外貨表示財務諸表の換算方法に対してテンポラル法を採用するという修正が行われた後，1981年12月にそれはSFAS第52号（FASB [1981]）として公表された。

　ところで，SFAS第52号において採用された機能通貨アプローチは，在外事業活動の状況に応じて2つの換算方法を使い分けることから，状況アプローチに含めて議論されることが多い。第7章において述べたように，状況アプローチとはParkinson [1972] において提案された方法であった。その後，この状況アプローチは，SFAS第8号においてその採用が検討されたが棄却された。しかしながら，それは1980年の公開草案（FASB [1980a]）において機能通貨アプローチとして提案しなおされ，SFAS第52号において採用されることになったのである。

そこで本章では，状況アプローチがParkinson [1972] によって提案された後，SFAS第52号において承認されていく経緯及び，その背後にある会計思考と換算思考について検討を行うことにする。

2 機能通貨アプローチの特徴

SFAS第52号が採用した機能通貨アプローチは，次のような手続に基づいて行われるものとされている（FASB [1981] par. 69)。

① 在外子会社を取り巻く経済環境において，当該子会社にとって適切な機能通貨を決定すること。
② 在外子会社の外貨表示財務諸表における全項目を機能通貨によって測定すること。
③ 機能通貨と報告通貨（一般的に本国通貨を指す）が一致しない場合には，機能通貨から報告通貨に，カレント・レート法を用いて換算を行うこと。
④ 為替レート変動が純投資に与える影響とそれが機能通貨以外の通貨建の個々の資産及び負債項目に与える影響を区別すること。

2.1 機能通貨概念

SFAS第52号の採用した機能通貨アプローチは，在外子会社の事業活動状況に応じてカレント・レート法とテンポラル法を使い分けるという状況アプローチの具体的な適用形態の1つである[1]。ここにおいては，その状況を区別するメルクマールとして機能通貨概念が用いられている。SFAS第52号によれば，「ある事業単位にとっての機能通貨とは，当該事業単位が事業活動を行っている第一次的な経済環境における通貨であり，通常その通貨とは，当該事業単位が主として現金を獲得し，そして消費する経済環境における通貨である」（FASB [1981] par. 5)。つまり，機能通貨は在外子会社の置かれている第一次的な経済環境によって変化するため，個々の在外子会社ごとに異なる。要するに，機能通貨アプローチでは，在外子会社とその親会社との関係が従属的であ

るのか，それとも独立的であるのかを判断するメルクマールとして，機能通貨が用いられているのである。そして，機能通貨により従属的であると判断された在外子会社の外貨表示財務諸表についてはテンポラル法が，一方，独立的であると判断された場合にはカレント・レート法が用いられることになる。

なお，SFAS第52号では，機能通貨を決定する指標として，(a)キャッシュ・フロー，(b)販売価格，(c)販売市場，(d)費用，(e)財務（資金調達），(f)在外子会社と親会社との間の取引及び協定という6つの指標があげられている。しかし，この6つの指標には優先順位が付されてはおらず，そのため実際には機能通貨の決定には困難が伴う場合が多いことから，最終的には経営者の判断によってその決定がなされることになる（FASB [1981] pars. 41-42）。

2.2 機能通貨アプローチにおける換算手続

機能通貨アプローチに基づく換算手続は，まず，当該子会社の機能通貨を決定することからはじまる。機能通貨が親会社の属する国の通貨（本国通貨）である場合には，在外子会社の現地通貨表示財務諸表は本国通貨に再測定される。これに対して，機能通貨が在外子会社の属する国の通貨（現地通貨）である場合には，その現地通貨表示財務諸表は本国通貨に再表示される。さらに，機能通貨が本国通貨でも現地通貨でもない，第三国の通貨である場合には，その外貨表示財務諸表は，まず，現地通貨から機能通貨である第三国の通貨へと再測定され，その後に，報告通貨である本国通貨へと再表示される。そして，この再測定過程にはテンポラル法が，再表示過程にはカレント・レート法が用いられるとされている。このように，機能通貨として選択される通貨に従って換算過程は異なることになる。この機能通貨と換算過程の関係を表したものが，図表11-1である。

そして，テンポラル法を用いた結果として生じる換算差額は，為替レート変動が機能通貨以外の通貨によって将来取引されることになる個々の資産及び負債項目に与える経済的影響として識別され，為替差損益としてその変動が生じた期間の損益計算書上に計上されることになる。それに対して，カレント・レ

図表11-1　機能通貨と換算過程の関係

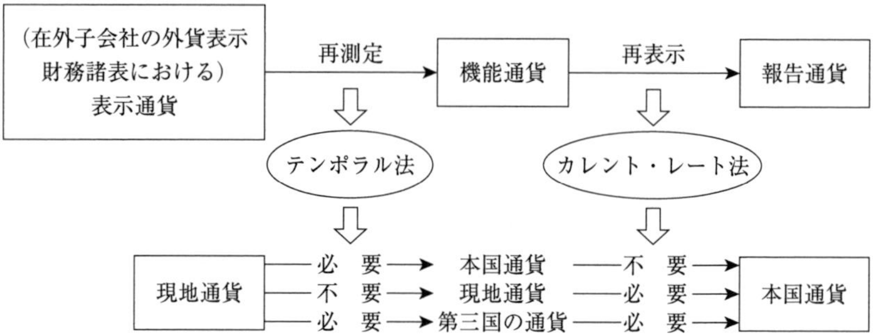

```
（在外子会社の外貨表示      再測定         再表示
財務諸表における）     ─────→  機能通貨  ─────→  報告通貨
表示通貨                ↓              ↓
                    テンポラル法    カレント・レート法
                        ↓              ↓
          ┌── 必要 ──→ 本国通貨 ── 不要 ──┐
  現地通貨 ├── 不要 ──→ 現地通貨 ── 必要 ──┤本国通貨
          └── 必要 ──→ 第三国の通貨 ─ 必要 ─┘
```

ート法を用いた結果として生じる換算差額は，為替レート変動が純資産に与える経済的影響として識別され，換算調整勘定として貸借対照表上に計上されることになる（第12章参照）。

　以上要するに，SFAS第52号においては，カレント・レート法を用いて機能通貨から報告通貨へ再表示される過程と，テンポラル法を用いて表示通貨（現地通貨）から機能通貨へ再測定される過程とは，区分されているのである（図表11-1参照）。しかも，再測定と呼ばれる前者の過程については，既にSFAS第8号において議論がなされていることから，SFAS第52号においてはその結果を付録Bにそのまま引き継いでいるのである。そのため，SFAS第52号においては，再表示過程のみを「換算」[2]として取り扱っている。そこで，以下においては，再表示過程における換算思考についてのみ検討することにする。

3　SFAS第52号における「換算」目的の採用経緯

3.1　SFAS第52号において検討された4つの「換算」目的

　SFAS第52号では，「換算」目的を定めるにあたり，次の4つの目的が検討されている（FASB [1981] par. 70）。

目的A：為替レート変動が企業のキャッシュ・フロー及び持分（equity）[3]
　　　に与えると予期される経済的効果と矛盾しない情報を提供すること。
目的B：米国GAAPに準拠して企業の連結財務諸表を作成すること。
目的C：連結対象である在外子会社ごとに，機能通貨で測定された経営成績
　　　及びその相互関連性を歪めることなく連結財務諸表上に反映させる
　　　こと。
目的D：外貨表示財務諸表（換算された外国通貨額を含む）に対して単一測定
　　　単位を用いること（本国通貨を測定単位として用いること）。

　目的Aは，為替レート変動が与える経済的効果をそのまま換算結果に反映させることを要請するものである。そして，持分に及ぼす経済的効果に対する適合性は，例えば為替レート変動が企業の為替リスクにさらされている項目の側面から有利な変動である場合には持分を増加させるという結果をもたらすことにより達成される。また，キャッシュ・フローに及ぼす経済的効果に対する適合性は，為替レート変動がキャッシュ・フローに影響を及ぼすと合理的に予期される場合には，それが期間損益として反映されることにより達成されることになるとする。しかし，この上記の適合性は，為替レート変動による経済的効果が実現するまでにかなりの時間を要し，かつ不確実である場合には，当期の純利益（net income）の決定からそれを除外することにより満たされるとしている（FASB [1981] par. 71）。すなわち，ここにおいては，実現していないキャッシュ・フローに及ぼす経済的効果を為替エクスポージャーに取り込むことは，もともと要請されていないのである。

　次に，目的Bについて，FASBは外貨換算会計に限らずすべての会計プロジェクトにおいてこの目的は絶対的かつ基本的なものであるとして，いかなる換算方法が採用されようともそれは達成されなければならないとする（FASB [1981] pars. 72-73）。

　目的Cは，機能通貨で測定された在外子会社の経営成績及び財務比率を歪めることなく，換算後も連結財務諸表上に反映されることを要請するものである。そしてここでは，機能通貨により測定され，表示された経営成績及び財務

比率を換算後財務諸表上に維持することによってのみ，多様な経済環境のもとで行われている事業活動の全体的な業績を連結財務諸表上に表わすことが可能になると考えられているのである（FASB［1981］par. 74）。

目的Dは，在外子会社の財務諸表を連結財務諸表に組み入れるにあたって，適切な測定単位は1つの通貨（本国通貨）であることを要請するものである。そのことから，ここにおいて在外子会社を含む企業集団全体の取引は，あたかもそのすべての事業活動が親会社の国内事業の延長上にあり，本国通貨で行われ，かつ，測定されているかのように連結財務諸表上に反映させることになるとされている（FASB［1981］par. 75）。

3.2　SFAS第52号において採用された「換算」目的とその経緯

前述したように，SFAS第52号では4つの「換算」目的が検討され，その結果，そこにおいて「換算」目的は次のように定義されることになった（FASB［1981］par. 4）。

(a) 為替レート変動が企業のキャッシュ・フロー及び持分に与えると予期される経済的効果と一般的に適合した情報を提供すること。

(b) 米国GAAPに従い，機能通貨によって測定された個々の連結実体の経営成績及びその相互関連性を連結財務諸表上に反映させること。

この定義から明らかなように，「換算」目的(a)は目的Aに，「換算」目的(b)は目的B・Cに対応したものといえる。しかもそこにおいて，FASBは，基本的目的として目的Aをまず採用したとする（FASB［1981］par. 71）。というのも，「これは，SFAS第8号に基づく換算結果が在外事業活動の基礎にある現実を反映していないという広範な批判に対応したものである」（FASB［1981］par. 71）からである。

次に，目的Bについては「すべての会計プロジェクトにおけるFASBのあらゆる活動目標にとってそれは絶対的なもの」（FASB［1981］par. 72）であることから採用されたとされている。しかも，FASBはその理由として，「在外子会社の経営成績が米国GAAPに準拠し，機能通貨を測定単位として用いる

ことによって，最も適切に測定されると確信している」(FASB [1981] par. 73) ことをあげている。また，目的Cについては，以下の理由から目的Bとあわせて採用したとする。すなわち，「機能通貨と本国通貨とが異なっている場合には，機能通貨から本国通貨に換算する目的は，本国通貨表示の連結財務諸表に組み入れるために機能通貨表示の個別財務諸表を本国通貨に再表示することにある。しかも，その過程においては，在外子会社の経済環境のもとで生み出された経営成績及びその相互関連性は，そのまま維持されなければならない。…各在外子会社の機能通貨表示財務諸表の経営成績及び財務比率を維持することにより，多様な事業環境のもとで行われている企業活動の全体的な業績を表わすことが可能となる。したがって，FASBは，目的Aに加えて，目的B及び目的Cをあわせて採用した」(FASB [1981] par. 74) のである。

これらの目的に対して，目的Dは，SFAS第8号において展開されたテンポラル法を採用するための前提であり，その前提は在外事業活動を含むすべての事業活動が親会社により本国通貨で行われたかのように測定されることを意味している。しかしながら，この前提は，在外子会社が複数の外国通貨を用いて事業活動を行っているという事実を無視することになる。このように，目的Dは関連する事実と一致しないため，SFAS第52号では採用されなかったのである (FASB [1981] par. 75)。

3.3 機能通貨アプローチが採用された経緯

SFAS第52号によれば，機能通貨アプローチは，親会社が在外事業活動に対する純投資の範囲において為替リスクにさらされているという見解を，その基礎に有している (FASB [1981] par. 94)。そのため，在外子会社の全資産及び負債項目が機能通貨で測定され，かつ，それらの項目がCRで換算される場合には，為替レート変動に基づく会計効果は為替レート変動が純資産に対して与える効果と異ならないことから，会計上に表わされるその結果と広義の経済的ヘッジ活動の概念とは整合する (FASB [1981] par. 33)。そしてそのことから，ここにおいては「換算」目的Aにおける「為替レート変動が持分に与え

る経済的効果に対する適合性」が達成されることになるとする（FASB [1981] par. 95）。

また，機能通貨アプローチでは「親会社は在外子会社に投資を行い，在外子会社はその属する国の経済的・法的・政治的環境のなかで，現地通貨により利益を稼得し，その利益の米ドル相当額（本国通貨相当額—筆者挿入）が，結果として親会社に寄与することになる。この考え方に従うならば，米国GAAPに準拠し，しかも機能通貨で測定された在外子会社の機能通貨表示財務諸表こそが，その経営成績及び財政状態を最もよく反映していることになる」（FASB [1981] par. 97）。すなわち，ここでは「換算」の結果として，在外子会社が機能通貨表示財務諸表において利益を計上しているにもかかわらず，「換算」後財務諸表において損失を計上するという状態，いわゆる「換算のパラドックス」を回避することが要請されているのである。そして，かかる要請は，ここにおいて機能通貨建の資産及び負債項目をCRによって換算するカレント・レート法の採用により可能となる。したがって，機能通貨アプローチは，目的Bと目的Cをあわせて達成することができるのである。

このように，機能通貨アプローチは「換算」目的A・B・Cをあわせて達成することのできる換算アプローチであることから，SFAS第52号において採用されたといえる。なお，SFAS第8号において採用されていたテンポラル法は，原則的には非貨幣性項目に対してHRを，貨幣性項目に対してCRを用いて換算を行うことから，この場合には目的Cを達成することができないことになる（FASB [1981] par. 93）。

4　SFAS第52号における「換算」目的の背後にある思考

本節では，機能通貨アプローチがSFAS第52号において採用された背後にある換算思考と会計思考について検討を行うことにする。そして，かかる検討を行うにあたっては，SFAS第52号において考察されていた4つの「換算」目的に関する採否の論拠に着目することにする。

4 SFAS 第52号における「換算」目的の背後にある思考　225

その場合に、これらの4つの「換算」目的は、換算思考の観点に基づいて2分類することができる。つまり、目的Aは換算を為替レート変動の影響を認識するプロセスと捉える換算思考と関連しており、これに対して、目的B・C・Dは換算を測定単位の変換プロセスとして捉える換算思考と関連しているのである。そのため、以下においては、両者を個別に検討することにする。

4.1 目的Aの背後にある換算思考

目的Aは、親会社の在外事業に対する純投資であり、その為替リスクを測定することを目的としていることは明らかである。しかも、目的Aでは、経済エクスポージャーを構成する2つのリスク、すなわち通貨リスクと現地市場リスクについて、その測定が要請されているといえる。つまり、目的Aにおける持分に与える経済的効果に対する適合性は通貨リスクに、キャッシュ・フローに与える経済的効果に対する適合性は現地市場リスクに、それぞれ関連しているのである。

そしてそこでは、目的Aにおいて要請されている持分に与える経済的効果に対する適合性は、具体的には、為替レート変動が通貨リスクにさらされている部分（項目）にとって有利な変動である場合には、持分を増加させるという結果をもたらすことにより達成されるとされている。また、目的Aにおいて要請されているキャッシュ・フローに与える経済的効果に対する適合性は、為替レート変動が在外事業活動から生じる将来のキャッシュ・フローに与える影響を財務諸表に適切に反映させることにより達成されるとされている。したがって、ここでは為替リスクとして、通貨リスクだけではなく現地市場リスクをも含めた経済エクスポージャーが想定されているといえるのであり、しかもそれを財務諸表上に反映させること、つまり会計エクスポージャーと一致させることが要請されているといえる。

以上のことから、SFAS 第52号の「換算」目的(a)では、換算を為替レート変動の影響を認識するプロセスと捉えて、在外子会社が負う全体的な為替リスクの測定を目的とする第4換算思考を想定しているとともに、そこにおいて経

済エクスポージャーと会計エクスポージャーとを一致させることが要請されていることが明らかになる。

4.2 目的B・C・Dの背後にある換算思考

繰り返しになるが，目的BとCは，SFAS第52号の「換算」目的(b)に集約され採用されている（FASB [1981] par. 4)。

目的Bについてみれば，FASBが取り扱うすべての会計プロジェクトにとって絶対的なものであることを理由に採用されている。そのため，目的Bについてその背後にいかなる換算思考が想定されているのかについては，不明確であるといわざるを得ない。

一方，目的Cは，多様な経済環境のもとで行われている在外事業活動の全体的な業績を連結財務諸表において反映するという必要性から採用されているのである。そしてここでは，機能通貨によって測定された在外子会社の機能通貨表示財務諸表の内容を維持することが換算に要請されている。しかもここにおいては，前述したように，当該在外子会社の事業活動の状況に応じて，機能通貨として本国通貨，現地通貨のいずれかが選択されることになる[4]。機能通貨として本国通貨が選択された場合には，再表示(「換算」)は不要となり，機能通貨として現地通貨が選択された場合には，「換算」は現地通貨を測定単位とする変換プロセスと換算を捉える（現地主義に立脚する）第2換算思考と同一の結果をもたらすことになるのである（図表11-1参照)。

以上の点から，目的Cは，目的Aにおいて想定されている換算を在外子会社全体の為替リスクを認識するプロセスとして捉える第4換算思考とは異なり，現地通貨を測定単位とする変換プロセスとして換算を捉える第2換算思考に基づいているといえるのである。

また，目的Dは，測定単位が単一であること，つまり，本国通貨であることを要請するものである。これに対して，SFAS第52号では測定単位が複数存在しているという事実を無視すべきではないということを理由に，目的Dを採用しなかった。すなわち，ここにおいて注目すべき点は，目的Dを採用

しなかった理由が、すべての在外子会社の外貨表示財務諸表に対して本国通貨を測定単位として用いることになる点にあったといえる。言い換えると、目的Dは、本国通貨を測定単位とする変換プロセスとして換算を捉える第1換算思考に基づいていることから、SFAS第52号の「換算」目的において、第1換算思考が考慮されていないことは明らかである。

以上のことから、SFAS第52号の「換算」目的(b)では、現地通貨を測定単位の変換プロセスとして換算を捉える第2換算思考が想定されているといえるのである。

4.3 「換算」目的の背後にある会計思考

続いて、SFAS第52号の「換算」目的として採用された目的Aと目的B・Cの背後に想定されている会計思考について検討することにする。

目的Aでは、経済エクスポージャーを反映する為替リスクの測定を目的とする換算思考が想定されていた。しかし、SFAS第52号では経済エクスポージャーを構成する為替リスクのうち、キャッシュ・フローに与える経済的効果（現地市場リスク）に対する適合性は、その経済的効果が実現するまでにかなりの時間を要し、かつ不確実である場合には、当期の純利益の決定からそれを除外するのに対して、それが合理的に予期され、実現するまでの時間が短い場合には、期間損益としてそれを反映することにより達成されるとしているのである。つまり、かかる適合性については、実現概念に基づいてその影響額を当期の損益として認識するか否かということを決定するという取扱いがなされているのである。したがってこのことから、目的Aにおいては、明確ではないが、その背後に会計思考として貨幣思考を想定していることを認めることができるのである。

目的Bについては、米国GAAPに依拠することが述べられているのみであり、その背後にいかなる会計思考が想定されているのかということについては不明確である。また、目的Cは、前述したように第2換算思考が想定されているといえるが、そのことからここにおいて想定されている会計思考を明確に

することはできない。

　これらのことから，SFAS第52号では，複数の換算思考をその背後に有しているとともに，会計思考については必ずしも明確ではないということがわかる。しかし，前述したように，SFAS第52号では，目的Aを適用するにあたって貨幣思考に基礎を置いていると思われる議論が展開されている部分が認められたのである。そして，また，このようなFASBの立場を裏づけるものとして，SFAS第52号では外貨換算会計をめぐる問題の解決を図るにあたって，会計モデルとして取得原価主義会計に基づいて議論を展開していることをあげることができる（FASB [1981] pars. 60-68）。

　しかも，FASBは，そのなかで外貨換算会計をめぐる問題を取り扱うにあたって，次のような基本的な選択を迫られていたと述べている（FASB [1981] par. 60）。

　　選択肢(a)：会計モデル（取得原価主義会計―筆者挿入）を変更して，すべての価格変動の影響を原初財務諸表上において毎期認識する。
　　選択肢(b)：外国通貨から本国通貨へ実際に交換が行われることによって実現するまでは，通貨価値（currency price）変動の認識を繰り延べる。
　　選択肢(c)：特定の外貨建資産及び負債項目についてのみ，通貨価値変動の影響を毎期認識する。
　　選択肢(d)：すべての外貨建資産及び負債項目について，通貨価値変動の影響を毎期認識する。

　そして，選択肢(a)については，SFAS第33号『財務報告と物価変動』（FASB [1979]）との整合性の観点より合理的な選択ではないとされている（FASB [1981] par. 61）。また，選択肢(b)については，非常に重要な経済的事象による影響の認識を回避することになり，その結果財務報告の後退を意味するとして，支持されていない（FASB [1981] par. 62）。さらに，選択肢(c)については，SFAS第8号において採用されたアプローチであり，それに基づく換算結果は在外子会社が行う事業活動の基礎にある経済的事実を反映しないということから，採用されていない（FASB [1981] pars. 63-65, 153-156）。

これに対して、選択肢(d)は理論的に最も優れており、とりわけ独立的に事業活動を行う在外子会社については利点があるとされている。そしてこの方法に従えば、取得原価主義会計の枠組みのなかで経済的実態を最もよく反映した財政状態及び経営成績の報告を行うことができると指摘されている（FASB [1981] par. 66）。

このことから、SFAS第52号では会計思考として、貨幣思考を想定した議論が展開されているといえる。

5　SFAS第52号の理論的整合性

5.1　SFAS第52号の特徴

以上の考察から、SFAS第52号では複数の換算思考をその背後に有しているとともに、会計思考については貨幣思考を想定していることが明らかになった。

しかも、その換算思考については、既に指摘したように、SFAS第52号の「換算」目的(a)においては、通貨リスクと現地市場リスクに関する為替エクスポージャー（すなわち、経済エクスポージャー）を反映した情報が要請されていることから、目的(a)は、会計エクスポージャーと経済エクスポージャーとの一致を要請したものであるといえる。また、第2章において明らかにしたように、会計エクスポージャーは、経済エクスポージャーとは異なり換算の結果として決定される性質をもつという点に着目すると、SFAS第52号の「換算」目的において、会計エクスポージャーは目的(b)の影響を受けて決定されるということになる。そのことから、SFAS第52号の「換算」目的(a)は、目的(b)を達成した結果として生じる会計エクスポージャーと経済エクスポージャーとの一致を要請しているものであると言い換えることができるのである。

また、図表11-1から明らかなように、SFAS第52号においては、テンポラル法を用いて行われる再測定過程と、カレント・レート法を用いて行われる再

表示過程とは区分され,しかも,そこでは後者(再表示過程)のみを「換算」過程として取り扱っており,前者(再測定過程)については既にSFAS第8号において議論されていることを受けて,付録Bに引き継いでいるのである。

このように,SFAS第52号の特徴としては,①会計思考として貨幣思考に基礎を置いている点,②「換算」目的が第2換算思考と第4換算思考の2つの思考に立脚している点,③機能通貨アプローチを用いることにより,再表示過程と再測定過程とに区分されるとともに,再表示過程のみを「換算」と定義している点をあげることができる。そこで,以下においては,このような特徴をもつSFAS第52号が,どのようにして理論的整合性を図っているのかについて検討を行うことにする。

5.2 再表示過程に限定した場合

まず,SFAS第52号を「換算」,すなわち再表示過程に限定した場合に,かかる会計基準がいかにして理論的整合性を保持しているのかについて検討することにする。

上述したように,SFAS第52号において採用された「換算」目的(a)は,目的(b)を達成した結果として決定される会計エクスポージャーと経済エクスポージャーとの一致を要請しているものである。

目的(a)では,経済エクスポージャーを反映する為替リスクの測定を目的とする換算思考が想定されているが,SAFS第52号では,あくまでも会計思考として貨幣思考に基づいて議論が展開されていることから,経済エクスポージャーを構成する現地市場リスクにかかわる経済的効果による影響額を当期の損益として認識するか否かということを決定するにあたっては,実現概念に基づいた取扱いが行われている。つまり,SFAS第52号では,貨幣思考に理論的根拠を求めていることから,経済エクスポージャーのうち現地市場リスクについては,それが実現した場合にのみ認識されるとしているのである。このことから,目的(a)は,通貨リスクと実現した現地市場リスクに関する為替エクスポージャーとして経済エクスポージャーを捉え,それと会計エクスポージャーとが

一致することを要請しているといえるのである。

ところで，会計エクスポージャーの決定要因となる目的(b)では，現地通貨を測定単位とする変換プロセスと換算を捉える（現地主義に立脚した）第2換算思考が想定されていることから，そこにおける最適な換算方法はカレント・レート法となる。そのため，目的(b)を達成するために採用されたカレント・レート法により「換算」された結果として生じる会計エクスポージャーは，在外子会社の外貨表示財務諸表上の全資産及び負債項目がさらされている通貨リスクを表わすことになる。また，ここにおいては，実現した現地市場リスクは，既に在外子会社の外貨表示財務諸表上の全資産及び負債項目において取り込まれている。したがって，ここにおける会計エクスポージャーは，通貨リスクと実現した現地市場リスクに関する為替エクスポージャーすなわち経済エクスポージャーと一致することになるのである（図表2-5参照）。

以上のことから，「換算」を再表示過程に限定した場合には，貨幣思考のもとにおいて，SFAS第52号の目的(b)では第2換算思考に基づいてカレント・レート法による「換算」を要請するとともに，目的(a)において経済エクスポージャーのうち現地市場リスクについてはそれが実現した場合にのみ認識するという制約条件を置いていることから，SFAS第52号はその限りにおいて理論上矛盾が生じない構造になっているのである。

5.3 再測定過程を含めた場合

次に，再測定過程の取扱いに関して，SFAS第52号がどのようにその理論的整合性を保持しているのかについて検討することにする。

図表11-1から明らかになるように，再測定過程とは，在外子会社の現地通貨表示財務諸表を機能通貨表示財務諸表に変換する過程を指し，そこでは当該在外子会社の会計記録が当初からあたかも機能通貨で行われていたのと同様の結果を生み出すようになされるべきであると述べられている（FASB [1981] pars. 47-48)。そのため，この再測定過程においてはSFAS第8号におけるテンポラル法のように現金収支に応じて換算レートの使い分けを要請する換算方

法と同一の結果をもたらす換算方法の適用が想定されているといえるのである。しかも，再測定過程においては，機能通貨として報告通貨（本国通貨）が選択されることから，本国通貨を測定単位とする変換プロセスと換算を捉える（本国主義に立脚する）第1換算思考が想定されているといえる。

　第2章において述べたように，貨幣思考のもとでは外貨表示財務諸表項目は現金収支に基づいて認識・測定されることになる。そして，このように現金収支に基づいて測定される場合に本国主義の観点からは，現金収入に基づいて測定される項目はCRで，現金支出に基づいて測定される項目はHRで換算が行われることになる。

　したがって，SFAS第52号において再測定過程をも含めて「換算」を捉えるとすれば，再測定過程についてもSFAS第52号の「換算」目的を満たす必要性が生じることになるのであるが，貨幣思考のもとでは再測定過程において，在外子会社の外貨表示財務諸表項目に対して異なる時点の為替レートを用いて換算が行われることから，会計エクスポージャーに含まれない項目（HRで換算される項目）が存在することになり，会計エクスポージャーと経済エクスポージャーとが一致しないという結果が引き起こされることになる。つまり，SFAS第52号において再測定過程も含めて「換算」を捉える場合には，そこにおける「換算」目的に矛盾点が生じることになるのである。

　しかしながら，上述したように，SFAS第52号では，機能通貨アプローチを採用することにより，再表示過程と再測定過程とを区分するとともに，再表示過程のみをSFAS第52号における「換算」と認め，再測定過程については既にSFAS第8号において議論がなされていることを受けて，付録Bに引き継いでいる。このことから，貨幣思考のもとで，SFAS第52号における「換算」目的により制約を受けるのは再表示過程のみとなり，再測定過程はかかる制約を受けないことになる。そのため，貨幣思考のもとで再測定過程において生じることになる会計エクスポージャーと経済エクスポージャーの不一致はSFAS第52号における「換算」上の問題とはならないことになる。したがって，SFAS第52号は，「換算」対象を在外子会社の現地通貨表示財務諸表では

なく機能通貨表示財務諸表とし，それを「換算」，すなわち再表示するという制約条件を課すことによって，その理論的整合性を保っているといえるのである。

6 おわりに

　本章では，状況アプローチがParkinson [1972]によって主張された後，SFAS第52号において承認されていく経緯，及びその背後にある会計思考と換算思考について検討を行ってきた。

　SFAS第52号の採用した機能通貨アプローチは，機能通貨をメルクマールとして在外子会社の事業活動状況を識別し，それに応じてテンポラル法とカレント・レート法を選択適用するという状況アプローチの適用形態の一種である。ところが，SFAS第52号において換算過程は，テンポラル法を用いて行われる再測定過程と，カレント・レート法を用いて行われる再表示過程とに区分されている（図表11-1参照）。しかもそこでは，再表示過程のみを「換算」過程として取り扱い，再測定過程については，既にSFAS第8号において議論がなされていることを受けて付録Bに引き継いでいるのである。

　そこで，「換算」過程にのみ着目して，SFAS第52号の「換算」目的の背後にある換算思考と会計思考について検討した。その結果，SFAS第52号の「換算」目的では，第2換算思考と第4換算思考という複数の換算思考が認められるとともに，会計思考としては貨幣思考に基づく議論が展開されていた。したがって，SFAS第52号の「換算」過程については，図表2-7において示した「仮説II」及び「仮説II′」に該当するものといえる。

　しかも，SFAS第52号は，貨幣思考のもとで，その目的(b)が第2換算思考に基づいて，カレント・レート法による「換算」を要請するとともに，目的(a)において経済エクスポージャーのうち現地市場リスクについてはそれが実現した場合にのみ認識するという制約条件を置いていることから，SFAS第52号は理論上矛盾が生じない構造になっているのである。

また，SFAS第52号では，再測定過程において，機能通貨として報告通貨（本国通貨）が選択されることから，ここにおいては第1換算思考が想定されているといえる。そのことから，SFAS第52号の再測定過程については図表2-7において示した「仮説Ⅰ」に該当するものといえる。

しかも，このような再測定過程をも「換算」に含めてSFAS第52号を捉えた場合には，「換算」目的に矛盾が生じることになるのであるが，ここでは，機能通貨アプローチを採用することによって「換算」対象を在外子会社の現地通貨表示財務諸表ではなく機能通貨表示財務諸表とし，それを「換算」すなわち再表示するという制約条件を課すことによって，その理論的整合性を保っているのである。

(1) Parkinson [1972] により提案された状況アプローチでは，在外事業活動の状況に応じて貨幣・非貨幣法とカレント・レート法が選択適用されている（第7章参照）。
(2) SFAS第52号において，換算という用語は，図表11-1で示したカレント・レート法を適用する再表示過程のみを意味するとして限定的に使われている。そのことから，本書ではSFAS第52号における「換算」を区別して括弧づきで表わしている。
(3) FASBでは，所有者に帰属するもの (ownership interest) としての持分 (equity) と純資産 (net assets) が同義に用いられている (FASB [1984] pars. 39, 55, FASB [1985] pars. 49, 60, 67)。
(4) 図表11-1に示すように，機能通貨として第三国の通貨が選択される可能性があるが，その場合には①換算後に報告される利益が激しく変動すること，②換算により原価で表示されている資産に関して理解が困難となるような数値が算出されること (Mehta and Thapa [1991] pp. 78-81) から，本書では取り扱わない。

第12章　SFAS 第52号における換算差額の性質
――SFAS 第130号の公表を受けて――

1　はじめに

　第11章では，SFAS 第52号の背後にある会計思考と換算思考について，換算目的に着目して検討を行った。続いて本章では，換算差額の性質に着目し，SFAS 第52号の背後にある会計思考と換算思考について検討することにする。

　その検討にあたり，FASB により1997年6月に公表された SFAS 第130号（FASB [1997]）に着目することにしたい。周知のとおり，FASB は，1978年から2000年にかけて7つの概念書（SFAC）を公表している。これらの SFAC では，経済的意思決定を支援する観点から会計目的が捉えられ，貨幣思考から財貨思考への会計思考の移行，及び包括利益の開示という一連の問題が取り扱われてきた。そして，1997年に基準書レベルで包括利益の報告を要請する SFAS 第130号が公表されたのである。

　このような包括利益の開示要請は，第1章における用語を用いれば，貨幣思考から財貨思考への会計思考の移行と言い換えることができる。そこで，本章では SFAS 第130号にみられる財貨思考への会計思考の移行が，SFAS 第52号へ及ぼした影響を，換算差額の観点から検討することにする。

2　SFAS 第52号における換算差額の性質

2.1　SFAS 第52号における換算差額の算出過程

　第11章にて述べたように，SFAS 第52号では，在外子会社の事業活動状況

図表12-1　機能通貨アプローチにおける換算差額の算出過程

```
表示通貨─[テンポラル法]→機能通貨─[カレント・レート法]→報告通貨
              ‖                              ‖
            再測定                          再表示
         「為替差損益」                   「換算調整勘定」
```

に応じて2つの換算方法を使い分ける機能通貨アプローチが採用されている。機能通貨とは、当該在外子会社において第一次的に重要な経済環境における通貨であり、在外事業活動の状況を判断する指標として用いられている(FASB [1981] par. 5)。機能通貨として、現地通貨が選択された場合にはカレント・レート法による過程がとられ、本国通貨が選択された場合にはテンポラル法による過程がとられることになる(図表11-1参照)[1]。

そして、SFAS第52号では、カレント・レート法による過程は再表示過程と捉えられ、そこから生じる差額は「換算調整勘定」と呼ばれ純資産直入される。一方、テンポラル法による過程は再測定過程と捉えられ、そこから生じる差額は「為替差損益」と呼ばれ当期の損益とされる[2]。図表12-1は、機能通貨アプローチにおける換算差額の算出過程を示したものである。

2.2　換算調整勘定の性質

まず、換算調整勘定の性質に関するSFAS第52号の捉え方について明らかにする。上述したように換算調整勘定は、機能通貨として現地通貨が選択された場合、再表示の結果として生じる換算差額である。ここでは、在外子会社は親会社と独立的に事業活動を行うことを根拠に、現地通貨が適当な測定単位とされ、そのことから、在外子会社の現地通貨表示財務諸表上の関係を維持することが要請される(FASB [1981] pars. 70, 74)。

このような要請を達成するには一律のレートを用いた換算が再表示過程に必要となり、そのことから、ここではカレント・レート法が適切な方法となる(FASB [1981] par. 93)。その結果、SFAS第52号では、再表示過程から生じ

る換算調整勘定は，換算後財務諸表の貸借を一致させるための機械的副産物として解釈されているのである（FASB [1981] par. 114）。

また，SFAS 第52号では，換算調整勘定に次のような解釈が存在することを指摘する。再表示過程の結果は，為替レート変動が在外子会社への純投資に与えた影響を反映すること，つまり，為替エクスポージャーが在外子会社の現地通貨表示財務諸表上の純資産部分であることが要請されている（FASB [1981] pars. 67-68）[3]。このような要請を達成するためには，一律のレートを用いて換算が行われること，そして，その純投資の評価が行われるのは決算時点であるため，決算時点の為替レートで換算が行われる必要があることから，再表示過程においてカレント・レート法が最適な方法となるとされる（FASB [1981] pars. 94-95）。そして，SFAS 第52号では，再表示過程から生じる換算調整勘定は，純投資の本国通貨建金額についての未実現損益と考えられている（FASB [1981] par. 113）。

以上のことから，SFAS 第52号では換算調整勘定の性質に関して，機械的副産物と未実現損益という2つの解釈が存在することがわかる。

2.3 為替差損益の性質

続いて，為替差損益の性質に関する SAFS 第52号の解釈について明らかにする。為替差損益は，機能通貨として本国通貨が選択された場合に再測定の結果として生じる。ここでは，在外子会社は親会社と従属的に事業活動を行うことを根拠に，本国通貨を測定単位として換算に用いることが要請されている（FASB [1981] par. 10）。言い換えると，在外子会社の財務諸表上の測定属性が維持されるように換算が行われること，すなわち，現地通貨表示財務諸表上の測定属性に応じたレートを用いて換算が行われることが要請されているのである。その意味において，再測定過程では，換算対象の属性に応じて為替レートを使い分けるテンポラル法が適切な方法となる。このことから，再測定過程から生じる為替差損益はあたかも親会社が行った結果のように現われるため，それは，本国通貨として実現した（とみなされる）損益項目として，SFAS 第

52号では解釈されているのである（FASB [1981] pars. 47-48）。

また，為替差損益については，当該在外子会社の現地通貨表示財務諸表上の貨幣性持高（貨幣性資産と貨幣性負債の差額部分）が為替レート変動の影響を受けた結果であるとしての解釈も存在する（FASB [1981] pars. 122-124）。ここにおいて為替エクスポージャーが貨幣性持高である条件が課されるのは，本国主義において在外子会社の事業活動は親会社の行う事業活動として（すなわち親会社が外貨建取引を行っているものとして）みなされているため，換算の結果は外貨建取引の換算結果と同様に，為替レート変動が在外子会社の貨幣性持高に与えた影響を反映すること，そして，それは，近い将来本国通貨に変換されるということを意味するのである。このように，為替差損益は外貨建の貨幣性項目が決済された際に本国通貨建キャッシュ・フローに直接的な影響を与えることから，関連する為替レート変動が生じた時点で実現した損益とみなされると解釈されている（FASB [1981] pars. 120-124）。

以上のことから，SFAS第52号において，為替差損益の性質は実現損益として捉えられているが，その解釈には2つの解釈が存在することがわかる。

3　会計思考の移行が換算差額に及ぼす影響

3.1　会計思考の移行：包括利益の公表を背景として

1980年12月に公表されたSFAC第3号『財務諸表の構成要素』（1985年12月にSFAC第6号（FASB [1985]）に改訂）によれば，包括利益とは「出資者以外の源泉からの取引，その他の事象及び環境要因からもたらされる一期間における営業企業の持分の変動である」(par. 70)。そして，持分（純資産）は，資産と負債の差額として定義される（FASB [1985] par. 50）ことから，包括利益は，資産と負債に依拠して規定される利益であるといえる。また，財貨思考のもとで利益は一定期間の正味資源の増加額を利益とみなしていることからも，包括利益は財貨思考に基づき導出される利益であると考えることができる。

その後，FASBが1984年12月に公表したSFAC第5号『営利企業の財務諸表における認識と測定』(FASB [1984]) において，包括利益は，稼得利益に累積的会計修正を加え，さらに出資者と関係しない取引から生じる持分（純資産）の変動を加味した利益であると定義されている (pars. 42-44)。なお，稼得利益は，当時の実務における純利益と類似するものであり，収益と費用の差額として定義されている (FASB [1984] pars. 34-36) ことから，貨幣思考に基づき算定される利益であると考えることができる。

しかしながら，1980年代前半において包括利益は，このように概念書レベルで取り上げられていたに過ぎず，基準書レベルでは取り上げられてはこなかった。ところが，FASBが1997年に包括利益の報告について規定したSFAS第130号を公表したことにより，基準書レベルにおいて包括利益の開示が要請されることになった (FASB [1997] par. 9)。

SFAS第130号ではSFAC第5号と同様に，包括利益を純利益とその他の包括利益に2区分表示することが述べられている (FASB [1997] par. 15)。そして，その他の包括利益には，SFAS第130号の公表以前において損益計算書に計上されず貸借対照表の純資産へと直入されていた項目が含められるとして，その1つに換算調整勘定があげられている (FASB [1997] par. 39)。このように，純利益は包括利益の構成要素とされ，その他の包括利益には包括利益に含まれるが純利益から除外される項目が含められることが述べられている。言い換えると，その他の包括利益は，純利益から包括利益への調整項目として位置づけられているのである。

以上のことから，SFAS第130号は，財貨思考に基づいた包括利益の開示を要請する一方で，貨幣思考に基づいた純利益の開示を要請するという2層構造をもつこと，そして，その他の包括利益が純利益（貨幣思考）から包括利益（財貨思考）への調整項目として位置づけられていること（山田 [2007] p. 57）がわかる。このように包括利益の公表が概念書レベルから基準書レベルへと段階的に要請されるという事実から明らかなように，貨幣思考から財貨思考へと会計思考は移行しているといえるが，それは完全な移行ではなく，両会計思考

が共存しているのである。

　以上の点を踏まえて、貨幣思考と財貨思考の2層構造を背後にもつ包括利益の開示要請が、SFAS第52号による換算差額の性質にいかなる影響を及ぼしたのかについて、以下、考察することにする。

3.2　SFAS第52号の公表時（1981年）

3.2.1　換算調整勘定

　前述したように、SFAS第52号では、換算調整勘定の性質について、機械的副産物と、純投資の米ドル相当額についての未実現損益という2つの解釈が存在する。前者の場合、在外子会社が親会社と独立的に事業活動を行うことを根拠として、現地通貨が適当な測定単位であり、そのため、在外子会社の財務諸表上の関係を維持するように換算が行われることが要請されている。その結果、換算調整勘定は換算後の貸借を一致させるための機械的副産物であると解釈されている。このことから、SFAS第52号において換算調整勘定は、現地通貨を測定単位とする変換プロセスと換算を捉えて、換算対象の諸事実の維持を目的とする第2換算思考に基づく換算差額として考えられていることがわかる。

　後者の場合、換算調整勘定は、当該在外子会社の現地通貨表示財務諸表上の純資産部分が為替レート変動の影響を受けた結果であり、そのため、それは純投資の本国通貨建金額についての未実現損益と解釈されている。よって、SFAS第52号において換算調整勘定は、為替レート変動の影響を認識するプロセスと換算を捉えて、在外子会社全体の為替リスクの測定を目的とする第4換算思考に基づく換算差額として理解されているといえる。

　そして、前者の場合、換算調整勘定は、その累積額が同じ純資産部分を恒常的な米ドルで測定した場合と名目的な米ドルで測定した場合の差額に該当することを根拠に、後者の場合、換算調整勘定は、純投資の未実現損益であり在外子会社により獲得された現地通貨の正味キャッシュ・フローに影響を与えないため、そのまま再投資されたりまたは親会社に分配されたりすることがないこ

とから,純資産直入されるべきであるとする (FASB [1981] pars. 113-114)。

しかしながら,SFAS第52号では換算調整勘定の性質としてどちらの解釈をとるのかについては,どちらにしても,会計手続上,換算調整勘定を純資産直入項目とするという点において違いが生じないことから,明確にされていない (FASB [1981] par. 115)。この点に着目すると,ここでは純利益の開示に重きを置いた会計制度が想定されていたと考えることができる。つまり,SFAS第52号では,その公表当時,会計思考として貨幣思考が想定されていたと解されるのである。

このことは,貨幣思考のもとでは,第2換算思考に基づく換算調整勘定は,本国通貨建現金収支を構成しないため損益項目とはならないこと(図表2-1参照),また,第4換算思考に基づく換算調整勘定は,在外子会社の全項目(純資産項目を除く)に対する通貨リスクを表し,それは貨幣思考と第2換算思考の影響を受けるため損益項目とはならない(純資産直入項目になる)こと(図表2-6参照)からも,説明することができる。

以上要するに,公表当時のSFAS第52号では,貨幣思考が想定され,換算調整勘定の性質として第2換算思考と第4換算思考に基づく2つの解釈が存在するが,それらの解釈上,換算調整勘定はともに純資産直入されることから,いずれの解釈に立つのかについては,FASBでは明示されていないのである。

3.2.2 為替差損益

上述のとおり,SFAS第52号では為替差損益の性質についても2つの解釈が存在する。1つは,在外子会社が親会社と従属的に事業活動を行うことを根拠に,本国通貨を適当な測定単位であるとして,その結果生じる為替差損益は,あたかも親会社が事業活動を行ったかのような換算結果を構成するものであるとして解釈されている。このことから,為替差損益は,本国通貨を測定単位とする変換プロセスと換算を捉えて,換算対象の測定属性の維持を目的とする第1換算思考に基づく換算差額として解釈されていることがわかる。

もう1つは,当該在外子会社の現地通貨表示財務諸表上の貨幣性持高が為替

レート変動の影響を受けた結果として，為替差損益を解釈するものである。この解釈は，為替差損益を，為替レート変動の影響を認識するプロセスと換算を捉えて，在外子会社の各財務諸表項目（貨幣性持高）に対する為替リスクの測定を目的とする第3換算思考に基づく換算差額の性質を有することを意味している。

　前者の場合，為替差損益は，本国通貨で当初からなされていたのと同様な結果をもたらすために，当該期間の損益として認識されることになり，後者の場合，為替差損益は外貨建の貨幣性項目が決済された際に本国通貨建キャッシュ・フローに直接的な影響を与えることから，関連する為替レート変動が生じた時点で損益として報告されることになる。既に述べたように，SFAS第52号では，いずれの解釈であっても為替差損益は，関連する為替レート変動が生じた時点で報告すること，つまり，当該期間の損益として計上することが要請されている。

　つまり，換算調整勘定の場合と同様に，SFAS第52号では，貨幣思考を想定していたことから，第1換算思考に基づく為替差損益は，本国通貨建現金収支を構成するため，損益項目として処理され（図表2-1参照），また，第3換算思考に基づく為替差損益は，在外子会社の貨幣性項目に対する通貨リスク（取引エクスポージャー）を表わし，それは貨幣思考と第1換算思考の影響を受けるため，損益項目として処理される（図表2-6参照）のである。

　以上要するに，公表当時のSFAS第52号では，貨幣思考が想定され，為替差損益の性質については第1換算思考と第3換算思考に基づく解釈が2つ存在するが，それらの解釈上，為替差損益はともに生じた期間の損益として処理されることから，いずれの解釈に立つのかについては明らかにされていないのである。

3.3　1984年のSFAC第5号の公表以降

3.3.1　換算調整勘定

　SFAS第52号では，公表当時，換算調整勘定の性質について第2換算思考

と第4換算思考に基づく解釈の2つが存在した。ところが，SFAC第5号の公表を契機として，SFAS第52号による換算調整勘定の性質に対するFASBの捉え方に変化がみられる。SFAC第5号では，換算調整勘定はその他の包括利益として，包括利益とは別に表示される必要性があるとされている。というのも，「換算調整勘定が未実現であるばかりではなく，<u>当該企業への投資を売却または処分するまで実現不可能であるとみなされているからである。為替レート変動が純投資に及ぼす影響は，あまりにも不確実であり，遠い将来のこと</u>であるため，これを経営成績（純利益―挿入筆者）に含めることは妥当ではない」（FASB [1984] par. 50―下線筆者）。

また，SFAS第130号において，換算調整勘定は次のような理由から，その他の包括利益として表示することが要請されている。つまり，「SFAS第52号の換算調整勘定に関する再分類調整の規定は，<u>海外の事業体（在外子会社―筆者挿入）への投資</u>の売却，完全なあるいはほぼ完全な清算によって実現した換算差額（利得・損失）に限定される」（FASB [1997] par. 19―下線筆者）とするのである。

以上要するに，財貨思考を前提とした包括利益が概念書レベルで定義され，さらに基準書レベルでその開示が要請されたことを背景として，SFAS第130号の公表以前において純資産直入項目として取り扱われていた換算調整勘定は，その他の包括利益として計上されることになったのである。このことは，第2・第4換算思考に基づく換算差額（換算調整勘定）が，貨幣思考のもとでは損益ではないため純資産直入されるが，財貨思考のもとでは損益として計上されることからも明らかである（図表2-1・2-6参照）。

ここで重要となるのは，換算調整勘定の解釈が第4換算思考に基づいて（純投資の未実現損益として）捉えられている点である。言い換えると，第2換算思考に基づく（機械的副産物という）解釈がとられていないのである。しかしながら，図表2-1に示したように，第2換算思考に基づく換算調整勘定は，財貨思考のもとでは為替レート変動分が取引とみなされることから，すべて損益項目と捉えることができる。このように，貨幣思考を想定していた公表当時

とは異なり，財貨思考を前提とした場合には，換算調整勘定の性質として第2換算思考に基づく解釈は論理上とることは可能であるが，SFAS第52号においてその可能性は否定されているのである。

以上のことからFASBの解釈を要約すると，包括利益の開示に表象される会計思考の移行に伴い，換算調整勘定は「純資産直入項目」から「損益項目」(SFAS第130号ではその他の包括利益項目として表示）へとその性質が変化するとともに，第4換算思考に基づく解釈へと変化していることがわかる[4]。ただし，財貨思考のもとで第2換算思考に基づいて換算調整勘定を解釈することは可能であるが，FASB自身その可能性を否定している。この点に着目する限りにおいては，第4換算思考による解釈を重視するというFASBの意向が暗黙的に存在しているとみることもできる。

3.3.2 為替差損益

SFAS第52号では，公表当時，為替差損益の性質について貨幣思考を前提として第1換算思考と第3換算思考に基づく解釈の2つが存在した。ところが，換算調整勘定と異なり，SFAC第5号及びSFAS第130号の公表以降，為替差損益に関するFASBの記述を認めることはできない。

というのは，SFAS第130号の規定に従えば，為替差損益は，従来純資産直入項目ではないため，その他の包括利益項目とはならず，貨幣思考に基づく純利益として計上されるからである。よって，SFAS第52号の公表当時と同様，為替差損益については，貨幣思考を前提とした第1換算思考と第3換算思考に基づく2つの解釈がとられていると考えることができる。

以上要するに，SFAC第5号とSFAS第130号のように包括利益の2区分表示（純利益とその他の包括利益）を前提とした場合，為替差損益は純利益として計上，つまり「損益項目」として計上されることに変わりはないのである。

なお，厳密に財貨思考を想定した場合には，為替差損益は包括利益（損益項目）として計上されること，ならびに第1・第3換算思考に基づき解釈することができる点に留意されたい（図表2-1・2-6参照）[5]。

4 おわりに

　本章では，SFAS 第130号における包括利益の開示に表象される財貨思考への会計思考の移行が，SFAS 第52号における換算差額の性質に与える影響を検討した。

　その結果，SFAS 第52号の公表当時，貨幣思考を想定した上で換算差額の性質を捉えていること，そして換算調整勘定については第2・第4換算思考に基づいた解釈を，為替差損益については第1・第3換算思考に基づいた解釈を行っていることが明らかとなった。そのことから，換算調整勘定は純資産直入項目として，為替差損益は損益項目として処理されることが要請されていた。

　その後，SFAC 第5号と SFAS 第130号において財貨思考に基づく包括利益を貨幣思考に基づく純利益とその他の包括利益とに区分して表示することが要請されたことを受けて，SFAS 第52号による換算差額には，次のような変化がみられた。

　換算調整勘定については，FASB では第2換算思考による解釈がとられず，第4換算思考により捉えられており，そして，純資産直入項目から損益項目（その他の包括利益）へというようにその性質に変化がみられた。ところが，為替差損益については，変化がみられず，あいかわらず損益項目（純利益）として位置づけられていることから，会計思考として貨幣思考を想定した第1・第3換算思考に基づく解釈がなされていると考えることができた。

　以上要するに，換算差額の性質の観点より SFAS 第52号をみれば，その公表当時は図表2-7において示した「仮説Ⅰ」，「仮説Ⅱ」，「仮説Ⅰ′」，「仮説Ⅱ′」の4つに該当するといえるが，SFAS 第130号の公表以降は，図表2-7において示した「仮説Ⅰ」，「仮説Ⅰ′」と図表2-8において示した「仮説Ⅳ′」の3つに該当するといえる。

　既述のように，SFAS 第130号において会計思考が混在していることから，SFAS 第52号においてもこのような会計思考の混在がみられるのである。こ

こで留意すべきことは，換算調整勘定について，財貨思考のもとでは論理上第2・第4換算思考に基づいた解釈が可能であるにもかかわらず，第4換算思考による解釈をFASBが選好している点である。この点については後述することにしたい（結章参照）。

また，SFAS第130号の公表以降についての結論は，制度上の要請である包括利益の2区分表示，つまり貨幣思考と財貨思考の2層構造を前提にした場合においての結論である点に留意されたい。厳密に財貨思考による会計思考を想定し，そしてFASBの意図を除いた場合，換算調整勘定は第2換算思考に基づく解釈が可能であるとともに，為替差損益は第1・第3換算思考による解釈が可能である。よって，この場合は図表2-8において示した「仮説III」，「仮説IV」，「仮説III′」，「仮説IV′」のすべてを満たす換算アプローチとして機能通貨アプローチを捉えることができるのである（第13章参照）。

（1）機能通貨として第三国の通貨が選択された場合については，本書では取り扱わない（第11章注（4）参照）。
（2）換算差額について，本書では損益計算書の差額として計上されるものに対して為替差損益と呼び，貸借対照表の差額として計上されるものを換算調整勘定と呼んでいる（第1章注（1）参照）。そのことから，SFAS第52号における換算差額に関する2つの定義についても同意義であると考えられることから，本書では，SFAS第52号の定義をとくに区別していない。
（3）これは，「純投資概念」といわれるカレント・レート法を支持する考え方の1つである。J. Flowerによれば，在外子会社は独立的に事業活動を行うことから，親会社の関心は，その子会社の詳細な財政状態及び経営成績についてではなく，そこから得られる年次配当にある。そしてそのことから，親会社は，当該子会社の個々の財務諸表項目ではなく，年次配当の源泉たる純資産，つまり子会社への純投資額に関心があるとするのである（Flower [1995] pp. 366-368）。よって，純投資概念は，在外子会社の独立性（現地主義）から導出された考え方ということができる。
（4）なお，財貨思考のもとで第4換算思考に基づいて算出される会計エクスポージャーは，通貨リスクだけではなく現地市場リスクも含めた経済エクスポージャーとなる（図表2-5・2-6参照）。
（5）なお，財貨思考のもとで第3換算思考に基づいて算出される会計エクスポージャーの範囲は，貨幣性項目に対する通貨リスクだけではなく，非貨幣性項目に対する通貨リスクと現地市場リスクも含まれることから，経済エクスポージャーを示すことになる（図表2-5・2-6参照）。

第13章　現在価値法の採用と外貨換算会計

1　はじめに

　第11章で明らかにしたように，SFAS第52号では，第2換算思考による会計エクスポージャーと第4換算思考による経済エクスポージャーの一致を企図した統合的な換算方法を求めて，機能通貨アプローチが提案・採用されている。しかしながら，そこにおいては，この統合にあたり会計思考として貨幣思考に基づく展開がなされているため，①経済エクスポージャーのうち現地市場リスクについてはそれが実現した場合にのみ認識すること，②「換算」対象を在外子会社の機能通貨表示財務諸表とし，それを再表示する過程のみを「換算」として換算過程の限定を行うという制約条件を課し，そのことによって，理論上矛盾が生じない構造になっている。

　本章の目的は，かかる制約条件に基づいてその理論的整合性を保持しているSFAS第52号に対して，その条件を排除したときに生じることになる問題点と，その場合にそれを解消する換算方法はいかなるものであるのかについて明らかにすることである。

　そのためにまず，SFAS第52号に対するFASBのメンバーによる反対意見を考察し，そのことから，その問題点をめぐる議論の背後にある会計思考及び換算思考について分析を行う。というのも，SFAS第52号は，1981年12月に公表されてから現在に至るまで大きな改訂もなく適用されている外貨換算会計基準であるとともに，その採択にあたって4対3という僅少差の賛成により可決されたという経緯をもつ基準でもあるからである。しかも，その公表当時メンバーによって表明された反対意見は，主としてSFAS第52号の「換算」目的に内在する矛盾点と機能通貨アプローチに対するものであったが，現在にお

いてもあいかわらず同様の批判が行われている。

さらに，SFAS第52号がおく制約条件には，特定の会計思考（貨幣思考）が関係していることから，第12章と同様に，最近のFASBにみられる会計の認識・測定構造の変更に着目する。かかる変更は，FASBが2000年2月に公表したSFAC第7号（FASB [2000]）において，測定属性として将来（期待）キャッシュ・フローの現在価値（現在価値法）の採用を決定したということにみてとれるのである。このような会計測定システムの採用は，貨幣思考から財貨思考への会計思考の移行と言い換えることができ，かかる移行は，会計の理論的基礎の転換を通じて外貨換算会計に対しても大きな影響を及ぼすことになると考えられる。

そこで，本章では，現在価値法の採用という財貨思考への会計思考の移行が，SFAS第52号の抱える諸問題，ひいては外貨換算会計に及ぼす影響について検討することにする。

2 SFAS第52号に対する反対意見の背後にある思考

2.1 SFAS第52号審議会メンバーによる反対意見

SFAS第52号に対する審議会メンバー7人のうち，F. E. Block, D. J. Kirk, R. A. Morganの3人は，SAFS第52号における「換算」目的と機能通貨アプローチの採用について反対意見を表明している。彼等の反対意見とは次のようなものであった（FASB [1981] dissenting opinions）。

反対意見A：相互に矛盾する2つの前提の上に立脚しており，その結果として，変則性を生むこと，及び重要ではあるが認めることのできない報告上の区別を為替差損益と換算調整勘定との間にもたらすこと。

反対意見B：現行の財務報告の基礎にある基本的概念と相違する目的及び方法を採用していること。

2 SFAS 第52号に対する反対意見の背後にある思考

反対意見C：米ドルで測定された連結結果ではなく，機能通貨で測定され米ドルで表示された在外事業活動の業績の合計こそが，米国の投資者や債権者にとって将来のキャッシュ・フローを評価するのに有用であるという，誤った理解をしていること。

反対意見D：同一の事象に対して同一の会計処理が行われないこと。

反対意見Aは，SFAS 第52号の「換算」目的が矛盾している点を批判しているものである。第11章において述べたように，SFAS 第52号の「換算」目的は，「(a)為替レート変動が企業のキャッシュ・フロー及び持分に与えると予期される経済的効果と一般的に適合した情報を提供すること，(b)米国 GAAP に従い，機能通貨によって測定された個々の連結実体の経営成績及びその相互関連性を連結財務諸表上に反映すること」(FASB [1981] par. 4) であった。

彼等によれば，目的(a)について，為替リスクにさらされているのは在外子会社の個々の資産及び負債項目ではなく，当該在外子会社に対する親会社の純投資であるということを述べており，そのことから，これは，為替レート変動の影響額を米ドル（本国通貨）の立場から測定し，その影響を連結財務諸表上に反映させることを要請するものであるとする。一方，目的(b)については，機能通貨表示財務諸表上における相互関係（例えば，財務比率）を維持するように換算することを述べているものであり，そのことから，これは，為替レート変動の影響を機能通貨の立場から測定することを要請するものであるとする。そして，彼等は，SFAS 第52号における「換算」目的(a)では為替レート変動の影響を測定する立場を本国通貨に求めている一方で，目的(b)では機能通貨に求めているという点に矛盾があると指摘している。また，SFAS 第52号における換算調整勘定は，本国通貨の観点からみた場合には，SFAC 第3号の定義においては損益であり，為替レートが変動した時点の純利益に含められるべきであるとする。しかし，機能通貨の観点からみた場合には，それは実在しない機能通貨建キャッシュ・フローであり，SFAC 第3号における財務諸表の構成要素のいずれにもあてはまらないものと指摘する。

反対意見Bは，「換算」目的が当時のGAAP，つまり，取得原価主義会計

及び資本維持，インフレーション会計，連結会計，そして実現の基礎にある米ドルを中心とする概念を否定するとして，彼等は批判している。つまり，米国の投資者及び債権者の意思決定は米ドルを中心とする概念に基づいて行われているのに対して，SFAS第52号を適用した結果として算出される連結純利益は米ドルによって表示されてはいるものの，米ドルによって測定された資本を維持した後の利益ではないという点が指摘されているのである。

反対意見Cは，機能通貨表示財務諸表における在外子会社の経営成績，つまり機能通貨で測定された在外子会社の経営成績は，明らかに米国の投資者及び債権者にとって将来のキャッシュ・フローを評価するのに適切ではないという点からの批判である。すなわち，SFAS第52号においては，親会社の利害関係者は機能通貨の観点から意思決定を行うということが主張されているのであるが，本来，かかる利害関係者は本国通貨の観点から為替レート変動の影響を考慮するため，機能通貨の観点に立って換算を行うことは親会社の利害関係者にとって有用でないことが指摘されているのである。

反対意見Dは，機能通貨の判断基準が適切でないこと，また，仮にその判断基準が適切であったとしてもSFAS第52号の示している6つの判断基準に優先順位が付されていないため判断を行うのが困難な場合があり，同一の事象に対して異なる機能通貨が選択される可能性がある点を批判している。

以上の反対意見にみられるように，彼等はSFAS第52号が財務報告を改善するものとは考えておらず，より改善された財務報告をもたらすために，次のような提案も行っている（FASB [1981] dissenting opinions）。

　提案A：単一の連結事業単位と単一測定単位概念を保持する換算目的を採用すること。

　提案B：持分に直接計上することはしないこと（純資産直入の禁止）。

　提案C：SFAS第8号の換算方法を基本的に保持する。ただし，現地調達した棚卸資産については例外的にCRにより換算を行うこと。

　提案D：為替差損益と換算調整勘定をともに期間損益とすること。ただし，その損益を損益計算書上において区分して表示することは認める。

提案 E：正味貨幣性負債有高（net monetary liability position）を有効にヘッジするための契約を追加的に認めること。

2.2 反対意見の背後にある換算思考及び会計思考

本項では，Block, Kirk, Morgan の反対意見の背後にある換算思考及び会計思考について明らかにする。ただし，ここにおいては，反対意見 C と反対意見 D については考察から除外する。

というのも，反対意見 C は，本国通貨の観点から提供される情報と機能通貨の観点から提供される情報とではどちらの方が意思決定に有用な情報を提供するのかという問題にかかわっており，かかる問題は実証研究によって決定されるべき問題であるからである。また，反対意見 D は，機能通貨の選択という技術的問題にかかわっているからである。これに対して，反対意見 A と反対意見 B は，換算目的に関連する指摘である。

反対意見 A は，SFAS 第52号の「換算」目的(a)では，為替リスクを本国通貨の観点（本国主義）から測定することが要請されるにもかかわらず，目的(b)ではそれを本国通貨以外の通貨（例えば，現地通貨や第三国の通貨）の観点（現地主義）から測定することが要請される点において矛盾しているというものであった。

このように反対意見 A は，為替レート変動の影響を認識するプロセスとして換算を捉え，「換算」目的(a)はそれを本国通貨の観点より測定する第3換算思考を想定する一方で，目的(b)はそれを現地通貨の観点より測定する第4換算思考を想定するというように，SFAS 第52号では矛盾する2つの換算思考を同時に要請している点に問題があるという批判である。しかも，この批判には換算調整勘定は本国通貨の観点からみた場合に SFAC 第3号の損益であり即時に純利益として計上されるべきであることが指摘されている。この指摘と関連して，反対意見 C と提案 A・D を考慮に入れれば，彼等は為替リスクを本国主義の観点から測定すること（第3換算思考）が望ましいと考えていることは明らかであろう。

252　第13章　現在価値法の採用と外貨換算会計

　また，反対意見Bは，SFAS第52号が当時の米国GAAPを基礎とする米ドルを中心とする概念を否定しているということに対する批判である。そのことから，この批判は，本国通貨を測定単位とする変換プロセスと換算を捉える第1換算思考（本国主義の観点）よりなされたものであることは明らかである。このことは，反対意見C及び提案Aとあわせてみることにより一層明らかになる。なお，繰り返しになるが，当時の米国GAAPが貨幣思考に基づく会計システムを想定していることは明らかである。

　以上要するに，Block, Kirk, Morganの反対意見は，会計思考として貨幣思考を，換算思考として本国主義の観点に立つ換算思考（第1・第3換算思考）を想定し，その上での批判であるといえる。

2.3　反対意見の妥当性

　続いて，Block, Kirk, Morganの表明した上記の反対意見の妥当性について検討することにする。

　反対意見Aは，「換算」目的(a)では為替リスクは本国主義に基づいて測定され，目的(b)においては現地主義に基づいて測定されるという点に矛盾があり，これがSFAS第52号の問題点であるという批判であった。しかし，第11章において指摘したように，SFAS第52号の「換算」目的(a)では，為替レート変動の影響を認識するプロセスと換算を捉えて，在外子会社全体に対する為替リスクの測定を目的とする第4換算思考（現地主義）を想定しているとともに，そこにおいては会計エクスポージャーと経済エクスポージャーとを一致させることが要請されている。また目的(b)では，現地通貨を測定単位とする変換プロセスと換算を捉える第2換算思考（現地主義）が想定されている。

　このことから，反対意見Aにおいて指摘されているように，SFAS第52号の「換算」目的(a)と目的(b)とでは異なる換算思考をその背後に想定しているとは考えられるのであるが，目的(a)は第3換算思考ではなく第4換算思考が，目的(b)は第4換算思考ではなく第2換算思考が想定されており，ともに現地主義に立脚していると解される。

第1章において指摘したように，換算を為替レート変動の影響を認識するプロセスであると捉えた場合，本国主義と現地主義との相違は在外子会社の為替エクスポージャーの範囲の相違として現われることになる。現地主義の場合，現地通貨の立場から為替リスクを測定することから，在外子会社全体が為替リスクにさらされると考えられる。そして，この為替リスクとは，当該子会社の純資産に対する為替リスクと言い換えることができ，さらにこれは親会社が当該子会社に対する純投資の負う為替リスクを意味することになる（FASB [1981] pars. 94-96）。

よって，彼等が指摘するように，換算を為替レート変動の影響を認識するプロセスであると捉えた場合，「換算」目的(a)が為替リスクを本国通貨の観点から測定していると考えることは可能である。しかしながら，その場合には，なぜ当該在外子会社の為替エクスポージャーが，個別項目（貨幣性項目）ではなく純資産（子会社への純投資）であるのかについて説明する必要があるが，ここでは十分な説明を認めることができないのである。

また，「換算」目的(b)は，彼等の指摘どおり現地主義に立脚したものであるといえるが，それは測定単位の変換プロセスとして換算を捉えることを前提とした議論（第2換算思考）であり，為替リスクの測定を意図した議論（第4換算思考）ではない。第1章において整理したように，この点を混同してはならない。以上の点に着目する限り，反対意見Aに妥当性があるとはいえない。

続いて，反対意見Bについては，この批判は本国通貨を測定単位とする変換プロセスと換算を捉える第1換算思考（本国主義の観点）よりなされたものである。上述したように，SFAS第52号の「換算」目的(b)は，第2換算思考（現地主義）をその背後に想定していることから，反対意見Bは妥当性があるといえる。また，このことは，彼等が提案Cにおいて述べているように，彼等にとって最適な換算方法がSFAS第8号におけるテンポラル法であるのに対して，SFAS第52号では「換算」はカレント・レート法を用いて行う再表示過程のみを意味するものと定義されていること，そして，テンポラル法を用いて行う再測定過程は「換算」ではないとされていることからも，明らかにな

るのである。

3　SFAS 第52号の問題点：会計思考からの指摘

3.1　会計エクスポージャーと経済エクスポージャーの不一致の原因

　第2章において既述したように，Eiteman et al. [2001] によれば，会計エクスポージャーと経済エクスポージャーとは，それらの対象事象の相違から，明らかに異なるものであることが指摘されている。つまり，会計エクスポージャーは，外貨表示財務諸表項目に焦点をあて，為替レート変動が生じる時点以前の事象に対する会計測定値を対象とするのに対して，経済エクスポージャーは，為替レート変動により影響を受ける在外事業活動自体に焦点をあて，為替レート変動により生じる将来キャッシュ・フローの変動を対象とするのである (Eiteman et al. [2001] pp. 152-153, 246)。

　また，会計エクスポージャーは，資産及び負債の評価方法に関する会計測定システムの選択に影響を受けるのに対して，経済エクスポージャーは，当該企業の産業及び事業内容，ならびに経営者の意思決定に影響を受けるものである。つまり，会計エクスポージャーの対象は，CR で換算される外貨表示財務諸表項目であり，その項目が実際に為替レート変動の影響を受けているかどうかとは関係なく，換算に用いられる為替レートの選択に依拠することになる。一方，経済エクスポージャーの対象は，実際に為替レート変動の影響を受けることになる部分であるため，換算に用いられる為替レートの選択とは関係がないのである (Adler [1982] pp. 87-103, Oxelheim and Wihlborg [1997] pp. 39-85)。

　そしてこのことから，両エクスポージャーが一致しない要因として，①経済エクスポージャーが為替レート変動により影響を受ける在外事業活動から生じるキャッシュ・フローに焦点をあてているのに対して，会計エクスポージャーが為替レート変動により影響を受ける通貨価値（通貨リスク）に焦点をあてている点，及び②経済エクスポージャーは経営者の意思決定及び経営者による管

理不可能な事象などにより影響を受けるのに対して，会計エクスポージャーは会計手法により影響を受ける点をあげることができる。なお，ここでいう会計手法とは，会計測定システムで用いられる評価方法（測定属性），及び換算方法（例えば，テンポラル法やカレント・レート法等）を意味している。

3.2 SFAS第52号における問題点

3.2.1 SFAS第52号の「換算」目的における問題点

　既に指摘したように，SFAS第52号の「換算」目的(a)において想定されている為替リスクは経済エクスポージャーを考慮したものであった。しかし，会計エクスポージャーは経済エクスポージャーと異なり換算の結果として決定されるという性質をもつものであることから，ここにおいて会計エクスポージャーは，目的(b)の影響を受けて決定されることになる。そしてそのことから，SFAS第52号の「換算」目的(a)は，目的(b)を達成した結果として決定される会計エクスポージャーと経済エクスポージャーとを一致させることを要請しているものと言い換えることができたのである。

　しかも，SFAS第52号では，貨幣思考に基づいて議論が展開されていることを受けて，経済エクスポージャーのうち実現した現地市場リスクについてのみ認識することによって，目的(a)において要請されている経済エクスポージャーと会計エクスポージャーとの一致が満たされていた。

　ところが，経済エクスポージャーの構成要素である現地市場リスクは，本来，実現ルールの制約を受けるものではない（第2章参照）。つまり，現地市場リスクは，それが実現しているか否かにかかわらず，通貨リスクとともに経済エクスポージャーを算定するにあたって考慮されるべきものである。そのことから，SFAS第52号において算定される会計エクスポージャーは，通貨リスクと実現した現地市場リスクのみにかかわる経済エクスポージャーとは一致しているものの，本来の経済エクスポージャー（通貨リスクと現地市場リスクをともに反映したもの）とは一致していないことになる。

　したがって，SFAS第52号がその背後に会計思考として置いている貨幣思

考に基づいて，実現した現地市場リスクのみを認識するという点には，問題があるといえるのである。

3.2.2 SFAS第52号の再測定過程の位置づけにおける問題点

次に，SFAS第52号における再測定過程の取扱いについて考察することにする。図表11-1から明らかなように，再測定過程とは，在外子会社の現地通貨表示財務諸表を機能通貨表示財務諸表に変換する過程を指し，その背後には，本国通貨を測定単位とする変換プロセスと換算を捉える（本国主義に立脚する）第1換算思考が想定されている。

また，貨幣思考のもとにおいて，本国主義に立つ場合には，在外子会社の外貨表示財務諸表における現金収入に基づいて測定されている項目はCRで，現金支出に基づいて測定されている項目はHRで換算が行われることになる。そのため，貨幣思考のもとでの再測定過程においては，在外子会社の外貨表示財務諸表項目に対して異なる時点の為替レートを用いて換算が行われるため，そこでは会計エクスポージャーに含まれない項目（HRで換算される項目）が存在することになり，会計エクスポージャーと経済エクスポージャーとが一致しない結果がもたらされる。そのことから，SFAS第52号において再測定過程をも「換算」に含めて換算を捉えた場合には，「換算」目的との間に矛盾が生じることになる。

しかしながら，SFAS第52号では，機能通貨アプローチを採用することにより，換算過程を再表示過程と再測定過程とに区分するとともに，そこでは再表示過程のみを「換算」と認め，再測定過程については既にSFAS第8号において議論がなされていることを受けて，そのまま付録Bに引き継いでいる。このことから，SFAS第52号における「換算」目的の対象となるのは再表示過程のみとなり，再測定過程はこの対象とはならないことになる。そのため，貨幣思考のもとで再測定過程において生じることになる会計エクスポージャーと経済エクスポージャーとの不一致は，SFAS第52号の「換算」における問題とはならないのである。

3 SFAS 第52号の問題点：会計思考からの指摘 257

とはいえ，本来，機能通貨アプローチとは，機能通貨をメルクマールとして，在外子会社の事業活動に応じて換算方法を選択適用する状況アプローチの一種である。そのため，再測定過程を換算過程から除外するということには，論理上問題があるといわざるを得ない。そしてこのことは，再測定過程の取扱いについて，SFAS 第52号とその公開草案との間で，その位置づけに変化がみられることからも推察することができる。つまり，1980年に公表された公開草案では，再測定過程を換算過程に含めて考察していた（FASB [1980a] par. 17）のに対して，1981年に公表された SFAS 第52号では明確に再測定過程を「換算」から除外しているのである。

したがって，SFAS 第52号が機能通貨アプローチを用いることにより，換算過程を再表示過程と再測定過程とに区分するとともに，そこにおいて再表示過程のみを「換算」と定義することから，貨幣思考のもとで再測定過程において生じる会計エクスポージャーと経済エクスポージャーとの不一致により「換算」目的に生じる矛盾を回避している点については，問題があるといえるのである。

3.3.3 小　括

以上のことから，①貨幣思考に基づく議論を受けて，経済エクスポージャーのうち実現した現地市場リスクについてのみ認識することから，「換算」目的(a)において要請されている経済エクスポージャーと会計エクスポージャーとの一致を満たそうとしている点，②機能通貨アプローチを用いることにより，換算過程を再表示過程と再測定過程とに区分するとともに，再表示過程のみを「換算」と定義することから，貨幣思考のもとでの再測定過程において生じる会計エクスポージャーと経済エクスポージャーとの不一致により「換算」目的に生じる矛盾を回避しようとしている点に，SFAS 第52号の問題点があるということができる。

しかも，これらの問題点に共通しているのは，SFAS 第52号がその背後に会計思考として貨幣思考を想定していることから，そのもとで会計エクスポー

ジャーと経済エクスポージャーを一致させようとしている点,つまり,換算を測定単位の変換プロセスと捉える換算思考と,為替レート変動の影響を認識するプロセスと捉える換算思考とをともに満たそうとしている点にある。したがって,この点に着目する限り,SFAS第52号の問題点は,会計思考として貨幣思考を想定している点にあるといえる。

4 現在価値法の採用と外貨換算会計

本章第3節の考察から,現行のSFAS第52号の問題点は,その背後に会計思考として貨幣思考を想定していることに,その原因を求めることができることが明らかとなった。したがって,SFAS第52号の抱える問題点を解消するためには,会計思考として財貨思考のもとに外貨換算会計を検討し,そしてその場合に最適となる換算方法を導出する必要がある。

4.1 SFAC第7号における現在価値法と経済エクスポージャー

4.1.1 SFAC第7号における現在価値法

前述したように,最近,FASBにおいて貨幣思考から財貨思考への会計思考の移行を意味するような認識・測定構造の変更を,SFAC第7号において,測定属性として将来(期待)キャッシュ・フローの現在価値(現在価値法)が採用されたことから確認することができるのである。そこで,本項では,財貨思考への会計思考の移行が外貨換算会計に及ぼす影響について検討するにあたり,SFAC第7号における将来キャッシュ・フローの現在価値を測定属性とする会計測定システムについて,概観することにする。

SFAC第7号によれば,会計測定に現在価値法を用いる目的は,貨幣の時間価値をその測定に組み入れることにより,将来キャッシュ・フローの流列の経済的相違を明らかにすることにある(FASB [2000] pars. 19-20)。しかも,資産及び負債について,その回収及び決済に関するリスクが異なっている場合に(FASB [2000] par. 21),その相違を反映させる方法として,FASBは期待

キャッシュ・フロー・アプローチを採用するとしている[1]。ここでいう期待キャッシュ・フロー・アプローチとは，資産及び負債に関して将来に生じると期待されるキャッシュ・フローの流列について，それにかかるリスクを考慮した後に，時間価値を反映させるために無リスク利子率で割り引くという方法である。ただし，ここにおいて資産及び負債について想定されている将来キャッシュ・フローの流列とリスクは，ともに市場平均値がとられていることから，ここでの測定値は公正価値となる。

4.1.2 現在価値法と経済エクスポージャー：D. P. Walker の一般式の展開

第2章において取り上げたように，D. P. Walker [1978] によれば，在外子会社の正味現在価値は，為替レート変動の影響，つまり，通貨価値にかかわる部分（価格効果）と，現地における諸活動から生じるキャッシュ・フローにかかわる部分（量的効果）の2つの効果からの影響を受ける。そしてそのことから，経済エクスポージャーは，為替レート変動により在外子会社の正味現在価値が変動する可能性として定義されている（D. P. Walker [1978] pp. 30-31）。そこで，D. P. Walker [1978] による在外子会社の正味現在価値を表わす一般式を示せば，(1)式のように表わされる（p. 30）。

$$NPV_0 = \sum_{t=0}^{n} \frac{(CIF_t - COF_t)}{(1+d)^t} ER_t \quad \cdots\cdots\cdots(1)$$

NPV：正味現在価値（本国通貨表示）
CIF：キャッシュ・インフロー（現地通貨表示）
COF：キャッシュ・アウトフロー（法人所得税等を含む・現地通貨表示）
ER：為替レート（現地通貨1単位あたりの本国通貨価値）
d：割引率（在外子会社へ投資する親会社により要請される利益率）
t：期間
n：キャッシュ・フローが期待される最後の期間

しかも，(1)式をDeRosa [1991] において示された分離原則を用いて分解すると，価格効果（通貨リスク）と量的効果（現地市場リスク）とに分離することができる。つまり，このことは，為替エクスポージャーを通貨リスクに関する

エクスポージャーと，現地市場リスクに関するエクスポージャーの2つに分離して捉えることができることを意味している。

このように，D. P. Walker の一般式を用いて経済エクスポージャーを示すことができることから，前述した SFAC 第7号の現在価値法により当該在外子会社の外貨表示財務諸表項目を測定する場合に，それらの項目には現地市場リスクが反映されることになる。というのは，現在価値法を採用することにより，(1)式の $\sum_{t=0}^{n}\frac{(CIF_t - COF_t)}{(1+d)^t}$ において，現地市場リスクを会計エクスポージャーに反映することが可能になるからである。また，経済エクスポージャーを構成するもう1つの要素である通貨リスクについては，CR で換算すること，すなわち，(1)式における ER_t を乗ずることにより会計エクスポージャーに反映されることになる。ただし，ここにおいて注意しておかなければならない点は，SFAC 第7号における現在価値法により求められる現在価値は，使用価値ではなく公正価値を意味しているという点である。

4.2 測定単位の変換プロセスと捉える換算思考と会計エクスポージャー

本項では，財貨思考のもとで外貨表示財務諸表項目の測定に現在価値法を採用した場合を想定して，測定単位の変換プロセスと換算を捉える第1・第2換算思考から，いかなる会計エクスポージャーが生じることになるのかについて考察する。

ここで注意すべき点は，現在価値法における将来キャッシュ・フローを本国通貨建として捉えるのか，あるいは現地通貨建として捉えるのかという点である。つまり，前者は本国主義に立脚した場合，後者は現地主義に立脚した場合と言い換えることができる。そこでかかる観点に着目して D. P. Walker の一般式 ((1)式) を書き換えると，それぞれ(2)式と(3)式のように表わすことができる。

4 現在価値法の採用と外貨換算会計

【本国通貨建の将来キャッシュ・フローと捉えた場合(本国主義)】

$$NPV_0 = \sum_{j=1}^{o}\left[\sum_{i=1}^{m}\left(\sum_{t=0}^{n}\frac{(CIF_{ijt}-COF_{ijt})\times ER_t}{(1+d)^t}\right)\right] \quad \cdots\cdots(2)$$

【現地通貨建の将来キャッシュ・フローと捉えた場合(現地主義)】

$$NPV_0 = \sum_{j=1}^{o}\left[\sum_{i=1}^{m}\left(\sum_{t=0}^{n}\frac{(CIF_{ijt}-COF_{ijt})}{(1+d)^t}\right)\right]\times ER_0 \quad \cdots\cdots(3)$$

m:第 j 外貨表示財務諸表項目の数量
o:外貨表示財務諸表の項目数
CIF_{ij}:第 j 外貨表示財務諸表項目の第 i 個目のキャッシュ・インフロー
COF_{ij}:第 j 外貨表示財務諸表項目の第 i 個目のキャッシュ・アウトフロー

つまり,本国主義((2)式)の場合には,本国通貨建の将来キャッシュ・フローの流列に焦点があてられており,それは,無リスク利子率で割り引かれた現地通貨建の将来キャッシュ・フローに乗じて本国通貨に換算した額(本国通貨表示財務諸表項目)を合計することにより算出される。しかし,将来時点の為替レート(ER_t)については不確実であり,ここにおいてはその近似値として現在時点の為替レート(ER_0)によってそれを代替することにする。そうすると(2)式は次のようになる。

$$NPV_0 = \sum_{j=1}^{o}\left[\sum_{i=1}^{m}\left(\sum_{t=0}^{n}\frac{(CIF_{ijt}-COF_{ijt})\times ER_t}{(1+d)^t}\right)\right]$$

$$= \sum_{j=1}^{o}\left[\sum_{i=1}^{m}\left(\sum_{t=0}^{n}\frac{(CIF_{ijt}-COF_{ijt})\times ER_0}{(1+d)^t}\right)\right]$$

$$= \sum_{j=1}^{o}\left[\sum_{i=1}^{m}\left(\sum_{t=0}^{n}\frac{(CIF_{ijt}-COF_{ijt})}{(1+d)^t}\right)\times ER_0\right] \quad \cdots\cdots(2)'$$

そのため,ここにおいて重要となるのは,外貨表示財務諸表項目の測定属性を維持するために,ER_0(CR)が換算に用いられるという点である。これに対して,現地主義((3)式)の場合には,現地通貨建の将来キャッシュ・フローの流列に焦点があてられているため,それは無リスク利子率で割り引かれた現地通貨建の将来キャッシュ・フローの合計額(外貨表示財務諸表項目)に ER_0 を乗じたものを合計することにより算出される。そのため,ここにおいて重要となるのは,外貨表示財務諸表の諸事実を維持するために同一の為替レート

(例えば，CR)で換算されるという点である。

このように，現在価値法により測定された外貨表示財務諸表項目を換算するにあたって，2つの換算思考に基づいて2つの換算手続を想定することができるのである。つまり，財貨思考のもとにおいて測定に現在価値法が用いられる場合には，換算対象となる外貨表示財務諸表項目の測定属性として公正価値が選択されることから，そこにおける測定単位として本国通貨を想定すると，当該外貨表示財務諸表項目は，その測定属性を維持するためにCRで換算されることになる（(2)'式に対応）。したがって，ここにおいては最適な換算方法として，公正価値という測定属性を維持することが可能となるという意味においてカレント・レート法が選択されることになる。これに対して，その測定単位として現地通貨を想定すると，当該外貨表示財務諸表は，そこにおける諸事実（例えば，財務比率）を維持するために同一の為替レート（例えば，CR）で換算されることになる（(3)式に対応）。つまり，ここにおいても，最適な換算方法として同一の為替レートによる換算が可能となるという意味において，カレント・レート法が選択されることになる。

このことから，財貨思考のもとにおいて現在価値法が測定に用いられる場合に，第1換算思考（本国主義）と第2換算思考（現地主義）の双方に最適な換算方法としてカレント・レート法が選択されることが明らかになる。しかも，この場合にはいずれの換算思考に立脚しようとも，同一の換算方法（カレント・レート法）が選択されることになる。しかしながら，本国主義に基づくか現地主義に基づくかによって，異なる会計エクスポージャーがここでは算定されることになるのである。

4.3 為替リスク測定を目的とする換算思考と経済エクスポージャー

第2章において述べたように，為替レート変動の影響を認識するプロセスと換算を捉え，為替リスクの測定を目的とする第3・第4換算思考においては，為替リスクとして会計エクスポージャーと経済エクスポージャーとを想定することができた。そして，会計エクスポージャーは第1・第2換算思考に基づい

て換算した結果として決定されるのに対して,経済エクスポージャーは,為替レート変動によって生じる通貨リスクと現地市場リスクをともに反映するものであり,在外事業活動の将来の予測に依拠して決定されるものであった。

このように,経済エクスポージャーにおいては,在外子会社の事業活動に応じて在外子会社ごとに異なる現地市場リスクと通貨リスクが想定されることになる。しかも,経済エクスポージャーが,前述した(1)式により定義されることから,それは在外子会社が親会社と従属的な関係において在外事業活動を行っている場合(本国主義の場合)には,(2)′式により表わされ,また,それが親会社から独立して在外事業活動を行っている場合(現地主義の場合)には,(3)式により表わされることになる。

したがって,このことから,現在価値法に基づいて外貨表示財務諸表項目が測定されることによって,それらの場合に応じた現地市場リスクが外貨表示財務諸表上に取り込まれることになる。また,経済エクスポージャーのもう1つの構成要素である通貨リスクについては,CRにより換算を行うことによって,それを財務諸表上に反映させることができる。そのため,通貨リスクを財務諸表上に反映させるという意味において最適な換算方法は,外貨表示財務諸表の全項目(純資産項目を除く)をCRで換算するカレント・レート法となる。要するに,財貨思考のもとにおいて外貨表示財務諸表項目が現在価値法により測定される場合には,外貨表示財務諸表上に現地市場リスクが取り込まれており,その後それをカレント・レート法によって換算することにより通貨リスクが換算後財務諸表上に反映されることになるのである。

以上,前項の考察結果とあわせて考えると,第3・第4換算思考において想定される経済エクスポージャーは,その背後に想定されている会計思考とはかかわりなく算出できるが,財貨思考のもとで測定に現在価値法を採用し,かつ換算方法としてカレント・レート法を採用する場合には,第1・第2換算思考に基づく会計エクスポージャーとそれぞれに一致することになる。つまり,この場合において,第1換算思考(第2換算思考)に基づく会計エクスポージャーは,第3換算思考(第4換算思考)における経済エクスポージャーと一致す

ることから，本国主義あるいは現地主義のいずれの場合であっても，経済エクスポージャーは換算後財務諸表上に反映されることになるのである。

4.4　財貨思考のもとにおける機能通貨アプローチの意義

本項では，財貨思考におけるSFAC第7号の現在価値法の採用を所与として，機能通貨アプローチの意義を明らかにする。まず，測定単位の変換プロセスと換算を捉える換算思考との関連において，機能通貨アプローチの意義を考察することにする。

前述したように，機能通貨アプローチは，在外子会社の事業活動に応じて異なる換算方法を選択適用する状況アプローチの一種である。機能通貨アプローチにおいて，親会社に従属して事業活動を行っている在外子会社の場合，その外貨表示財務諸表にとって適切な測定単位は本国通貨とみなされるため，換算方法としてテンポラル法が適用される。これに対して，親会社から独立して事業活動を行っている在外子会社の場合には，現地通貨が適切な測定単位とみなされるため，換算方法としてカレント・レート法が適用されることになる。ところが，財貨思考のもとにおいて現在価値法が外貨表示財務諸表項目の測定に用いられる場合には，換算方法としてテンポラル法を適用してもカレント・レート法を適用しても同一の換算レートが用いられることになり，その結果，ここにおいては在外事業活動の状況にかかわりなく同一の換算方法（カレント・レート法）が適用されることになるのである。

しかし，機能通貨アプローチは在外事業活動の相違を換算方法の選択を通じて，換算後財務諸表に反映させる換算方法であり，その点に機能通貨アプローチの意義を認めることができる。よって，上記の場合においても実際にはテンポラル法とカレント・レート法の2つの換算方法が選択適用されているのであるが，形式上はカレント・レート法のみが適用されているようにみえるのである。

次に，為替レート変動の影響を認識するプロセスと換算を捉え，為替リスクの測定を目的とする換算思考との関連において，機能通貨アプローチの意義を

4 現在価値法の採用と外貨換算会計　265

考察することにする。

　繰り返しになるが，財貨思考における現在価値法の採用を所与とした場合，機能通貨アプローチは，本国主義の観点（従属的在外子会社の場合）からも現地主義の観点（独立的在外子会社の場合）からも，形式上カレント・レート法による換算を要請する。そのため，為替リスクの測定を目的とする換算思考との関連において，機能通貨アプローチは，現在価値法を採用することにより在外子会社の事業活動に応じた現地市場リスクが反映された測定値をCRで換算することを通じて，通貨リスクもあわせて換算後財務諸表上に反映させることができるのである。しかも，そこでは，為替リスクとして経済エクスポージャーが反映されることになる。というのも，経済エクスポージャーとは，在外子会社の事業活動に応じて異なる現地市場リスクと通貨リスクをともに考慮した為替エクスポージャーであるためである（(2)′式と(3)式参照）。

　このことから，上記の場合，機能通貨アプローチは，第1換算思考（第2換算思考）の結果として生じる会計エクスポージャーと，第3換算思考（第4換算思考）により規定される経済エクスポージャーとを一致させ，換算後財務諸表に経済エクスポージャーを反映させることができるのである。ここに，為替リスクの測定を目的とする換算思考との関連において，機能通貨アプローチの意義を見出すことができる。

　以上要するに，財貨思考のもとで現在価値法を採用する場合，機能通貨アプローチは，在外子会社の事業活動に応じて換算方法を選択適用することから，たとえ同じ換算方法であっても，測定単位の変換プロセスと換算を捉える第1換算思考（本国主義）・第2換算思考（現地主義）をともに満たすことができる。しかも，その事業活動に応じた経済エクスポージャーを常に換算後財務諸表に反映させることから，為替リスクの測定を目的とする第3換算思考（本国主義）・第4換算思考（現地主義）もともに満たすことができるのである。つまり，この場合において機能通貨アプローチは，4つの換算思考を同時に満たすことができ，この点にその最大の意義があるといえる。

266   第13章 現在価値法の採用と外貨換算会計

5 お わ り に

　本章では，制約条件を課すことによりその理論的整合性を保持しているSFAS第52号について，その制約条件を排除したときに生じる問題点——「換算」目的に内在する矛盾点と，機能通貨アプローチがその目的を達成し得ない点——を，財貨思考のもとで現在価値法を採用することにより解消し得るか否かについて検討を行った。

　まず，SFAS第52号に対するFASBのメンバーによる反対意見を考察するとともに，その議論の背後にある会計思考及び換算思考について検討した。その結果，SFAS第52号に対する主たる問題点は，経済エクスポージャーと会計エクスポージャーとの一致が要請されているにもかかわらず，それが達成されていないというものであった。しかも，その要因としてSFAS第52号が会計思考として貨幣思考を想定していることにあることが明らかになった。

　続いて，SFAC第7号（FASB [2000]）の公表により，会計測定システムに現在価値法の採用が提案されたことを受けて，財貨思考のもとに現在価値法を採用することによって，機能通貨アプローチが，SFAS第52号の抱える諸問題（経済エクスポージャーと会計エクスポージャーの不一致）を解消させることができるか否かについて検討した。

　その結果，財貨思考のもとで現在価値法により在外子会社の外貨表示財務諸表項目の測定が行われる場合には，測定単位の変換プロセスと換算を捉える第1・第2換算思考のいずれにおいても最適な換算方法はカレント・レート法となること，また，為替リスクの測定を目的とする第3・第4換算思考においても最適な方法はカレント・レート法となることが明らかになった。このように，4つの換算思考はいずれも同じ換算方法を要請するが，そこにおいて生じる会計エクスポージャーは本国主義によるのか現地主義によるのかによって異なる，つまり，在外子会社の事業活動に応じた現地市場リスクと通貨リスクを表わすことになる。換言すると，ここにおいて会計エクスポージャーは常に経済エク

スポージャーと一致するのである。

　最後に,上記の場合を所与として,機能通貨アプローチの意義を検討した。機能通貨アプローチは,在外子会社の事業活動に応じて換算方法を選択適用することから,第1・第2換算思考をともに満たすとともに,その事業活動に応じた経済エクスポージャーを会計エクスポージャーと一致させ,それらを換算後財務諸表に反映させることから,第3・第4換算思考もともに満たす換算アプローチであった。つまり,それは,第1換算思考（第2換算思考）に基づく会計エクスポージャーと第3換算思考（第4換算思考）における経済エクスポージャーとを一致させることができる。このように,機能通貨アプローチは,4つの換算思考を同時に満たす換算アプローチであり,ここに,その最大の意義を認めることができる。よって,財貨思考のもとで現在価値法が採用される場合,機能通貨アプローチは,図表2-8において示した「仮説Ⅲ」,「仮説Ⅳ」,「仮説Ⅲ′」,「仮説Ⅳ′」のすべてを満たすことができるといえる。

　以上のことから,財貨思考へと会計思考が移行し,かつ,SFAC第7号における現在価値法が採用される場合,何の制約条件も課すことなく,機能通貨アプローチは,会計エクスポージャーと経済エクスポージャーとを一致させること,つまり,SFAS第52号の抱える諸問題を解消することができるといえる。そして,ここにSFAS第52号が公表以降約30年経った現在においても採用され続けている理由と,将来,外貨換算会計において機能通貨アプローチが適用される可能性を見出すことができよう。

（1）FASBが,従来支配的であった伝統的アプローチと比較して期待キャッシュ・フロー・アプローチを選好する理由として,将来キャッシュ・フローの生起する時点にかかるリスクが反映されていること,将来キャッシュ・フローに関するすべてのリスクを反映できること,そのリスクを明示的に表わせることなどがあげられている（FASB [2000] pars. 42-54）。

結　章

　以上本書では，米国における外貨換算会計の史的変遷について，会計の認識・測定構造と換算概念の観点から，その特徴を明らかにしてきた。本章では，本書の総括を行い，そこにおける議論を踏まえて，外貨換算会計が現在直面している問題の解明及びその将来における展開について結論を述べることにする。

1　総　　括

1.1　本書の問題意識と分析視角

　現行の米国の外貨換算会計基準は，1981年12月にFASBにより公表されたSFAS第52号（機能通貨アプローチ）であるが，この基準は公表当時から多くの問題点が指摘されている。それにもかかわらず，現在においてもあいかわらず採用され続けている。しかも，機能通貨アプローチは，2003年改訂のIAS第21号においても採用されており，国際会計基準の収斂問題に鑑みると，近い将来，世界標準の換算方法として位置づけられることになると考えられる。

　しかしながら，現在においてなお多くの問題点が指摘されるSFAS第52号（機能通貨アプローチ）が，あいかわらず外貨換算会計基準として採用され続けている現状について，理論的に十分説得力をもって説明する先行研究は存在していないといってよい。しかもそのことは，これまでの米国における外貨換算会計基準及び外貨表示財務諸表の換算方法の変遷過程についてもあてはまるのである。すなわち，かかる変遷過程について，その背後にある基本的な思考から一貫して説明する論理は示されてこなかったのである。

　そこで，本書は，外貨換算会計が現在直面している問題の解明及びその将来における展開について体系的かつ理論的に議論するために，会計理論（認識・

測定構造) と換算概念 (換算目的) に着目した。

　第Ⅰ編 (第1章から第3章) では, 本書における外貨換算会計の分析視角を提示した。

　まず, 第1章では, 外貨換算会計の分析手段の1つとして, 会計の理論的基礎となる認識・測定構造に着目した財貨思考と貨幣思考という2つの会計思考を提示した。財貨思考とは, 企業の経済活動を捉えるにあたって財貨・用益流列に焦点をあてる会計思考で, 取引の認識とその測定とが分離して行われるという構造をもつものである。これに対して, 貨幣思考とは, 企業の経済活動を捉えるにあたって貨幣流列に焦点をあてる会計思考で, 取引の認識とその測定が同時に行われるとともに現金収支に規定されるという構造をもつものである。

　そしてもう1つの分析手段としては, 外貨換算会計の鍵概念となる換算概念を規定する換算目的に着目して, 4つの換算思考 (換算を行うにあたって基礎を置く思考) を提示した。図表1-4に示したように, 換算思考としては, 換算を測定単位の変換プロセスと捉える第1換算思考 (本国主義) と第2換算思考 (現地主義), ならびに, 換算を為替レート変動の影響を認識するプロセスと捉える第3換算思考 (本国主義) と第4換算思考 (現地主義) の4つをあげることができた。

　次に, 第2章では, 第1章で提示した分析手段である2つの会計思考と4つの換算思考の関係性について明らかにするとともに, そのことから具体的に外貨換算会計の史的変遷を分析するための手段となる8つの説明仮説を設定した。

　貨幣思考のもと, 第1・第2換算思考は, 測定単位として本国通貨と現地通貨という異なる通貨を想定することから, 異なる換算方法を規定するとともに異なる換算結果をもたらすことになる。また, 第3・第4換算思考においては, 為替リスクとして会計エクスポージャーを想定する場合, 通貨リスクのみが財務諸表に反映されるとともに, 第1・第2換算思考に基づいた換算方法及び結果の影響を受けることになる。また, 為替リスクとして経済エクスポージャーを想定する場合には, 第1・第2換算思考から独立して換算方法を規定できるが, 経済エクスポージャーと会計エクスポージャーとは一致しないことになる。

1 総括

図表結-1　8つの説明仮説

換算プロセス	測定単位の変換プロセス		為替レート変動の影響の認識プロセス	
換算目的	本国主義	現地主義	本国主義	現地主義
	第1換算思考	第2換算思考	第3換算思考	第4換算思考
貨幣思考	I	II	I′	II′
財貨思考	III	IV	III′	IV′

＊ローマ数字の番号は，説明仮説を表している（図表2-7・2-8参照）。

　一方，財貨思考のもとでは，第1・第2換算思考は，測定単位として異なる通貨を想定してはいるものの，同一の換算方法及び結果をもたらすことになる。また，第3・第4換算思考においては，為替リスクとして会計エクスポージャーあるいは経済エクスポージャーのいずれを想定しても，通貨リスクと現地市場リスクとが財務諸表に反映されるとともに，同じ換算方法及び結果がもたらされることになる。繰り返しになるが，第3・第4換算思考は，その為替リスクとして経済エクスポージャーを想定する場合，会計思考と第1・第2換算思考に関係なく独立して換算方法を規定できるのであるが，経済エクスポージャーを財務諸表に反映するためには，会計エクスポージャーと一致すること，つまり会計思考と第1・第2換算思考に影響を受けることになる。

　以上の検討から明らかなように，会計思考と換算思考は相互に関連して，換算方法を規定するとともに，異なる（場合によっては同じ）換算結果をもたらす，つまり換算差額の認識を行うのである。そこで，2つの会計思考と4つの換算思考により示される8つの説明仮説を表わすと，図表結-1（図表1-4・2-9参照）のように整理される。

　続いて，第3章では，本書の分析対象である米国を中心とする外貨換算会計の史的変遷について，4つの期間に分類して概説を行った。ここでは，米国の外貨換算会計基準において採用されていた換算方法は「流動・非流動法→貨幣・非貨幣法→テンポラル法→状況アプローチ（機能通貨アプローチ）」という変遷過程を経てきたことを確認した（図表3-1参照）。

1.2　換算方法にかかわる学説の検討

　第II編（第4章から第7章）では，米国を中心とする外貨換算会計（換算方法）の史的変遷に基づいて各換算方法の生成に寄与した学説を検討対象として取り上げ，その展開に着目して，その背後にある会計思考及び換算思考について検討した。

　まず，第4章では，流動・非流動法を提案したAshdownの学説を取り上げて検討した。Ashdown［1922］においては，固定資産の評価に関しては貨幣思考に基づく認識・測定構造を有しているものの，基本的には会計思考として財貨思考をその背後に想定していることが明らかとなった。また，換算対象の測定属性を維持する形で換算が行われていること，そして，換算差額をそのように換算を行った結果として捉えるとともに，混合する会計思考においてそれを親会社の為替差損益として捉えていることから，換算思考として第1換算思考をその背後に想定していることが明らかとなった。よって，Ashdown［1922］は上記の「仮説III」に該当するものといえる。

　次に，第5章では，貨幣・非貨幣法を提案したHepworthの学説を取り上げた。Hepworth［1956］は，貨幣思考に基づく認識・測定構造から生じる測定属性の相違に基づく貨幣・非貨幣の区分に理論的根拠を置く換算方法として貨幣・非貨幣法を提案するとともに，そこにおいて規定されている測定属性を維持することを重要な換算目的としている。そのことから，会計思考として貨幣思考を，換算思考として第1換算思考を想定していることが明らかになった。しかしながら，換算差額については，換算の結果生じる差額（為替差損益）であるとして捉える一方で，これを測定すること（第3換算思考）が換算の二次目的として意識されていた。よって，Hepworth［1956］は，基本的に上記の「仮説I」に該当し，二次的に「仮説I′」に該当するものといえる。

　さらに，第6章では，テンポラル法を提案したLorensenの学説を取り上げた。Lorensen［1972］は，基本的に財貨思考に基礎を置いているAPBS第4号にその論理的基礎を求め，そのことから要請される定義と測定の二元化に対

応することができる換算方法として，テンポラル法を提案した。つまり，テンポラル法では，当時の米国GAAPにより規定されていた測定属性に基づいて換算レートが特定化されることになり，そのため，換算は測定属性を維持する形で行われることになる。また，換算差額については，テンポラル法により換算した結果として生じ，その性質は財貨思考を主軸として損益性が規定されていた。以上のことから，Lorensen [1972] では，会計思考として財貨思考が，換算思考として第1換算思考が想定されていることが明らかとなった。よって，Lorensen [1972] は上記の「仮説Ⅲ」に該当するものといえる。

最後に，第7章では，状況アプローチを提案したParkinsonの学説を取り上げた。Parkinson [1972] では，為替リスクの開示に焦点があてられており，在外子会社の事業活動状況に応じて異なる為替リスクを財務諸表に反映（換算差額を損益計算書に計上）するために，換算レート（換算方法）が規定されるとし，その状況に応じて，貨幣・非貨幣法とカレント・レート法を選択適用する方法（状況アプローチ）が提案されている。また，為替リスクの影響を表わす換算差額（為替差損益）については，為替レート変動の動向によって，即時損益として計上されるのかあるいは繰り延べられるのかが，ここでは決まることになる。

以上のことから，Parkinson [1972] では，為替レート変動の影響を認識するプロセスとして換算を捉えて，在外子会社の事業活動内容により異なる範囲の為替リスクを測定することを目的とする換算思考（第3換算思考と第4換算思考の双方）が想定されていることがわかる。しかしながら，会計思考については，明確な記述がみられないのであるが，当時のGAAPから暗黙的に貨幣思考が想定されていたと推察できる。よって，Parkinson [1972] は上記の「仮説Ⅰ′」と「仮説Ⅱ′」に該当するものといえる。

1.3 外貨換算会計基準の検討

第Ⅲ編（第8章から第13章）では，上記の4つの換算方法が外貨換算会計基準において承認されていく（制度として採用されていく）経緯に着目し，その背

後にある換算思考及び会計思考について検討した。

第8章では，Ashdown [1922] によって提案された流動・非流動法が，ARB第4号やARB第43号の第12章において採用されていった経緯に着目した。流動・非流動法は，Ashdown [1922] によって提案された後，会計思考の移行に伴って生じた資産評価問題をめぐる議論に影響を受けて，徐々にではあるが貨幣・非貨幣法に近似する結果をもたらすように変化していった。しかしながら，流動・非流動を提案したAshdown [1922] をはじめ，それを採用したARB第43号を含むAIAの一連の公刊物では一貫して，会計思考としては財貨思考に依拠しつつも貨幣思考への移行が意識されていたことが，また，換算思考としては，このような会計思考の移行に伴い生じてきた評価問題（測定属性の変化）に対応する形で換算レートが選択されていたことから第1換算思考が，その背後に想定されていたことが明らかになった。また，換算差額についても，会計思考が混在するなか一貫して，換算により生じた結果（為替差損益）であると解釈されており，そのことからも第1換算思考を想定していたといえる。

以上のことから，ARB第43号の第12章では，会計思考として貨幣思考への移行は認められるものの，あいかわらず財貨思考が，換算思考としては第1換算思考が想定されていたことが明らかになるのである。したがって，ARB第43号の第12章は，上記の「仮説Ⅰ」への移行を認めることができるものの，実質的には「仮説Ⅲ」に該当するものといえる。

第9章では，Hepworth [1956] によって提案された貨幣・非貨幣法が，NAAの調査報告書第36号において支持され，その後APB意見書第6号において承認されていく経緯を跡づけて，その背後にある思考について検討した。

まず，NAA [1960] を取り上げてみると，そこでは為替レート変動の影響を受ける財務（貨幣性）項目と受けない物的（非貨幣性）項目という区分に応じて換算レートを決定する方法として，貨幣・非貨幣法が提案されていることが明らかになった。しかも，ここでは，為替リスクとして経済エクスポージャーが意識されていたが，非貨幣性項目の部分については，通貨リスクと現地市

場リスクとが相殺されるため,結局,貨幣性項目部分(通貨リスク)がそこでの為替エクスポージャーと考えられていた。また,為替リスクを表わす換算差額は,親会社の負う為替差損益と捉えられていた。このことから,NAA [1960] では第3換算思考が想定されていることは明らかである。しかしながら,会計思考については,明確な記述はみられなかったが,当時のGAAPを意識する記述がみられたことから,暗黙的にではあるが貨幣思考が想定されているといえる。よって,NAA [1960] は,上記の「仮説I′」に該当するものといえる。

続いて,APB意見書第6号を取り上げると,それは,ARB第43号の第12章を改訂する形で公表されていた。そのため,そこにおいては明確に貨幣・非貨幣法を採用する旨の記載はみられなかったが,全面的に貨幣・非貨幣法を採用した外貨換算会計基準であると認めることができた。また,貨幣・非貨幣法がそこにおいて承認された背景には,NAA [1960] とHepworth [1956] の双方の影響を受けていると一般的には考えられているが,そのことを会計思考については認めることができたものの,換算思考についてはHepworth [1956] の影響を受けていたことを示す論拠のみを見出すことができたのである。そのことから,APB意見書第6号が貨幣・非貨幣法を採用した背後には,会計思考として貨幣思考が,換算思考として第1換算思考が想定されていたことが明らかになる。よって,APB意見書第6号は,上記の「仮説I」に該当するものといえる。

第10章では,Lorensen [1972] によって提案されたテンポラル法が,SFAS第8号において採用されていった経緯について着目した。

SFAS第8号では,ARB第51号における連結財務諸表の目的との整合性を保持することに,その論拠を求めている。そのことから,そこにおいては換算思考として第1換算思考を,また会計思考として当時のGAAPである貨幣思考を想定する換算目的が規定されるとともに,かかる換算目的に最も適合する換算方法としてテンポラル法が採用されたことが明らかになった。また,換算差額については,テンポラル法による換算(米ドルでの再測定)の結果として

生じるものとして，為替レート変動が生じた期の損益（為替差損益）として計上することが要請されている。しかも，為替差損益を即時純利益に計上する論拠として，財務諸表の利用者に対する有用性，当時のGAAP（貨幣思考）との整合性，ならびに実務上の問題があげられていた。以上要するに，SFAS第8号は，上記の「仮説Ⅰ」に該当するものといえる。

　第11章では，Parkinson [1972] によって提案された状況アプローチを，機能通貨という独自の概念を用いて展開することから機能通貨アプローチを提案したSFAS第52号を取り上げた。ここにおける機能通貨アプローチとは，機能通貨によって在外子会社の事業活動状況を識別し，それに応じてテンポラル法とカレント・レート法を選択適用するという状況アプローチの適用形態の1つであった。ところが，ここでの換算過程は，テンポラル法を用いて行われる再測定過程とカレント・レート法を用いて行われる再表示過程とに区分されており（図表11-1参照），しかも既にSFAS第8号において議論がなされていることを受けて再測定過程については付録Bに引き継ぎ，再表示過程のみを「換算」過程として取り扱っているのである。そこでまず「換算」過程にのみ着目して検討した結果，SFAS第52号の「換算」目的では，換算思考として第2・第4換算思考を認めることができるとともに，会計思考として貨幣思考に基づく議論が展開されていたことが明らかになった。よって，SFAS第52号の「換算」過程については，上記の「仮説Ⅱ」と「仮説Ⅱ′」に該当するものといえる。

　次に，再測定過程を換算に含めて検討した結果，再測定過程については，報告通貨（本国通貨）を測定単位とする変換プロセスと捉える換算目的が想定されていること，また，そこにおいて用いられる換算方法としてSFAS第8号において採用されていたテンポラル法が想定されていることが明らかになった。そのことから，SFAS第52号の再測定過程については，貨幣思考と第1換算思考がその背後に想定されていることが明らかになる。よって，SFAS第52号の再測定過程については，上記の「仮説Ⅰ」に該当するといえる。

　第12章ではSFAS第52号における換算差額の性質に関する解釈に着目して，

1 総 括

その背後にある思考を検討した。その際,SFAC 第5号及び SFAS 第130号において包括利益の2区分表示が要請されたこと(貨幣思考から財貨思考への会計思考の移行)を受けて,公表当時と比較して SFAS 第52号におけるその解釈にいかなる変化が生じたのかについて検討した。

その結果,SFAS 第52号では,公表当時,貨幣思考を想定した上で換算差額の性質を捉えていること,そして換算調整勘定については第2・第4換算思考に基づいた解釈を,為替差損益については第1・第3換算思考に基づいた解釈を行っていることが明らかになった。そしてそのことから,換算調整勘定は「純資産直入項目」として,為替差損益は「損益項目」として処理されることが要請されていたのである。その後,SFAS 第130号において財貨思考に基づく包括利益を貨幣思考に基づく純利益とその他の包括利益に区分して表示することが要請されたことを受けて,換算調整勘定については第4換算思考により解釈されるようになり,「純資産直入項目」から「損益項目(その他の包括利益)」へと,その処理においても変化がみられた。しかしながら,為替差損益についてはSFAS 第130号の公表後においても,貨幣思考に基づいた純利益(損益項目)として計上されることから,変化がみられなかった。

以上要するに,換算差額の性質の観点より SFAS 第52号をみれば,公表当時(1981年)は上記の「仮説Ⅰ」,「仮説Ⅱ」,「仮説Ⅰ′」,「仮説Ⅱ′」に該当するといえるが,SFAS 第130号の公表(1997年)以降は,「仮説Ⅰ」,「仮説Ⅰ′」,「仮説Ⅳ′」の3つに該当するといえるのである。なお,第11章の検討結果とあわせて考えると,公表当時の SFAS 第52号において「仮説Ⅰ′」は意識されてはいるが,「仮説Ⅰ」ほど重視されているとはいえない。さらにここで留意しなければならないことは,SFAS 第130号の公表に伴い,FASB が換算調整勘定について第4換算思考に基づく解釈を選好していること,ならびに,厳密に財貨思考による会計思考を想定した場合,換算調整勘定は第2・第4換算思考に基づく解釈がともに可能であること,為替差損益は第1・第3換算思考に基づく解釈がともに可能であることである。そのため,この場合には,SFAS 第52号において採用された機能通貨アプローチは,「仮説Ⅲ」,「仮説Ⅳ」,「仮

図表結-2　外貨換算会計の背後にある会計思考と換算思考

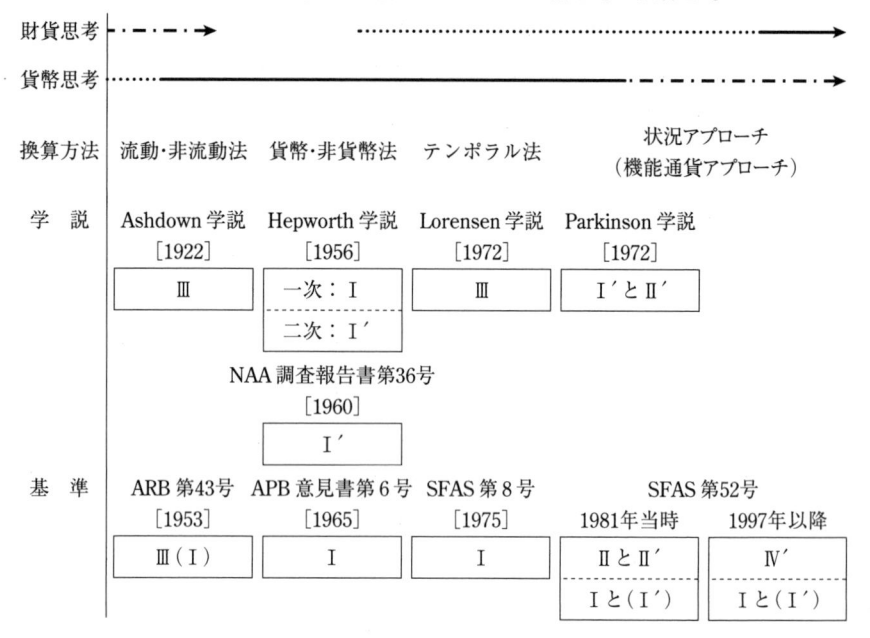

財貨思考 ・-・-・→ ・・・→

貨幣思考 ・・・-・-・-・→

換算方法	流動・非流動法	貨幣・非貨幣法	テンポラル法	状況アプローチ（機能通貨アプローチ）
学説	Ashdown学説 [1922] Ⅲ	Hepworth学説 [1956] 一次：Ⅰ 二次：Ⅰ′	Lorensen学説 [1972] Ⅲ	Parkinson学説 [1972] Ⅰ′とⅡ′
		NAA調査報告書第36号 [1960] Ⅰ′		
基準	ARB第43号 [1953] Ⅲ（Ⅰ）	APB意見書第6号 [1965] Ⅰ	SFAS第8号 [1975] Ⅰ	SFAS第52号 1981年当時 ⅡとⅡ′／Ⅰと（Ⅰ′）　　1997年以降 Ⅳ′／Ⅰと（Ⅰ′）

説Ⅲ′」,「仮説Ⅳ′」の4つを満たす方法であるということができる。

　以上，第4章から第12章までの検討結果について図表3-1を援用する形で要約したものが，図表結-2である。

2　結　論

2.1　外貨換算会計の史的変遷に対する新たな解釈

　図表結-2から明らかなように，会計思考に着目すると，換算方法にかかわる学説は，その背後にある会計思考の移行に影響を受けてすみやかに財貨思考から貨幣思考へ，そして貨幣思考から財貨思考へと移行していっている。これに対して，外貨換算会計基準は，その当時のGAAPの影響を受けて緩慢にし

2 結論

か移行しておらず,概ね一貫して貨幣思考が想定されていることが明らかになる。なお,会計思考の移行期にあたる ARB 第43号及び SFAS 第130号の公表以降の SFAS 第52号については,貨幣思考と財貨思考の混在がみられる。

続いて,換算思考に着目すると,換算方法にかかわる学説においても外貨換算会計基準においても,本国通貨を測定単位とする変換プロセスと換算を捉えて,換算対象の測定属性の維持を目的とする第1換算思考(仮説I・III)が,ほぼ一貫して想定されていることがわかる。そのことから,図表3-1・結-2において示したように,米国の外貨換算会計基準において採用されていた換算方法は「流動・非流動法→貨幣・非貨幣法→テンポラル法→状況アプローチ(機能通貨アプローチ)」という史的変遷過程を経てきたといえるが,「流動・非流動法→貨幣・非貨幣法→テンポラル法」までは,同じ換算方法として考えることができる。というのは,上記3つの方法は,旧換算方法の問題点を改良する形で発展してきたと説明されることが多いのであるが,そうではなく,単にその背後に想定されていた会計思考により規定された測定属性に基づいて,換算に用いる為替レート(CR か HR か)が決定されているに過ぎないと考えることができるからである。換言すると,会計思考により規定された認識・測定構造に基づいて測定された外貨表示財務諸表項目に対して,第1換算思考に基づいて換算レートを決定する形で,各換算方法は選択されているのである。

しかしながら,現行の SFAS 第52号においては,この換算目的(第1換算思考)に加えて,NAA [1960] 及び Parkinson [1972] において想定されていた,為替リスクの測定を目的とする第3・第4換算思考に基づいて(外貨表示財務諸表項目が為替レート変動の影響を受けるか否かという観点から),換算レートを決定するという換算目的も認めることができる。さらに,SFAS 第52号では,現地通貨を測定単位とする変換プロセスと換算を捉える第2換算思考も想定されている。よって,SFAS 第52号は,換算思考として,その背後に4つの換算思考を想定していると解することができるのである。

この点に着目する限りにおいて,SFAS 第52号により採用された機能通貨アプローチは,1つの換算思考(主に第1換算思考)を想定する従来の換算方

法(流動・非流動法→貨幣・非貨幣法→テンポラル法)とは大きく異なるものであるといえる。そしてそのことから,米国における外貨換算会計の史的変遷において,機能通貨アプローチの導入は,大きな転換点であると捉えることができるのである。

2.2 機能通貨アプローチの可能性

第11章で明らかにしたように,SFAS第52号においては,第2換算思考に基づいて換算された結果(会計エクスポージャー)と第4換算思考に基づいて換算された結果(経済エクスポージャー)の一致を企図した統合的な換算方法を求めて,機能通貨アプローチが提案・採用されていると解することができた。

しかしながら,SFAS第52号においては,かかる統合にあたって,あくまでも会計思考として貨幣思考に基づく展開がなされている。そのため,SFAS第52号においては,①貨幣思考のもとで経済エクスポージャーのうち現地市場リスクについては,それが実現した場合にのみ認識すること,②「換算」対象を在外子会社の機能通貨表示財務諸表とし,それを再表示する過程のみを「換算」として取り扱うように換算過程の限定を行うこと,という制約条件を課すことによって,理論上矛盾が生じない構造になっている。

そこで,第13章では,かかる制約条件に基づいてその理論的整合性を保持しているSFAS第52号に対して,その制約条件を排除したときに生じることになる問題点について明らかにするとともに,その場合にそれを解消する換算方法はいかなるものであるのかについて検討した。

そのためにまず,SFAS第52号に対するFASBのメンバーによる反対意見を考察するとともに,SFAS第52号の問題点をめぐる議論の背後にある会計思考及び換算思考について検討した。その結果,SFAS第52号に対する主たる問題点は,経済エクスポージャーと会計エクスポージャーの一致が要請されているにもかかわらず,それが達成されていないというものであった。しかも,その原因として,SFAS第52号が会計思考として貨幣思考を想定していることにあることが明らかになった。

そのことから，FASBにより2000年2月に公表されたSFAC第7号（FASB［2000］）において現在価値法が採用されたことを受けて，財貨思考のもとに現在価値法を採用する場合に，経済エクスポージャーと会計エクスポージャーを一致させることができるのかどうかについて検討した。

　その結果，財貨思考のもとにおいて現在価値法により外貨表示財務諸表の測定がなされる場合には，第1換算思考においても第2換算思考においても最適な換算方法はともにカレント・レート法となること，また第3換算思考においても第4換算思考においても最適な方法はともにカレント・レート法となることが明らかになった。このように，4つの換算思考はいずれも同じ換算方法を要請するが，そこにおいて生じる会計エクスポージャーは本国主義によるのか現地主義によるのかによって異なる，つまり，在外子会社の事業活動に応じた現地市場リスクと通貨リスクを表わすことになる。換言すると，ここにおいて会計エクスポージャーは常に経済エクスポージャーと一致するのである。そしてこの場合に，機能通貨アプローチは，在外子会社の事業活動に応じて換算方法を選択適用することから，第1・第2換算思考をともに満たすとともに，その事業活動に応じた経済エクスポージャーを会計エクスポージャーと一致させ，それらを換算後財務諸表に反映させることから，第3・第4換算思考もともに満たすこと，つまり，4つの換算思考を同時に満たすことができることが明らかになった。よって，機能通貨アプローチは，財貨思考のもとでSFAC第7号の現在価値法を採用した場合に，4つの換算思考（仮説III・IV・III′・IV′）をすべて満たすことができるのである。同様の指摘は，換算差額の観点からも行うことができた（第12章参照）。

　以上要するに，機能通貨アプローチは，貨幣思考のもとにおいても財貨思考のもとにおいても，4つの換算思考を同時に満たすことができるのである。そしてそのことに，現行の米国外貨換算会計基準としてあいかわらず機能通貨アプローチが採用され続けている要因，ならびに2003年改訂のIAS第21号において機能通貨アプローチが採用されている要因を認めることができるといえる。

　つまり，SFACやSFAS第130号の公表に代表されるように，将来に向けて

会計思考が貨幣思考から財貨思考へと移行していくことに鑑みるならば，いずれの会計思考のもとでも4つの換算思考をすべて満たすことができる機能通貨アプローチが，多様な国及び機関の外貨換算会計基準に新たに導入され採用され続ける可能性は高いと考えられる。換言すると，いかなる会計制度にも柔軟に対応することができる点に，将来における機能通貨アプローチの可能性を認めることができるのである。

2.3 機能通貨アプローチの展開の方向性：IAS第21号に着目して

既述のとおり，IAS第21号は，2001年4月にIASBが改組された当初に取り組まれた改善プロジェクトの一環として2003年12月に改訂され，その際に機能通貨アプローチが，そこにおいて採用されることとなった。ここでは，IAS第21号における機能通貨アプローチに着目し，その採用の背後にある会計思考及び換算思考について検討することにする[1]。この検討を通じて，会計制度に対する機能通貨アプローチの柔軟性（上述した機能通貨アプローチの可能性）を確認するとともに，機能通貨アプローチが将来展開する方向性を明示することとしたい。

IAS第21号における機能通貨アプローチの換算手続[2]は，SFAS第52号と同様に，在外子会社が機能通貨を決定することからはじまり，機能通貨が本国通貨の場合には当該子会社の財務諸表はテンポラル法により換算される。また機能通貨が現地通貨である場合には当該財務諸表はカレント・レート法により換算される（図表11-1参照）。しかしながら，SFAS第52号では前者を再測定過程と呼び，そして後者を再表示過程と呼び両者を区別し，後者のみを「換算」と定義しているのに対して，IAS第21号では両者を区別することなくともに換算と捉えている。

IAS第21号において，このテンポラル法による機能通貨への換算過程は，外貨建項目・外貨表示財務諸表を機能通貨に換算するとともに，その影響額を報告する手続であるとされている（IASB［2003］par. 17―傍点筆者挿入）。具体的には，外貨建貨幣性項目と外貨建の公正価値を帳簿価額とする非貨幣性項目

をCRにより換算し,外貨建の歴史的原価を帳簿価額とする非貨幣性項目をHRにより換算することが要請されているのである (IASB [2003] pars. 11, 27)。この点に着目すれば,IAS第21号において機能通貨への換算過程は,為替レート変動の影響を認識するプロセスと捉えられ,換算は,在外子会社の各財務諸表項目に対する為替リスクの測定を目的として行われているといえる。また,IAS第21号の主たる論点として,どのような為替レートを用いて換算を行い,為替レート変動の影響を財務諸表にいかに計上するのかということを掲げている点 (IASB [2003] par. 2) からも,為替レート変動の影響を認識することに重きを置いていることは明らかである。よって,IAS第21号では機能通貨への換算過程については,第3換算思考がその背後に想定されているといえる。

一方,カレント・レート法による機能通貨から報告通貨への換算過程については,次のように述べられている。ここにおける「換算方法は,機能通貨に対して別の通貨が代替となることによる効果をもってはならない。換言すると,異なる通貨で財務諸表を表示することが基本的項目の測定方法を変えることになってはならないのである。むしろ換算方法は,機能通貨で測定される基本的金額を別の通貨で表わすだけのものである」(IASB [2003] par. BC16)。この記述から,機能通貨 (現地通貨) から報告通貨 (本国通貨) への換算過程は,機能通貨を測定単位とする変換プロセスであり,換算は,機能通貨による換算結果を変えることなく行うべきであるとする第2換算思考が,その背後に想定されていることは明らかである。

以上要するに,IAS第21号において機能通貨アプローチが採用される背後には,在外子会社の各財務諸表項目に対する為替リスクを測定する目的を達成する第3換算思考と,機能通貨における換算結果を維持する目的を達成する第2換算思考がともに想定されているのである。また,会計思考については,機能通貨への換算過程においてテンポラル法 (つまり,外貨建の歴史的原価を帳簿価額とする非貨幣性項目にはHR) を用いて換算することが要請されている点,ならびに機能通貨から報告通貨への換算過程から生じる換算差額を持分の個別

項目として処理することが要請されている点（IASB［2003］par. 39）から，貨幣思考が想定されていると考えることができる（図表2-1参照）。

しかしながら，SFAS第130号と同様に，基準書レベルでの財貨思考への移行を意味する2007年9月におけるIAS第1号「財務諸表の表示」（IASB［2007］）の改訂を受けて，IAS第21号ではこの換算差額を「持分の個別項目」から「その他の包括利益」として計上するように変更している。このように2007年以降のIAS第21号では，会計思考について貨幣思考から財貨思考への移行がみられるのであるが，それ以外の変更はみられないことから，換算思考については従来どおり第2・第3換算思考が想定されていると考えることができる。よって，IAS第21号は，2003年の公表当時は「仮説Ⅰ′」と「仮説Ⅱ」に該当するものであったが，2007年のIFRS第1号の改訂に伴って会計思考に変化がみられたことから，2008年以降は「仮説Ⅲ′」と「仮説Ⅳ」に該当するものといえるのである。

以上のことから，IAS第21号では，2つの会計思考のもとで2つの換算思考をともに満たす方法として，機能通貨アプローチが採用されていることが明らかとなる。このように，IAS第21号では，SFAS第52号とは異なる思考から機能通貨アプローチが採用されているのである。ここに，会計制度に対する機能通貨アプローチの柔軟性を確認することができる。

さらに換算思考に着目し，機能通貨アプローチがSFAS第52号において提案・採用されてから，現在に至るまでの展開（SFAS第130号の公表以後のSFAS第52号の換算調整勘定の解釈にみられたFASBの意図，及びIAS第21号における検討結果）に鑑みれば，従来，重視されてきた第1換算思考が軽視されているのに対して，第3・第4換算思考が重視されていることを指摘できる。この点に着目する限りにおいて，換算思考，つまり換算概念においては，測定単位の変換プロセスから為替リスクの測定プロセスへと，移行していると捉えることができるとともに，ここに，機能通貨アプローチならびに外貨換算会計が将来展開していく方向の一端をみることができるのである。

（1）IAS 第21号は，1993年の改訂において状況アプローチを採用している。繰り返しになるが，機能通貨アプローチは状況アプローチの一形態と考えられることから，IASB が2003年の改訂において，状況アプローチから機能通貨アプローチへと換算アプローチを変更した点は，非常に興味深い。この点については，井上［2009a］を参照されたい。
（2）なお，IAS 第21号における用語の使用方法が SFAS 第52号とは異なるが，本書では SFAS 第52号に統一している。また，機能通貨として第三国の通貨が選択される場合も想定されるが，第11章及び第12章と同様に，本章でも取り扱わない。

《参考文献》

【邦文】

青柳文司 [1986]『アメリカ会計学』中央経済社.

穐山幹夫 [1984]「FASB基準書第52号に関する若干の考察―決算日レート法の評価を中心として―」『経営研究所研究報告』(東洋大学経営研究所) 第9号, pp. 215-242.

――― [1988]「決算日レート法の批判的検討」『経営論集』(東洋大学経営学部) 第30号, pp. 5-32.

――― [1989]「決算日レート法と現地主義」『産業経理』第49号第1号, pp. 71-78.

――― [1993]「『機能通貨』アプローチの批判的検討」『経営研究所論集』(東洋大学経営研究所) 第16号, pp. 219-241.

新井清光 [1972]「外国為替相場の変動と会計処理」『企業会計』第24巻第1号, pp. 169-181.

――― [1978]『会計公準論〔増補版〕』中央経済社.

飯野利夫 [1993]『財務会計論〔三訂版〕』同文舘出版.

石原裕也 [2008]『企業会計原則の論理』白桃書房.

井尻雄士 [1968]『会計測定の基礎―数学的・経済学的・行動学的探求―』東洋経済新報社.

――― [1998]「21世紀の評価論とその周辺の展望」, 中野 勲・山地秀俊編 [1998]『21世紀の会計評価論』勁草書房, pp. 183-200.

伊丹敬之・加護野忠男 [1989]『ゼミナール経営学入門』日本経済新聞社.

井戸一元 [1986]『外貨換算会計生成史研究―外貨換算会計基準国際的調和化に向けての基礎研究―』(国際会計研究叢書) 豊橋創造大学経営情報学部.

――― [1991]「アメリカ外貨換算会計の生成」『経営総合科学』(愛知大学経営総合科学研究所) 第56号, pp. 53-77.

――― [2000]「アメリカ外貨換算会計制度化への試み―流動・非流動法とEdwin L. Lopata論文を中心として―」『豊橋創造大学紀要』(豊橋創造大学) 第4号, pp. 69-85.

井上定子 [1999]「外貨換算会計と為替リスク―状況アプローチを中心として―」『星陵台論集』(神戸商科大学大学院研究会) 第32巻第2号, pp. 77-92.

――― [2000]「現在価値評価法と外貨換算会計―状況アプローチの理論的整合性について―」『星陵台論集』(神戸商科大学大学院研究会) 第33巻第1号, pp. 59-75.

――― [2001]「機能通貨アプローチの意義に関する一考察―会計観の移行を手掛かりとして―」『星陵台論集』(神戸商科大学大学院研究会) 第34巻第1号, pp. 1-12.

――― [2002]「外貨換算方法と収益・費用アプローチ―貨幣・非貨幣法とテンポラル法の相違点に着目して―」『星陵台論集』(神戸商科大学大学院研究会) 第35巻第1号, pp. 21-

《参考文献》

35.

――――［2003］「貨幣・非貨幣法をめぐる議論の展開―テンポラル法の観点から―」『国際会計研究学会年報―2002年度―』pp. 105-122.

――――［2004］「外貨換算会計の史的展開に関する研究」神戸商科大学大学院課程博士論文.

――――［2005a］「換算差額の理論的分析枠組みに関する一考察―換算思考と会計思考の関連性に着目して―」『流通科学大学論集―流通・経営編』（流通科学大学学術研究会）第17巻第3号, pp. 123-136.

――――［2005b］「SFAS52による換算差額の性質に関する一考察」『流通科学大学論集―流通・経営編』（流通科学大学学術研究会）第18巻第2号, pp. 15-28.

――――［2006］「貨幣・非貨幣法提案の背後にある換算目的―Baxter and Yamey が Hepworth に及ぼした影響―」『流通科学大学論集―流通・経営編』（流通科学大学学術研究会）第19巻第1号, pp. 79-91.

――――［2008］「テンポラル法における換算差額の性質について」『流通科学大学論集―流通・経営編』（流通科学大学学術研究会）第20巻第2号, pp.259-277.

――――［2009a］「IAS21における機能通貨概念導入の意義」『国際会計研究学会　年報―2008年度―』pp. 49-60.

――――［2009b］「IAS21改訂の経緯と変更点」（研究資料）『流通科学大学論集―流通・経営編』（流通科学大学学術研究会）第22巻第1号, pp. 187-203.

井上達男［1986］「外貨換算会計に関する研究―外貨換算会計の発生と流動・非流動法―」『商学論究』（関西学院大学商学研究会）第34巻第1号, pp. 131-144.

――――［1996］『アメリカ外貨換算会計論』同文舘出版.

井上良二［1995a］『財務会計論』（新会計学ライブラリ：3）新世社.

――――［1995b］「二つの会計観と指向性」『産業経理』第55巻第3号, pp. 18-27.

岩尾裕純編［1979］『多国籍企業経営論』（経営会計全書20）日本評論社.

岩田　巌［1956］『利潤計算原理』同文舘出版.

小野武美［1984］「外貨換算会計基準の制定とその経済的影響」『経済論叢』（京都大学経済学会）第134巻第5・6号, pp. 60-79.

――――［1998］『外貨換算会計』（ライブラリ会計学最先端3）新世社.

外貨建取引等会計処理基準研究委員会［1994］『外貨会計基準をめぐる論点』企業財務制度研究会（COFRI）.

加藤盛弘［1973］『会計学の論理―ハットフィールド「近代会計学」の研究―』森山書店.

亀井正義［1996］『多国籍企業の研究―その歴史と現状―』中央経済社.

木下悦二［1991］『外国為替論』有斐閣.

草野真樹［2005］『利益会計論―公正価値評価と業績報告』（大阪経済大学研究叢書第49冊）

《参考文献》 289

森山書店.

黒澤　清 [1956]「米国会計学発展史序説」，馬場敬治他 [1956]『米国経営学（上）』(経営学全集第3巻) 東洋経済新報社，pp. 237-306.

斎藤静樹 [1984]『資産再評価の研究』東京大学出版会.

榊原英夫 [1995]「外貨表示財務諸表の換算方法に関する研究(2)―決算日レート法の検討―」『富大経済論集』(富山大学経済学部) 第41巻第2号，pp. 31-76.

―――― [1996]「外貨表示財務諸表の換算方法に関する研究(3)―状況別換算法の検討―」『富大経済論集』(富山大学経済学部) 第42巻第1号，pp. 95-131.

佐藤信彦 [1995]「FASBによる収益費用利益観・資産負債利益観と損益法・財産法」『経済集志』(日本大学経済学部) 第64巻第4号，pp. 141-148.

―――― [2003]「業績報告と利益観（1・2・3）」『企業会計』第55巻第1・2・3号，pp. 116-117, 228-229, 372-373.

柴　健次 [1983]「外貨換算会計の論理」『経済研究』(大阪府立大学経済学部) 第28巻第1・2号，pp. 173-204.

―――― [1987]『外貨換算会計論』(大阪府立大学経済研究叢書第65冊) 大阪府立大学経済学部.

―――― [2001]「会計における換算と評価」『會計』第159巻第3号，pp. 39-57.

嶌村剛雄 [1984]『財務会計原理』中央経済社.

白井佐敏 [1977]『近代会計学原理―ペイトンとシュマーレンバッハ―』森山書店.

白木俊彦 [1995]『外貨換算会計基準の国際的調和』中央経済社.

白鳥庄之助 [1979]「座談会『新為替換算会計の重要問題』」『企業会計』第31巻第9号，pp. 36-61.

―――― [2001]「外貨換算」，神戸大学会計学研究室編 [2001]『第五版　会計学辞典〔改訂増補版〕』同文舘出版，pp. 83-84, 1425-1427.

杉本昭七他編 [1996]『現代世界経済をとらえる〔第3版〕』東洋経済新報社.

高須教夫 [1994]「FASB概念フレームワークにおける利益観―資産負債アプローチと収益費用アプローチ―」『會計』第145巻第1号，pp. 42-56.

―――― [1995]「FASB概念フレームワークにおける資産負債アプローチ」『會計』第148巻第3号，pp. 27-39.

―――― [1996a]『連結会計論』森山書店.

―――― [1996b]「現行会計システムの特質に関する一考察」『會計』第150巻第5号，pp. 33-46.

―――― [1997a]「アメリカ会計の動向―FASB概念フレームワークにおける利益観をめぐる展開―」，黒田全紀編 [1997]『会計の国際的動向』同文舘出版，pp. 39-52.

―――― [1997b]「FASB概念フレームワークにおける利益観をめぐる問題」，日本会計研

《参考文献》

究学会スタディグループ（主査／津守常弘）『会計の理論的枠組みに関する総合的研究〔最終報告〕』日本会計研究学会，1997年，pp. 39-51.

─── [1998]「FASB 概念フレームワークにおける利益概念の錯綜―包括利益と稼得利益―」，山地秀俊編 [1998]『原価主義と時価主義』神戸大学経済経営研究所，pp. 243-260.

─── [2001]「FASB 概念フレームワーク・プロジェクトの出発点と到達点」『商大論集』（神戸商科大学経済研究所）第52巻第5号，pp. 1-14.

─── [2003]「FASB の概念フレームワーク―SFAC 第7号の今日的意味―」，土方久編 [2003]『近代会計と複式簿記』税務経理協会，pp. 128-141.

竹田志郎 [1975]「多国籍企業の支配行動の分析―control の集権化・分権化を中心に―」『経済論集』（大東文化大学経済学会）第22号，pp. 33-57.

武田隆二 [1995]『最新　財務諸表論〔第5版〕』中央経済社．

津田　昇 [1977]『現代外国為替論―外国為替と国際金融の理論と知識―〔四訂版〕』千倉書房．

津守常弘 [1962]『配当計算原則の史的展開』山川出版社．

─── [2002]『会計基準形成の論理』森山書店．

鳥羽欽一郎 [1970]『企業発展の史的研究―アメリカにおける企業者活動と経営管理―』ダイヤモンド社．

中島省吾 [1979]『「会社会計基準序説」研究』森山書店社．

─── [1982]「外貨表示財務諸表換算基準の新展開」『企業会計』第34巻第1号，pp. 4-10.

中野常男 [1992]『会計理論生成史』中央経済社．

日本評論社 [1989]『アメリカ経済白書1989』（経済セミナー増刊号）日本評論社．

沼田嘉穂 [1932]『ケスターの貸借対照表論』森山書店．

野村健太郎 [1995]「外貨換算会計の国際調和」『會計』第148巻第3号，pp. 415-431.

原　信 [1982]『為替リスク―円高・円安への為替戦略―』有斐閣．

土方　久 [1998]『貸借対照表能力論』森山書店．

広瀬義州 [1995]『会計基準論』中央経済社．

福島孝夫 [1978]『会計収益認識論』（大阪府立大学経済研究叢書第47冊）大阪府立大学経済学部．

藤井秀樹 [1997]『現代企業会計論』森山書店．

─── [2003]「Littleton の会計理論―原価主義会計論の2つの潮流と A. C. Littleton ―」，土方　久編 [2003]『近代会計と複式簿記』税務経理協会，pp.104-112.

藤田昌也 [1997]『会計利潤の認識』同文舘出版．

米国財務会計基準（連結会計）研究委員会 [1995]『連結会計をめぐる米国財務会計基準の

動向』企業財務制度研究会（COFRI）．

平敷慶武［1990］『動的低価基準論』森山書店．

包括利益研究委員会［1998］『包括利益をめぐる論点』企業財務制度研究会（COFRI）．

村松司叙・佐藤宗彌［1992］『国際経営財務—理論と実際—〔改訂版〕』税務経理協会．

松本敏史［1997］「発生型会計と対応型会計」，日本会計研究学会スタディグループ（主査／津守常弘）［1997］『会計の理論的枠組みに関する総合的研究〔最終報告〕』日本会計研究学会，pp. 53-66.

万代勝信［2000］『現代会計の本質と職能—歴史的および計算構造的研究—』森山書店．

嶺　輝子［1992］『外貨換算会計の研究—アメリカを中心として—』多賀出版．

安室憲一［1988］「国際経営組織」，神戸大学経営学研究室編［1988］『経営学大辞典』中央経済社，pp. 302-303.

山崎　清・竹田志郎編［1993］『テキストブック国際経営〔新版〕』（有斐閣ブックス）有斐閣．

山田康裕［2007］『財務業績報告の基礎概念』（滋賀大学経済学部研究叢書第43号）滋賀大学経済学部．

山地範明［1997］『連結会計の生成と発展』中央経済社．

山地秀俊［1980］「アメリカ会計理論にみられる基礎的理念の検討—H. R. Hatfieldの所説を中心として—」『国民経済雑誌』（神戸大学経済経営学会）第141巻第6号，pp. 58-77.

―――［2003］「Hatfield 会計学の現代性—クリーン・サープラス問題をめぐって—」，土方　久編［2003］『近代会計と複式簿記』税務経理協会，pp. 74-88.

若杉　明［1959］「米国における動的会計論の生成過程」『商学論集』（福島大学経済学会）第28巻第2号，pp. 28-57.

渡辺　進［1965］『棚卸資産会計』森山書店．

【欧文】

Adler, M. [1982] "Translation Methods and Operational Foreign Exchange Risk Management," in Bergendahl, G. (ed.), *International Financial Management*, Kluwer Law and Taxation Publishers.

American Accounting Association (AAA) [1936] "A Tentative Statement of Accounting Principles Affecting Corporate Reports," *The Accounting Review*, Vol. 11, No. 2, pp.188-189（中島省吾訳編［1964］『増訂 A. A. A. 会計原則—原文・解説・訳文および訳註—』中央経済社，pp. 87-103）．

――― [1941] "Accounting Principles Underlying Corporate Financial Statements," *The Accounting Review*, Vol. 16, No. 2, pp. 133-139（中島省吾訳編［1964］『増訂 A. A. A. 会計原則—原文・解説・訳文および訳註—』中央経済社，pp. 104-120）．

《参考文献》

―――― [1948] Executive Committee, "Accounting Concepts and Standards Underlying Corporate Financial Statements―1948 Revision," *The Accounting Review*, Vol. 23, No. 4, pp. 339-334 (中島省吾訳編 [1964]『増訂 A. A. A. 会計原則―原文・解説・訳文および訳註―』中央経済社, pp. 121-134).

―――― [1954] *Consolidated Financial Statements*, Supplementary Statement No. 7, AAA.

―――― [1957] Committee on Accounting Concepts and Standards, "Accounting and Reporting Standards for Corporate Financial Statements―1957 Revision," *The Accounting Review*, Vol. 32 ,No. 4, pp. 536-546 (中島省吾訳編 [1964]『増訂 A. A. A. 会計原則―原文・解説・訳文および訳註―』中央経済社, pp. 190-210).

―――― [1973] "Report of The Committee on International Accounting," *The Accounting Review*, Supplement to Vol. 48, pp. 121-167.

American Institute of Accountants (AIA) [1931] *Foreign-exchange Losses*, Bulletin of the American Institute of Accountants No. 92, AIA.

―――― [1934] *Memorandum on Accounting for Foreign Exchange Gains*, Bulletin of the American Institute of Accountants No. 117, AIA.

―――― [1939] *Foreign Operations and Foreign Exchange*, Accounting Research Bulletin No. 4 (Special), AIA.

―――― [1940] Research Department, "Foreign Exchange Rates," *The Journal of Accountancy*, Vol. 69, No. 2, pp. 86-87.

―――― [1941] Research Department, "Foreign Operations and Foreign Exchange," *The Journal of Accountancy*, Vol. 71, No. 1, p. 27.

―――― [1947] *Income and Earned Surplus*, Accounting Research Bulletin No. 32, AIA.

―――― [1950] Research Department, "Accounting Problems Arising from Devaluation of Foreign Currencies," *The Journal of Accountancy*, Vol. 89, No. 1, pp. 34-38.

―――― [1953] *Restatement and Revision of Accounting Research Bulletins*, Accounting Research Bulletin No. 43, AIA (渡邊 進・上村久雄共訳 [1959]『アメリカ公認会計士協会 会計研究公報・会計用語公報』神戸大学経済経営研究所, pp. 1-167).

American Institute of Certified Public Accountants (AICPA) [1959] *Consolidated Financial Statements*, Accounting Research Bulletin No. 51, AICPA.

―――― [1961] *Accounting Research and Terminology Bulletins*, Final edition, AICPA (渡邊 進・上村久雄共訳 [1959]『アメリカ公認会計士協会 会計研究公報・会計用語公報』神戸大学経済経営研究所, pp. 168-211).

―――― [1965] *Status of Accounting Research Bulletins*, Opinion of the Accounting

Principles Board No. 6, AICPA.

―――― [1966] *Reporting Results of Opereations*, Opinion of the Accounting Principles Board No. 9, AICPA.

―――― [1970] *Basic Concepts and Accounting Principles Underlying Financial Statements of Business Enterprises*, Statement of the Accounting Principles Board No. 4, AICPA (川口順一訳 [1973]『アメリカ公認会計士協会・企業会計原則』同文舘出版).

―――― [1971] *Translating Foreign Operations*, Proposed Opinion of the Accounting Principles Board, Exposure Draft, AICPA.

―――― [1973] *Interim Financial Reporting*, Opinion of the Accounting Principles Board No. 28, AICPA.

Ashdown, C. S. [1922] "Treatment of Foreign Exchange in Branch Office Accounting," *The Journal of Accountancy*, Vol. 34, No. 4, pp. 262-279.

Bartlett, C. A. [1986] "Building and Managing the Transnational: The New Organizational Challenge," in M. E. Porter (ed.), *Competition in Global Industries*, Harvard Business School Press, pp. 367-404 (M. E. ポーター編著・土岐　坤他訳 [1989]『グローバル企業の競争戦略』ダイヤモンド社).

Baxter, W. T. and B. S. Yamey [1951] "Theory of Foreign Branch Accounts," *Accounting Research*, Vol. 2, No. 2, pp. 117-132.

Belkaoui, A. R. [1994] *International and Multinational Accounting*, The Dryden Press.

Brown, C. D. [1971] *The Emergence of Income Reporting: An Historical Study*, Michigan State University (田中嘉穂・井原理代訳 [1978]『損益報告制度の出現―その歴史的研究―』香川大学会計学研究室).

Canning, J. B. [1929] *The Economics of Accountancy: A Critical Analysis of Accounting Theory*, The Ronald Press.

Chinlund, E. F. [1936] "'Translation' of Foreign Currencies," *The Journal of Accountancy*, Vol. 62, No. 2, pp. 118-121.

Choi, A. C. D. [1968] "Translation of Foreign Operations: A Survey," *Management Accounting*, Vol. 49, No. 8, pp. 28-30.

Choi, F. D. S. and G. G. Mueller [1978] *An Introduction to Multinational Accounting*, Prentice-Hall International.

―――― [1992] *International Accounting*, second edition, Prentice-Hall International.

Choi, F. D. S., C. A. Frost, and G. K. Meek [2002] *International Accounting*, fourth edition, Pearson Education International.

Collingwood, R. G. [1946] *The Idea of History*, Oxford University Press.

Copi, I. M. [1961] *Introduction to Logic,* second edition, The Macmillan.

Demirag, I. S. [1987] "A Review of the Objectives of Foreign Currency Translation," *The International Journal of Accounting*, Vol. 22, No. 2, pp. 69-85.

DeRosa, D. F. [1991] *Managing Foreign Exchange Risk, Strategies for Global Portfolios*, Probus Publishing（岩田暁一監訳 [1993]『外国為替のリスク・マネジメント―国際ポートフォリオの投資戦略―』有斐閣）.

Dickinson, A. L. [1913] *Accounting Practice and Procedure*, reprinted by Scholars Book, 1975.

Editorial [1940] "Special Bulletin on Foreign Operations and Foreign Exchange," *The Journal of Accountancy*, Vol. 69, No. 1, pp. 1-2.

Einzig, P. [1962] *The History of Foreign Exchange*, Macmillan（小野朝男・村岡俊三訳 [1965]『外国為替の歴史』ダイヤモンド社）.

Eiteman, D. K., A. I. Stonehill, and M. H. Moffett [2001] *Multinational Business Finance*, ninth edition, Addison-Wesley Publishing.

Financial Accounting Standards Board (FASB) [1973] *Disclosure of Foreign Currency Translation Information*, Statement of Financial Accounting Standards No. 1, FASB.

―――― [1974] *An Analysis of Issues Related to Accounting for Foreign Currency Translation*, FASB Discussion Memorandum, FASB.

―――― [1975] *Accounting for the Translation of Foreign Currency Transactions and Foreign Currency Financial Statements*, Statement of Financial Accounting Standards No. 8, FASB.

―――― [1976] *An Analysis of Issues Related to Conceptual Framework for Financial Accounting and Reporting : Elements of Financial Statements and Their Measurement*, FASB Discussion Memorandum, FASB（津守常弘監訳 [1997]『FASB財務会計の概念フレームワーク』中央経済社）.

―――― [1978] *Objectives of Financial Reporting by Business Enterprises*, Statement of Financial Accounting Concepts No. 1, FASB（平松一夫・広瀬義州訳 [1994]『FASB財務会計の諸概念〔改訳新版〕』中央経済社）.

―――― [1979] *Financial Reporting and Changing Prices*, Statement of Financial Accounting Standards No. 33, FASB.

―――― [1980a] *Foreign Currency Translation*, Proposed Statement of Financial Accounting Standards, Exposure Draft, FASB.

―――― [1980b] *Qualitative Characteristics of Accounting Information*, Statement of Financial Accounting Concepts No. 2, FASB（平松一夫・広瀬義州訳 [1994]『FASB財務会計の諸概念〔改訳新版〕』中央経済社）.

―――― [1981] *Foreign Currency Translation*, Statement of Financial Accounting

Standards No. 52, FASB.

―――― [1984] *Recognition and Measurement in Financial Statements of Business Enterprises*, Statement of Financial Accounting Concepts No. 5, FASB(平松一夫・広瀬義州訳[1994]『FASB財務会計の諸概念〔改訳新版〕』中央経済社).

―――― [1985] *Elements of Financial Statements*, Statement of Financial Accounting Concepts No. 6, FASB(平松一夫・広瀬義州訳[1994]『FASB財務会計の諸概念〔改訳新版〕』中央経済社).

―――― [1997] *Reporting Comprehensive Income*, Statement of Financial Accounting Standards No. 130, FASB.

―――― [2000] *Using Cash Flow Information and Present Value in Accounting Measurements*, Statement of Financial Accounting Concepts No. 7, FASB(平松一夫・広瀬義州訳[2002]『FASB財務会計の諸概念〈増補版〉』中央経済社).

Finney, H. A. [1921] Student's Department: "Foreign Exchange," *The Journal of Accountancy*, Vol. 31, No. 6, pp. 451-466.

Flower, J. [1995] "Foreign Currency Translation", in C. Nobes and R. Parker (ed.), *Comparative International Accounting*, fourth edition, Prentice Hall Europe, pp. 348-389.

Guithues, D. M. [1986] *Innovative Reporting in Foreign Currency Translation*, UMI Research Press.

Grady, P. [1965] *Inventory of Generally Accepted Accounting Principles for Business Enterprises*, Accounting Research Study No. 7, AICPA.

Hatfield, H. R. [1909] *Modern Accounting, Its Principles and Some of Its Problems*, reprinted by Amo Press, 1976(松尾憲橘訳[1971]『近代会計学―原理とその問題―』雄松堂書店).

Hepworth, S. R. [1956] *Reporting Foreign Operations*, Michigan Business Studies Vol. 12, No. 5.

Ijiri, Y. [1983] "Foreign Currency Accounting and It's Transition," in R. J. Herring ed. [1983] *Managing Foreign Exchange Risk*, Cambridge University Press, pp. 181-212.

―――― [1995] "Global Financial Reporting Using a Composite Currency: An Aggregation Theory Perspective," *The International Journal of Accounting*, Vol. 30, No. 2, pp. 95-106.

Institute of Chartered Accountants in England and Wales (ICAEW) [1968] *The Accounting Treatment of Major Changes in the Sterling Parity of Overseas Currencies*, Recommendations on Accounting Principles N25, ICAEW.

Institute of Chartered Accountants in Australia and Australian Society of Accountants

[1973] *Translation of Amounts in Foreign Currencies*, Proposed Statement of Accounting Standards, Institute of Chartered Accountants in Australia and Australian Society of Accountants.

Institute of Chartered Accountants of Scotland [1970] "The Treatment in Company Accounts of Changes in the Exchange Rates of International Currencies," *The Accountant's Magazine*, Vol. 74, No. 771, pp. 415-423.

International Accounting Standards Board(IASB) [2003] *The Effects of Changes in Foreign Exchange Rates*, International Accounting Standard 21 (revised 2003), IASB.

―――― [2007] *Presentation of Financial Statements*, International Accounting Standard 1 (revised 2007), IASB.

Kester, R. B. [1918] *Accounting Theory and Practice*, Vol. II, The Ronald Press.

―――― [1925] *Accounting Theory and Practice*, Vol. II, second edition, The Ronald Press.

―――― [1933] *Advanced Accounting : with Practice Problems,* third revised edition, The Ronald Press.

Leading Articles [1891a] "Treatment of Fluctuating Currencies in Companies' Accounts," *The Accountant*, Vol. 17, No. 857, pp. 346-348.

―――― [1891b] "Fluctuating Currencies," *The Accountant*, Vol. 17, No. 859, pp. 387-389.

Littleton, A. C. and V. K. Zimmerman [1962] *Accounting Theory : Continuity and Change*, Prentice-Hall (上田雅通訳 [1976]『会計理論―連続と変化―』税務経理協会).

Lopata, E. L. [1936] "Accounting for Profits and Losses on Foreign Exchange for 1935," *The Journal of Accountancy*, Vol. 61, No. 2, pp. 118-129.

Lorensen, L. [1972] *Reporting Foreign Operations of U. S. Companies in U. S. Dollars*, Accounting Research Study No. 12, AICPA.

―――― [1973] "Misconceptions about Translation," *Canadian Chartered Accountant*, Vol. 102, No. 3, pp. 18, 20-25.

Mauer, L. J. [1983] "MNCs Gain New Freedom Under FAS52 Flexibility," *Management Accounting*, Vol. 65, No. 6, pp. 30-33.

May, G. O. [1943] *Financial Accounting : A Distillation of Experience*, Macmilan (木村重義訳 [1970]『G. O. メイ 財務会計―経験の蒸留―』同文舘出版).

Mehta, D. R. and S.B.Thapa [1991] "FAS-52, Functional Currency, and the Non-Comparability of Financial Reports," *The International Journal of Accounting*, Vol. 26, No. 2, pp. 71-84.

Miller, E. L. [1979] *Accounting Problems of Multinational Enterprises*, Lexington

Books.

National Association of Accountants (NAA) [1960] *Management Accounting Problems in Foreign Operations*, NAA Research Report No. 36, NAA.

Nobes, C. W. [1980] "A Review of the Translation Debate," *Accounting and Business Research*, Vol. 10, No. 40, pp. 421-431.

Oxelheim, L. and C. Wihlborg [1997] *Managing in the Turbulent World Economy, Corporate Performance and Risk Exposure*, John Wiley & Sons.

Parkinson, R. M. [1972] *Translation of Foreign Currencies*, Accounting and Auditing Research Committee Research Study, The Canadian Institute of Chartered Accountants (CICA).

────── [1973] "Whose Misconceptions?" *Canadian Chartered Accountant*, Vol. 102, No. 3, pp. 19, 26-29.

Paton, W. A. and R. A. Stevenson [1918] *Principles of Accounting*, The Macmillan, reprinted by Arno Press, 1978.

Paton, W. A. [1922a] *Accounting Theory : With Special Reference to the Corporate Enterprise*, The Ronald Press, reprinted by A. S. P. Accounting Studies Press, 1962.

────── [1922b] "Valuation of Inventories," *The Journal of Accountancy*, Vol. 34, No. 6, pp. 432-450.

────── [1931] "Economic Theory in Relation to Accounting Valuations," *The Accounting Review*, Vol. 6, No. 2, pp. 89-96.

────── [1934] "Aspects of Asset Valuations," *The Accounting Review*, Vol. 9, No. 2, pp. 122-129.

Paton, W. A. and A. C. Littleton [1940] *An Introduction to Corporate Accounting Standards*, AAA Monograph No. 3, AAA (中島省吾訳 [1953] 『会社会計基準序説』森山書店).

Plumb, H. A. [1891] "The Treatment of Fluctuating Currencies in The Accounts of English Companies," *The Accountant*, Vol. 17, No. 852, pp. 259-271.

Radebaugh, L. H. [1974] "The International Dimension of the Financial Accounting Standards Board : Translation and Disclosure of Foreign Operations," *The International Journal of Accounting*, Vol. 10, No. 1, pp. 55-70.

Radebaugh, L. H. and S. J. Gray [1997] *International Accounting and Multinational Enterprises*, fourth edition, John Wiley & Sons.

Reither, C. [1998] "What are the Best and the Worst Accounting Standards?" *Accounting Horizons*, Vol. 12, No. 3, pp. 283-292.

Scott, W. R. [1997] *Financial Accounting Theory*, Prentice-Hall.

Seidler, L. J. [1972] "An Income Approach to the Translation of Foreign Currency Financial Statements," *The CPA Journal*, Vol. 42, No. 1, pp. 26-35.

Sprouse, R. T. and M. Moonitz [1962] *A Tentative Set of Broad Accounting Principles for Business Enterprises*, Accounting Research Study No. 3, AICPA（佐藤孝一・新井清光共訳［1962］『アメリカ公認会計士協会・会計公準と会計原則』中央経済社）.

Stopford, J. M. and L. T. Wells, Jr. [1972] *Managing the Multinational Enterprise : Organization of Firm and Ownership of the Subsidiaries*, Longman（山崎　清訳［1976］『多国籍企業の組織と所有政策―グローバル構造を超えて―』ダイヤモンド社）.

Storey, R. K. [1972] "Comments by Director of Accounting Research," in Lorensen [1972] *Reporting Foreign Operations of U. S. Companies in U. S. Dollars*, Accounting Research Study No. 12, AICPA, pp. 102-114.

Walker, D. P. [1978] *An Economic Analysis of Foreign Exchange Risk*, Research Committee Occasional Paper No. 14, The Institute of Chartered Accountants in England and Wales.

Walker, R. G. [1978] *Consolidated Statements, A History and Analysis*, Arno Press.

Williams, C. A., Jr., M. L. Smith, and P. C. Young [1995] *Risk Management and Insurance,* seventh edition, McGraw-Hill.

人 名 索 引

[A]

青柳	90
新井	159
Ashdown	6, 62, 81, 92, 167, 171, 272

[B]

Block	248
Brown	13, 83, 91, 167, 171

[C]

Canning	49
Chinlund	22
Choi	66
Collingwood	11
Copi	11

[D]

DeRosa	46, 259

[E]

Eiteman	40, 254

[H]

Hatfield	84, 95
Hepworth	6, 25, 28, 65, 71, 101, 107, 153, 185, 193, 196, 202, 272
土方	106
平敷	172, 181

[K]

Kester	90
Kirk	248
黒澤	12

[L]

Littleton	11, 102
Lorensen	6, 23, 25, 68, 117, 122, 201, 203, 272

[M]

May	82
Moonitz	118
Morgan	248

[N]

中島	103
Nobes	62

[P]

Parkinson	6, 26, 28, 71, 141, 202, 217, 273
Paton	86, 89, 95, 102
Plumb	59, 63

[S]

Scott	191
白鳥	4, 197
Sprouse	118
Stevenson	86, 95

[T]

高須	17
津守	14, 91, 119

[W]

Walker	44, 259

[Z]

Zimmerman	11

事 項 索 引

[あ行]

一取引基準　208
一般に認められた会計原則（GAAP）
　23, 48, 109, 130, 133, 160, 187, 202, 221, 249, 251
インフレーション　45, 71, 187
　高度——　73, 217
エクスポージャー
　会計——
　　40, 47, 51, 113, 162, 195, 225, 229, 254, 260, 270, 280
　為替——
　　40, 48, 143, 145, 170, 173, 188, 206, 221, 229
　経済——
　　40, 49, 158, 189, 225, 227, 229, 254, 259, 262, 270, 280
　取引——　40, 242

[か行]

外貨換算会計
　　1, 5, 59, 82, 143, 228, 248, 258, 269, 278
　——基準　1, 6, 59, 273
外貨建取引　207
　——の換算　1, 143, 157, 230
外貨表示財務諸表の換算
　　1, 59, 63, 73, 93, 142, 144, 157, 269
会計
　——原則　13, 68, 150
　——行為　11
　——思考
　　5, 11, 15, 35, 48, 95, 110, 133, 159, 170, 179, 192, 210, 227, 251, 254, 278
　——思考の移行　82, 238
　——理論　4, 11
会計研究公報（ARB）　174
　——第4号　5, 7, 63, 174, 274
　——第4号補足勧告（1940年）　64, 176
　——第4号補足勧告（1941年）　64, 176
　——第4号補足勧告（1949年）　64, 177
　——第32号　180
　——第43号　7, 64, 178, 189, 196, 274
　——第51号　204, 206, 275
会計原則審議会（APB）
　——意見書第6号　7, 66, 185, 195, 274
　——意見書第9号　209
　——ステートメント（APBS）第4号
　　14, 119, 120, 123, 125, 129, 133
価格効果　44, 259
カバー法　208, 211
貨幣思考
　16, 38, 49, 53, 96, 111, 133, 160, 180, 193, 197, 210, 227, 239, 241, 255, 270
貨幣・非貨幣の区分　102, 106, 167
貨幣・非貨幣法
　3, 6, 42, 64, 101, 141, 185, 205, 272, 274
　——（に対する）批判　122, 152
貨幣流列　17
カレント・レート法
　3, 26, 42, 62, 71, 141, 206, 210, 218, 236, 253, 262, 276, 281
為替差益　63, 169, 173, 179
為替差損　63, 68, 168, 170, 179
為替差損益
　26, 63, 93, 111, 131, 146, 176, 179, 191, 193, 207, 213, 219, 236, 241, 244, 250, 277
　狭義の——　132, 136
　広義の——　132, 136
為替準備金　94
為替リスク
　　26, 40, 113, 148, 152, 187, 211, 249
　——（の）測定　28, 40, 262
為替レート変動の影響
　　24, 28, 40, 66, 157, 187, 210, 240, 252, 270
換算　4, 22, 128

事項索引　301

——概念　1, 4, 22, 270
——差額
　1, 11, 38, 72, 97, 112, 135, 148, 150, 169, 176, 219, 235
——差額の性質
　51, 131, 148, 155, 194, 207, 211, 235, 276
——思考
　5, 11, 22, 29, 53, 95, 111, 133, 156, 170, 179, 192, 210, 225, 240, 251, 279
——調整勘定
　133, 220, 236, 240, 242, 250, 277
——のパラドックス　224
——方法
　1, 3, 6, 11, 41, 188, 202, 205, 271
——目的　4, 23, 25, 65, 202, 210, 270
「換算」　220, 230, 253, 256
——目的　220, 230, 248, 251, 255
機械的副産物　237, 240
期待キャッシュ・フロー・アプローチ　258
機能通貨　23, 218, 222, 236, 249, 257
——アプローチ
　2, 6, 72, 217, 223, 236, 247, 264, 276, 280
——概念　7, 73, 218
金本位制　60
銀本位制　59
計算貨幣　20, 36
継続企業　84, 170, 174
——（の）概念　21, 84, 88
原価即価値説　159
原価即事実説　159
現金収支　18, 38, 83
現在価値　84, 118
現在価値法　7, 248, 258
現地市場リスク
　46, 157, 189, 225, 229, 255, 259, 271
現地主義
　25, 36, 54, 202, 226, 231, 251, 263, 270
公正価値原則　123, 125
購買力平価理論　191
国際会計基準（IAS）
——審議会（IASB）　2, 282

——第1号（2007年改訂）　284
——第21号（2003年改訂）　2, 269, 282
——の収斂問題　2, 269
国際通貨基金（IMF）　62, 65, 149
——協定　71
——体制　65, 67
固定資産　84, 95, 154, 168, 170
固定相場制　62, 67
固定レート　62, 92
個別財貨　18, 36

[さ行]

財貨思考
　16, 36, 49, 55, 96, 133, 180, 195, 201, 213, 238, 243, 258, 264, 270
財貨・用益流列　17
再測定　4, 23, 219, 220
——過程　229, 231, 236, 253, 256, 276
再評価　4, 68
再表示　4, 23, 219, 220, 226
——過程　220, 229, 230, 236, 253, 276
財務会計概念書（SFAC）　7, 235, 281
——第3号（第6号）　238, 249, 251
——第5号　239, 242, 277
——第7号　7, 248, 258, 281
財務会計基準書（SFAS）
——第1号　69
——第8号　7, 24, 69, 201, 275
——第33号　228
——第52号
　2, 7, 23, 217, 229, 235, 247, 254, 276, 280
——第130号　7, 235, 239, 243, 277, 281
財務会計基準審議会（FASB）
　2, 69, 72, 212, 228, 244
——1974年討議資料　25, 69, 72, 202, 209
——1976年討議資料　14, 20, 110
財務項目　152, 187
財務リスク　145, 157
資産概念　14, 102, 201
資産評価　88, 95, 111, 133, 167
——問題　82, 84, 117, 181

資産・負債アプローチ　14
市場価値　85, 96, 169, 171
実現
　　85, 148, 160, 175, 179, 213, 221, 228, 237
　――概念　117, 174, 227, 230
　――ルール　19, 83, 210
実物貨幣　20
収益・費用アプローチ　14
従属的在外子会社　141, 144, 157, 265
取得原価（歴史的原価）　20, 85, 95, 119, 170
純資産直入　39, 52, 236, 241, 243, 250
　――項目　241, 243, 277
純投資　218, 223, 237, 240, 243, 249
　――概念　72
使用価値　85, 171
状況アプローチ
　　6, 70, 141, 206, 217, 257, 273
正味実現可能価値　20, 90, 108, 129, 148
将来（期待）キャッシュ・フロー
　　44, 191, 254
　――の現在価値　20, 248, 258
スミソニアン体制　68
正規の手続　201
説明仮説　5, 57, 270
全米会計人協会（NAA）調査報告書第36号
　　66, 152, 186, 274
属性測定値　17, 37
測定　17
　――属性
　　18, 35, 102, 109, 117, 205, 212, 248, 255
　――単位　23, 27, 37, 202, 222, 253
　――単位の変換プロセス
　　23, 30, 35, 123, 210, 260, 270
損益　38, 52, 150, 158, 207, 236, 238, 243, 249
　――項目　241, 244, 277

[た行]

対応ルール　19, 83, 210
第三国の通貨　219, 251
棚卸資産
　　89, 108, 122, 145, 169, 171, 180, 189

単一企業概念　153, 206
単一測定単位　26, 65, 221, 250
直接評価　49
通貨
　現地――
　　1, 23, 25, 36, 53, 202, 219, 236, 251, 270
　表示――　24, 220
　報告――　218, 232
　本国――
　　1, 23, 25, 35, 53, 202, 219, 236, 249, 251, 270
通貨リスク　46, 157, 189, 225, 254, 259, 270
低価基準
　　68, 108, 126, 148, 154, 169, 171, 181, 187, 192
　貨幣思考に基づく――　172
　財貨思考に基づく――　172
テンポラル原則　68, 123, 125
テンポラル法
　　3, 6, 42, 66, 72, 117, 141, 201, 218, 236, 272, 275
動機的思考　11
独立的在外子会社　141, 150, 157, 206, 265
取替原価　20, 86, 89, 108, 119, 126, 148
取引概念　17
取引リスク　145, 157

[な行]

ニクソン声明　67
二取引基準　146, 157, 207
認識・測定構造　1, 4, 18, 36, 269

[は行]

評価　12, 82, 84, 89, 108, 167, 237
　――原則　109
　――方法　48, 254
物的項目　152, 187, 189
ブレトンウッズ体制　62, 65, 67
ブロック経済　61, 65
分離原則　46, 259
米国会計学会（AAA）　13, 102
　――『会社財務諸表会計及び報告諸基

準』(1957年改訂)(『1957年改訂会計原
　則』) 13, 118, 120
── 『会計財務諸表会計原則』(1941年
　改訂) 104
── 『会社財務諸表会計諸概念及び諸
　基準』(1948年改訂) 104
── 『会計報告諸表会計原則試案』
　(1936年) 103
米国会計士協会 (AIA) 5, 63, 168
── 会計用語公報 105
── 公報第92号 63, 168, 170
── 公報第117号 63, 169, 173
米国公認会計士協会 (AICPA) 7, 66, 195
── 1962年会計原則試案 118, 120
「米ドルに対する支配力」原則 123, 127
変動資産 60
変動相場制 68
変動・非変動法 60, 63
変動負債 60
包括利益 7, 235, 238, 243, 277
　その他の── 7, 239, 243, 277, 284
保守主義 148, 160, 182
ポジション 40
　ショート── 208
　ロング── 170, 173
本国主義
　25, 35, 54, 135, 194, 202, 232, 251, 256, 263,
　270

[ま行]

マネーサプライ 71
未実現 179
── 損益 237, 240, 243

[や行]

用役潜在性 14, 21, 118, 201

[ら行]

利益
　稼得── 175, 239
　純──
　7, 72, 84, 91, 110, 133, 180, 207, 209, 221,
　239, 241, 277
　── 概念 14, 102, 119
　── 測定モデル 17, 134
流動・非流動の区分
　81, 88, 96, 151, 167, 206
流動・非流動法
　3, 6, 42, 60, 81, 167, 206, 272, 274
　──(に対する)批判 108, 150
量的効果 44, 259
歴史的アプローチ 11
連結 1, 27, 41, 194, 206, 248
　── 財務諸表
　24, 26, 63, 66, 68, 93, 175, 202, 206, 221, 226,
　249
　── 財務諸表の目的 204, 275

執筆者紹介
井上定子（いのうえ さだこ）
2004年　神戸商科大学大学院経営学研究科博士後期課程修了
　　　　博士（経営学）
2004年　流通科学大学商学部専任講師
2008年　流通科学大学商学部准教授　現在に至る

JCOPY 〈(社)出版者著作権管理機構 委託出版物〉
本書の無断複写は著作権法上での例外を除き禁じられています。複写される場合は、そのつど事前に、(社)出版者著作権管理機構（電話 03-3513-6969, FAX 03-3513-6979, e-mail: info@jcopy.or.jp）の許諾を得てください。

『外貨換算会計の研究』

2010年3月10日　初版第1刷

著　者　井　上　定　子
発行者　千　倉　成　示

発行所　㈱千倉書房

〒104-0031 東京都中央区京橋2-4-12
電　話・03（3273）3931㈹
http://www.chikura.co.jp/

©2010 井上定子, Printed in Japan
印刷・シナノ／製本・井上製本所
ISBN978-4-8051-0942-7